中國学術思想

研究輯刊

八　編

林　慶　彰　主編

第 **11** 冊

漢晉人物品鑒研究

張　蓓　蓓　著

花木蘭文化出版社

國家圖書館出版品預行編目資料

漢晉人物品鑒研究／張蓓蓓 著 — 初版 — 台北縣永和市：花
木蘭文化出版社，2010〔民 99〕
目 2+202 面；19×26 公分
（中國學術思想研究輯刊 八編；第 11 冊）
ISBN：978-986-254-195-1（精裝）
1. 人物志　2. 漢代　3. 魏晉南北朝
782.12　　　　　　　　　　　　　　　　99002315

ISBN - 978-986-2541-95-1

9 789862 541951

中國學術思想研究輯刊
八　編　第十一冊　　　　　　　ISBN：978-986-254-195-1

漢晉人物品鑒研究

作　　者　張蓓蓓
主　　編　林慶彰
總 編 輯　杜潔祥
出　　版　花木蘭文化出版社
發 行 所　花木蘭文化出版社
發 行 人　高小娟
聯絡地址　台北縣永和市中正路五九五號七樓之三
　　　　　電話：02-2923-1455／傳眞：02-2923-1452
網　　址　http://www.huamulan.tw 信箱 sut81518@ms59.hinet.net
印　　刷　普羅文化出版廣告事業
封面設計　劉開工作室
初　　版　2010 年 3 月
定　　價　八編 35 冊（精裝）新台幣 58,000 元

漢晉人物品鑒研究

張蓓蓓　著

作者簡介

張蓓蓓，江蘇松江人，一九五三年生，台灣大學中國文學博士，現任該校中國文學系所教授。研究領域涵蓋漢魏六朝學術思想文史等方面。著有《東漢士風及其轉變》、《漢晉人物品鑒研究》、《中古學術論略》、《魏晉學術人物新研》、《認識國學》等書，並參與撰寫《國學導讀》、《中國歷代思想家》等套書。

提　　要

　　漢晉之際，人物品鑒之學甚盛，在中國歷史上大堪矚目。當時人對於人物品類區分，確有真實的感受，確有研析的興趣。所以如此，自與歷史事態的變動有關，與漢末清流、濁流的對立有關，與曹操用人的方策有關，亦與名教、自然之辨有關。簡而言之，漢世宏獎德行，勸以官祿，儒風大振；東漢後期，由於戚宦當道，貿易選舉，士人務於揚清激濁，因有「汝南月旦評」產生，對於人物品鑒之風形成深遠的影響。曹操深抑浮華，趨於刑名，用人棄德舉才，士風又為之一變。嗣後才性的發揚乃與「越名教而任自然」思想兩相結合，成為魏晉名士的典型人生觀與人品觀。在此進程之中，人物理想一變再變，人物品鑒日新月盛，儼然成為當時的顯學。政風、士風、歷史、思想諸般變化，似乎都可以在當時的人物品鑒中窺其彷彿。本書試圖完整呈現漢晉數百年間人物品鑒之學的形成與發展、背景與現象、形式與內涵，並以為「知人論世」之資。除緒論、結論外，正文共分四章，分別討論漢晉之際最具代表性的人物品鑒名著：《漢書·古今人表》、《人物志》、《世說新語》，又以第三章專論漢末以降人物品鑒新風氣的興起。

目次

第一章　緒　論

　　早在春秋時代，一般士人對於人物品類高下的問題已知注意。在《論語》中，孔子嘗特別提出「君子」與「小人」兩類人物，分辨其爲人處事的不同態度，若「君子泰而不驕，小人驕而不泰」，「君子周而不比，小人比而不周」，「君子求諸己，小人求諸人」之類；並嘗稱道子產、蘧伯玉、南宮适、子賤諸人可爲君子。何以謂之君子？〈公冶長篇〉：

> 子謂子產有君子之道四焉：其行己也恭，其事上也敬，其養民也惠，
> 其使民也義。

可知君子的表徵在其有德有行。反之小人應即是無德無行之輩。《論語》中雖未明指何人爲小人，而其意固可知。他篇中又言：

> 君子喻於義，小人喻於利。(〈里仁〉)

> 君子懷德，小人懷土。君子懷刑，小人懷惠。(〈里仁〉)

> 君子而不仁者有矣夫！未有小人而仁者也。(〈憲問〉)

觀此則君子與小人的分別已極明顯，二者人品的高下亦不待言。君子、小人之辨，便是孔子品鑒人物的重心所在。

　　下逮戰國時代，孟子對於人物的品類高下亦有申論。孔子所提出的君子、小人之辨，孟子既繼之而有補充，尤好言「聖人」，嘗謂聖人百世之師，並稱道伯夷爲聖之清者，伊尹爲聖之任者，柳下惠爲聖之和者，孔子則爲聖之時者。何以謂之聖人？〈告子篇〉：

> 孟子曰：「居下位，不以賢事不肖者，伯夷也。五就湯、五就桀者，
> 伊尹也。不惡汙君，不辭小官者，柳下惠也。三子者不同道，其趨

一也。一者何也？曰仁也。」

可見聖人仍以仁德爲稱。不過聖人因其性分的不同，亦可有清、任、和的不同表現。他篇中孟子對浩生不害之問，嘗列舉由下而上的六種人品，聖人亦在其中；〈盡心篇〉：

> 浩生不害問曰：「樂正子何人也？」孟子曰：「善人也，信人也。」
>
> 「何謂善？何謂信？」曰：「可欲之謂善，有諸己之謂信，充實之謂
> 美，充實而有光輝之謂大，大而化之之謂聖，聖而不可知之謂神。
>
> 樂正子，二之中、四之下也。」

由善、信以至聖、神，正是德性修養由淺而深的過程，而欲善志仁是爲成聖的開端。孟子品鑒人物的旨趣，可說亦直承孔子而來，無甚大異。

孔孟衡論人物高下，主要的著眼即是德行。堯舜至德，所以爲聖；鄉愿賊德，斯爲下品；顏子三月不違仁，孔子稱其庶幾可矣。但觀察人物品類高下所可有的其他方向，孔孟亦非全未觸及。譬如「狂者進取，狷者有所不爲」，兩者強進與拘退的特性，關乎天生性情，非可全以修養不足爲說；孔子特別提出此兩種人品，自有所見。又如「上智與下愚不移」，孔子之意，似乎亦承認人類之中仍有非後天習染所能改變的少數人，則先天材性之差異似乎不可否認。孟子謂伯夷聖之清者、伊尹聖之任者、柳下惠聖之和者；同爲至德的上聖，而三人間仍有不同，此除非以三人材質性情本有差別來解釋，否則便將見爲不可通。此外，孔門弟子有四科十哲之分，似乎意味在德行之下，人物仍可以言語、政事、文學的長才而表見。又如「孟公綽爲趙魏老則優，不可以爲滕薛大夫」，孔子亦甚能注意各人材性之所宜。是故孔孟品評人物，實能從多方面著眼，對於後代的人物品鑒自有相當的啓發作用。

孔孟觀察人物的方法，《論》《孟》書中亦嘗提及。一般而言，孔孟都以行爲來推論人品，譬如子產，其行己、事上、養民、使民的行爲都有足稱者，故孔子稱之爲君子。又譬如伯夷，不以賢事不肖；伊尹，五就湯、五就桀；柳下惠，不羞汙君、不辭小官；三人的行爲雖有不同，而同臻於高明，故孟子同謂之爲聖人。但孔子觀察人物，猶有更完密的辦法；《論語・爲政》：

> 子曰：「視其所以，觀其所由，察其所安，人焉廋哉！」

如此觀人，不但顧到其人行爲的方式，並且兼及行爲以前的存心和行爲以後的處心，由外及內，周匝無遺。孟子的方法與此不同，〈離婁上〉：

> 存乎人者，莫良於眸子，眸子不能掩其惡。胸中正，則眸子瞭焉；

胸中不正，則眸子眊焉。聽其言也，觀其眸子，人焉廋哉！

孟子以爲眸子瞭眊可以反映其人內心的正邪，故觀其眸子便可知人。另外聽其言語亦是知人的一可靠途徑。此種說法，似見爲新奇，但仍然關注於各人的內心，仍然不違失孔子由迹以觀心、由事以窺意的基本觀人態度。內心、行爲、言語、目色，都是觀察人物的重要憑藉。

約與孟子同時，莊子對於人物品類高下，却有截然不同於儒家的看法。莊子少言君子，轉而稱美「至人無己，神人無功，聖人無名」，其所稱聖人，已非儒家孔孟之所指，莊子並屢用「天人」、「眞人」爲高尚人品的代稱。其意中以爲凡人應求能棄去私智小慧，以全其天眞而躋於聖神；若能純任天眞，自然之至，然後方可稱爲「至人」。如此看法，不啻教人棄人而合天，並即以合天的程度深淺來分人的高下。此意在《莊子》書中屢屢可見，若：

> 不以心捐道，不以人助天，是之謂眞人。（〈大宗師〉）

> 聖人法天貴眞。（〈漁父〉）

> 聖人工乎天而拙乎人。（〈庚桑楚〉）

其觀人的著眼如此，無怪乎有如下言論：

> 天之小人，人之君子；天之君子，人之小人也。（〈大宗師〉）

> 古之明大道者，先明天，而道德次之；道德已明，而仁義次之。（〈天道〉）

故莊子的人品觀，與孔孟旨趣各異。後來魏晉名士品鑒人物，大抵重自然而忽德行，却與莊老道家的意見更接近。

孔孟以後的儒家後學，曾提出許多有關如何選舉人才的議論；此類議論，既明白辨析人物高下，又加意於量德考行，可以說即是將孔孟人品觀設計爲政府官人取士的原則。後來漢廷的選舉制度，大體便由此類議論導引衍生而出。其最著者如《周禮·地官·大司徒》：

> 大司徒……掌……以鄉三物教萬民而賓興之：一曰六德，知仁聖義

> 忠和；二曰六行，孝友睦婣任恤；三曰六藝，禮樂射御書數。

此文假託周代制度，謂鄉大夫應以六德、六行、六藝教民，教成，又擇其尤異者而興舉之。在此所舉判別人物高下的基準，主要仍是德行，但所謂德行的內容與細節已有更詳細的說明；並且禮樂射御書數六藝亦加入爲評量人物的因素之一。另一討論選舉人才與官材用人的名作則爲《禮記·王制篇》：

> 司徒脩六禮以節民性，明七教以興民德，……上賢以崇德，簡不肖

以絀惡。……命鄉論秀士，升之司徒，曰選士。司徒論選士之秀者
而升之學，曰俊士。升於司徒者，不征於鄉；升於學者，不征於司
徒，曰造士。樂正崇四術，立四教，順先王詩書禮樂以造士。……
大樂正論造士之秀者以告于王，而升諸司馬，曰進士。司馬辨論官
材，……論定而後官之。

所謂秀士、選士、俊士、造士、進士諸名目，乃此文所建立的人品層級；文中
謂人才當自鄉里中選出，先求其品德，再益之以學，教以詩書禮樂，最後再分
辨各人從政材能之所宜而官之。此雖只是一套理想中的選舉、教育人才的辦法，
亦可反映後期儒家對於理想人物的要求。理想的人物，須能有德、有學，並且
有從政的才能。孔孟的人品觀，在此種假想制度中，似乎更見明確。

儒家後學的另一部名作《大戴禮記》中，乃正式推出一篇有關人物品鑒
的重要文獻；是即託為文王官人之法的〈文王官人篇〉。此文篇幅甚大，對於
如何觀察人物、如何用人，皆有詳盡的說明；其中且有若干意見，為前人所
未曾及，至少今傳古籍中類似的說法別無所見。其主要內容，前半為「六徵」，
言觀察人物的六種途徑；後半為「九用」，言任使人物的九種用例。六徵包括
「觀誠」、「考志」、「視中」、「觀色」、「觀隱」、「揆德」六項。「觀誠」、「考志」、
「揆德」三項所言，大抵仍以考察人物的行為為主，在種種不同的情境之下，
討論人物的行為表現與其人品的關係，譬如「觀誠」一段：

富貴者觀其禮施也，貧窮者觀其有德守也；……其少觀其恭敬好學
而能弟也，其壯觀其潔廉務行而勝其私也，其老觀其意憲慎強其所
不足而不踰也。父子之間，觀其忠惠也；鄉黨之間，觀其信憚也。
省其居處，觀其義方；省其喪哀，觀其貞良；……淹之以利以觀其
不貪，藍之以樂以觀其不寧，……

觀人如此其詳，較之孔子的「視其所以，觀其所由，察其所安」，又更精密不
少。「觀隱」一項，旨在提示如何分辨人物的誠偽，其意近乎孔子之辨鄉愿。
「視中」、「觀色」二項，則提出品鑒人物的新穎觀點，謂從人物的音聲、貌
色可以知其性情。「視中」一段云：

初氣主物，物生有聲，聲有剛有柔、有濁有清、有好有惡，咸發於
聲也。心氣華誕者，其聲流散；心氣順信者，其聲順節；心氣鄙戾
者，其聲嘶醜；心氣寬柔者，其聲溫好；……

「觀色」一段云：

> 五氣誠于中，發形于外，民情不隱也。喜色由然以生，怒色拂然以
> 侮，欲色嘔然以偷，懼色薄然以下，憂悲之色纍然而靜。誠智必有
> 難盡之色，誠勇必有難懾之色，誠忠必有可親之色，誠潔必有難污
> 之色，誠靜必有可信之色；……

案：早期儒家對於人物生成並無氣稟觀念，自不能有「初氣主物，物生有聲」以及「五氣誠于中，發形于外」的想法，亦無從產生聞聲、見色即可知人的意見。《大戴禮》此篇所以有此觀點，應是受到戰國晚世陰陽家學說的影響。雖然其說未可盡信，但就人物品鑒的發展而言，視中、觀色二者的加入，仍然使觀人的角度更形豐富。至於所謂「九用」，乃在討論何類人物適合擔任何種職務，與孔子所言「孟公綽為趙魏老則優，不可以為滕薛大夫」的用意類似，皆是從材性的觀點出發以論人者。孔子發端於前，此文則敷演於後。茲將其議論整理表列如左：

> 取平人而有慮者──使是治國家而長百姓
> 取慈惠而有理者──使是長鄉邑而治父子
> 取直愍而忠正者──使是蒞百官而察善否
> 取順直而察聽者──使是長民之獄訟、出納辭令
> 取臨事而絜正者──使是守內藏而治出入
> 取慎察而絜廉者──使是分財臨貨、主賞賜
> 取好謀而知務者──使是治壤地而長百工
> 取接給而廣中者──使是治諸候而待賓客
> 取猛毅而度斷者──使是治軍事、為邊境

此九類人的分別，顯然不在於品德，而在於材性、才能，因之各人有其特別適宜的職分，無可替代。同是一材性觀念，一至《大戴禮》中，儼然便能構成評品人物的完整體系。能從材性與功能的角度來分辨人物品類，舉例詳明，是為《大戴禮・文王官人篇》的另一特詣。

及至漢世，儒家銓評人物高下的理論，乃真在制度上得以實現。先是漢文帝時，賈誼上〈治安策〉，建議文帝去秦苛法而改用德教，以移風易俗，使天下之民回心而鄉道；武帝即位，復重用董仲舒、公孫弘、趙綰、王臧之徒，罷黜百家，獨尊儒術，汲汲於復古更化；有漢一代的政教方向，遂走上尊經重儒一途。董仲舒〈賢良對策〉，建議武帝制定選舉人才的常制，考行於鄉里，授經於太學，以舉用有德有學之士來參與政教；武帝一一遵行，取法乎《周

禮》、《禮記》，次第建立了完整的選舉制度。其官人取士的辦法，簡而言之，便是孔、孟以後直至賈、董的儒家人品觀之實踐。

漢代的選舉制度，科目雖有不同，取錄的標準却頗一致，是即所謂「經明行修」；換言之，學術與品德即是當時衡量人物高下的依憑。當時取士主要的途徑爲地方察舉，察舉的主要科目，西漢爲「賢良方正」，東漢爲「孝廉」；但觀科目之名，便可推知其看重德行的傾向。另外五經博士弟子員的設立，亦著意選送品德良好的士人入學習經，使能以德益學，以學輔德。修德學文乃眞可以獲得官祿，參與政治，對於儒生君子無疑有極大的鼓勵作用；而儒家人物品鑒的理論，至此遂不只是空談。

漢武所定的政教大綱與選舉制度施行百餘年之後，到了東漢明、章之世，遂有中國第一部由理論層面進入實際的人物品鑒作品出現。此即是班固《漢書》十表中的〈古今人表〉。〈古今人表〉與漢代取士的精神相同，皆是以儒家標準來衡量人物的高下等級，班固〈人表·自敘〉已自言之。漢代儒風淹貫，班固論人亦持此態度，本無足異。但〈古今人表〉所銓品的對象，不限於今人，而囊括了自上古三代直至秦末近兩千人物。並且〈人表〉將人物的品級訂爲九等，自一等聖人、二等仁人、三等智人以迄九等愚人，位序清楚，褒貶明白，分辨之詳，非以往任何理論所可及。尤以仁先智後的等次安排，最能見其純儒本色。班固或者眞有意於甄定「生民以來聖賢愚智之等差」，因有如此體大思精之作。而〈人表〉以一定的標準品論古今人物，褒善貶惡，除了在人物品鑒方面的價值而外，又極具史學上的價值。

〈人表〉明定古今人物的高下，此高彼下，無可移易，似乎只爲班固一人之獨見，而未必足以服人，故自唐劉知幾《史通》、宋王觀國《學林》、呂祖謙《大事記·解題》、羅泌《路史》、明楊愼《古今人表論》，以迄清錢大昕《漢書考異》、梁玉繩《人表考》，諸家對於〈人表〉的立體與論人，皆有不滿之處。〈人表〉中約有一百數十人的等次，曾經引起後人質疑。凡此問題，主要集中在品鑒標準之上。但班固向稱良史，一本儒家立場以聖、仁、智、愚等品目論人，其品鑒人物的宗旨固極明確；縱或若干人物的等次安排未盡妥當，應不足爲〈人表〉之大病。

東漢後期，由於外戚宦官當權，政治漸壞，選舉之法弊病叢生，漸漸不足以得人，於是鄉黨清議乘時而起，蔚然大盛，形成人物品鑒的新形態、新風氣。此一大風潮，始於漢末，盛於魏晉，縣延達三百年之久。在此三百年

中，人物品鑒附麗於名士之清談，成爲清流名士普遍的喜好，人人參與，人人談論，其流行的盛況，明見於史籍的記載中。魏晉的文化特色、士風、清談風氣，皆與當代人物品鑒的盛行息息相關。人物品鑒在魏晉之世，實不僅爲觀人品人的消遣閒談，而更是當代士人重要的文化活動之一。

　　清談品鑒之風，在漢末的典型事例即是所謂「汝南月旦評」。許劭兄弟並非朝廷選司，只是草野名士，而皆有「知人」之稱，家於汝南，好共覈論鄉黨人物，每月輒更其品題，片言之出，天下矚目。由此一著例看來，當時品鑒人物，大抵以同時之人爲主要對象而衡論其高下，臧否的意味並不甚重，反帶有品賞識鑒的性質；品鑒的形式，則通常只以一二語形容人物，不多費辭，以故有「品題」、「題目」、「標榜」之稱。至於其時品鑒所依據的標準，據《後漢書》所載許劭、郭泰之徒覈論人物之語以觀，其高下的關鍵並不統一：或者沿用兩漢德行取士的舊規，注重人物的德行；或者注重人物的才能，尤其是政治才能；或者取法乎名士，注重人物的天才風流。從此一點，已可見出當代思想之複雜，以及士風之漸變。人物品鑒便在如此背景下迅速發展。

　　自漢末以迄晉末，人物品鑒的風氣雖大抵趨勢顯然，但當漢建安以後、魏正始以前之數十年間，曹操父子觀人用人之法，卻嘗一時對於人物品鑒的風氣造成重大震撼。此即須述及曹的求才四令。曹操在四令中，明言「治平尚德行，有事賞功能」，爲求「進取」之士，甚至寧取「不仁不孝而有治國用兵之術者」。案：兩漢觀人首重仁德，至此曹操一改而重才智。而其所以如此，則與東漢後期選舉失中的弊病以及亂世對於才智之士的迫切需要有關。於是一時之間，循名責實、任法課能之風驟盛，乘風而起者，以分辨人物才智宜適爲主的人物論亦蔚然滋多。當時此類著作，幾盡遺佚不傳；惟有劉邵所作《人物志》三卷仍存全帙，碩果僅存，彌足珍貴。其書都十二篇，篇幅雖小，卻能提出一套關於品鑒人物的完整理論；並且其書論人的觀點，極富名法與功利色彩，與漢世、晉世一般觀點皆不相同，顯然深受魏初名法之治的影響，而足爲一代風氣的代表；故研究漢晉之間的人物品鑒，此書自當在探討之列。

　　此外，關於起自東漢綿亙兩晉之世的人物品鑒的風尚，劉宋臨川孝王劉義慶所作《世說新語》一書則有極爲詳盡的記錄。《世說新語》見稱爲「清言之林囿」，收錄漢末直至東晉末年名士清言達一千一百三十四條之多，以兩晉人事爲主；其中所見人物品鑒之語，即以〈識鑒〉、〈賞譽〉、〈品藻〉三門所收計算，已有二百七十三條；其他若〈德行〉、〈言語〉、〈文學〉諸門，亦多

載人物品語；同時當代名士進行品鑒的場合、方式，以及品鑒的情景，由此書中亦皆可以窺見。故欲探究兩晉人物品鑒的風氣，此書絕不宜忽略。

　　本論文題爲《漢晉人物品鑒研究》，以自兩漢以迄兩晉的人物品鑒之演變發展爲主要內容；第二章論兩漢的人物品鑒，以《漢書・古今人表》爲中心加以探討；第三章專論東漢後期以下人物品鑒的新風氣；第四章論曹魏時代的人物品鑒，以《人物志》爲中心；第五章則論魏正始以後以迄兩晉的人物品鑒，以《世說新語》爲中心。下文將依次論述。

第二章 〈古今人表〉與兩漢人物品鑒

第一節 〈古今人表〉的時代背景

　　東漢明、章之世，班固作《漢書》，中有〈古今人表〉一編，〔註1〕是為吾國有關於人物品鑒第一部有系統的鉅作。《史記》無〈人表〉，何以班氏《漢書》別出心裁而有此新創？前賢對此多有所見，〔註2〕却似少能自漢代政治制度與社會風氣的角度窺入者。〈人表〉以前，漢人雖無品鑒人物的完整作品，但早有識拔人物的定法與定見。此一事實，一方面使兩漢人才輩出，風俗淳美，一方面直接影響及〈古今人表〉撰作的意向與立場。倘能從此方面深入探討，或者可以為研究〈古今人表〉提供一較為清楚的概念。

　　關於漢代風俗之美與人才之盛，以及何以致此的原由，前賢則早有一致意見。宋儒楊時嘗曰：

> 三代兩漢人才之盛，風俗之美，後世莫能及者，取士以行，不專以
> 言故也。〔註3〕

朱子亦曰：

〔註1〕 或言班固未克作成《漢書》八表而卒，八表乃馬融之兄馬續踵成。《史通‧正史篇》、《後漢書‧列女傳‧曹世叔妻傳》、袁宏《後漢紀》皆持此說。

〔註2〕 前賢大抵以為通古之史應有〈人表〉，而《史記》無之；班氏為補史遷之闕，故不惜在斷代之史中添入〈人表〉。若章學誠即云：「固以斷代為書，承遷有作，凡遷史所闕門類，固則補之，非如紀傳所列君臣事迹但畫西京為界也。」見《方志略例》卷二〈亳州人物表例議上〉。

〔註3〕 見《性理會通‧求賢》。《古今圖書集成‧選舉典》卷三〈選舉總部總論二〉引。下同。

德行之於人大矣，……士誠知用力於此，則不惟可以修身，而推之可以治人，又可以及夫天下國家；故古之教者莫不以是爲先。……至於成周，而法始大備，故其人才之盛，風俗之美，後世莫能及之。漢世之初，尚有遺法，其選舉之目，必以敬長上、順鄉里、肅政教、出入不悖所聞爲稱首。

明末大儒顧炎武則曰：

漢自孝武表彰六經之後，師儒雖盛，而大義未明；……光武有鑒於此，故尊崇節義，敦厲名實，所舉用者莫非經明行修之人，而風俗爲之一變。三代以下，風俗之美，無尚於東京者。〔註4〕

三氏都指出漢代取士之法與人才之盛、風俗之美極有關係，朱、楊二氏強調德行取士之效，顧氏則兼言重經術與重德行二者對風化的影響。然則欲研討兩漢士風，應即可自當時的選舉制度入手考察。不過兩漢取士之法，並非如朱、楊二氏所言，係承接三代遺法而來；〔註5〕有漢一代政教宏規，實皆出於漢文、武君臣精密的擘劃與經營，而有其獨特的創意。其取士之法，亦是在整個時代的一貫政教方針下制定而成。故兩漢取士以德行、以經術，正是當代政教大綱偏尚儒術的必然結果。漢初英主明臣，能知以文禮治國，取士用人，無不循此方針，無怪不數十年間，天下風氣幡然而變，一掃嬴秦之舊。今欲深究漢代取士之法的用意與內容，仍須先對當代的政教方針加以認識。

當漢文帝之世，賈誼上疏陳政事，已爲漢廷數百年施政行教之大體奠立了初步規模。疏文甚長，其中最有關於風化者，厥在強調移風易俗之刻不容緩；其言曰：

商君遺禮義，棄仁恩，并心於進取；行之二歲，秦俗日敗。……功成求得矣，終不知反廉愧之節，仁義之厚，信兼併之法，遂進取之業，天下大敗。……是以大賢起之，威震海內，德從天下。曩之爲秦者，今轉而爲漢矣。然其遺風餘俗，猶尚未改。今世以侈靡相競，而上亡制度，棄禮誼，捐廉恥，日甚，可謂月異而歲不同矣；……

〔註4〕見《日知錄》卷一三「兩漢風俗」條。

〔註5〕案漢初賈誼、董仲舒建制亦託言復三代之古。「其實所謂古者亦非純粹盡本於古，學校、察舉、黜陟諸制，貴族世襲時代另是一套。漢所襲，其論雜出於先秦諸子，而備見於〈王制篇〉中。〈王制〉乃漢文時博士所爲。然則漢武一朝之復古更化，正是當時一種嶄新之意見也。」見錢賓四先生《國史大綱》第三編第八章第五節〈漢武一朝之復古更化〉。

> 而大臣特以簿書不報,期會之間,以爲大故;至於俗流失,世壞敗,
> 因恬而不知怪。……夫移風易俗,使天下回心而鄉道,類非俗吏之
> 所能爲也。俗吏之所務,在於刀筆筐篋,而不知大體。

賈生深斥秦俗之敝,無廉愧之節,無仁義之厚,而謂漢興以來,「其遺風餘俗,
猶尚未改」,必須痛下鍼砭,「移風易俗,使天下回心而鄉道」。漢治能與秦法
判然分途,其關鍵正在此處。下文又曰:

> 夫立君臣,等上下,使父子有禮,六親有紀,此非天之所爲,人之所
> 設也。夫人之所設,不爲不立,不植則僵,不修則壞。……秦滅四維
> 而不張,故君臣乖亂,六親殃戮,姦人並起,萬民離叛;……豈如今
> 定經制,令君君臣臣上下有差,父子六親各得其宜,姦人無所幾幸,
> 而羣臣眾信,上不疑惑!此業壹定,世世常安,而後有所持循矣。

秦滅四維而不張,君臣父子六親上下皆無法度,以致無法久存;爲今之計,
欲移風易俗,首須定立經制,「令君君臣臣上下有差,父子六親各得其宜」,
然後眾人有所持循,而可以世世常安。自人倫禮法入手改革,可謂爲典型的
儒家思想。賈生好儒,故重言德教;下文復明申其意曰:

> 人主之所積,在其取舍。以禮義治之者,積禮義;以刑罰治之者,
> 積刑罰。刑罰積而民怨背,禮義積而民和親。故世主欲民之善同,
> 而所以使民善者或異。或道之以德教,或毆之以法令。道之以德教
> 者,德教洽而民氣樂;毆之以法令者,法令極而民風哀。哀樂之感,
> 禍福之應也。秦王之欲尊宗廟而安子孫,與湯武同;然而湯武廣大
> 其德行,六七百歲而弗失;秦王治天下,十餘歲則大敗。……今或
> 言禮誼之不如法令,教化之不如刑罰,人主胡不引殷、周、秦事以
> 觀之也?(全文見《漢書》卷四八〈賈誼傳〉引)

秦用刑罰法令,十餘歲而大敗;湯武行德教、重禮義,享國六七百歲;故德
教勝於法令,禮義勝於刑罰,「德教洽而民氣樂」,「禮義積而民和親」,人主
施政行教,須能知所取舍。以德教爲治國之根本,賈生所言,確乎「通達國
體」,〔註6〕故漢文帝虛心采納,著手更革,班固《漢書·賈誼傳贊》故曰:「追
觀孝文玄默躬行以移風俗,誼之所陳略施行矣。」〔註7〕雖然天不假年,其人
未能大用,但後來漢武帝一朝復古更化,種種措施,仍與賈誼之所建白相去

〔註6〕劉向語,見班固《漢書·賈誼傳贊》所引。
〔註7〕《漢書》卷四八。

不遠。

　　武帝即位，重用趙綰、王臧之徒，欲興儒術；又舉賢良文學之士，以問得失。董仲舒以大儒而爲舉首，當殿對策，暢言復古更化之道。漢武帝一朝政教大節，俱是董子此一篇鴻論的實踐。〈賢良三策〉之第一策曰：

> 道者，所由適於治之路也，仁義禮智皆其具也。故聖王已沒，而子孫長久安寧數百歲，此皆禮樂教化之功也。……今陛下貴爲天子，富有四海，……行高而恩厚，知明而意美，愛民而好士，可謂誼主矣；然而天地未應而美祥莫至者，何也？凡以教化不立而萬民不正也。夫萬民之從利也，如水之走下，不以教化隄防之，不能止也。是故教化立而姦邪皆止者，其隄防完也；教化廢而姦邪並出，刑罰不能勝者，其隄防壞也。古之王者明於此，是故南面而治天下，莫不以教化爲大務。立太學以教於國，設庠序以化於邑，漸民以仁，摩民以誼，節民以禮，故其刑罰甚輕而禁不犯者，教化行而習俗美也。

董子以爲爲治之道首在立教化，教化立而姦邪皆止，譬若隄防之障水流，何須求助於刑罰。至於教化之具體內容，簡言之即「漸民以仁，摩民以誼，節民以禮」。此類議論，極似賈誼。又曰：

> 自古以倈，未嘗有以亂濟亂，大敗天下之民如秦者也。其遺毒餘烈，至今未滅，使習俗薄惡，人民嚚頑，抵冒殊扞，孰爛如此之甚者也。……今漢繼秦之後，如朽木糞牆矣，雖欲善治之，無可奈何。……竊譬之琴瑟之不調，甚者必解而更張之，乃可鼓也；爲政而不行，甚者必變而更化之，乃可理也。當更張而不更張，雖有良工不能善調也；當更化而不更化，雖有大賢不能善治也。故漢得天下以來，常欲善治而至今不可善治者，失之於當更化而不更化也。

此更直接賈誼緒言，力陳暴秦之「遺毒餘烈，至今未滅」，使天下「習俗薄惡，人民嚚頑」，故「必變而更化之，乃可理也」。更化即不用秦法而另立教化宗旨之意。武帝覽其對而異焉，二次策問，仲舒復對曰：

> 臣聞聖王之治天下也，少則習之學，長則材諸位，爵祿以養其德，刑罰以威其惡，故民曉於禮誼而恥犯其上。……夫不素養士而欲求賢，譬猶不琢玉而求文采也。故養士之大者，莫大虖太學；太學者，賢士之所關也，教化之本原也。……臣願陛下興太學，置明師，以養天下之士，數考問以盡其材，則英俊宜可得矣。

教化之道，首在興學求賢，「太學者，賢士之所關也，教化之本原也」。故董仲舒明白建議漢武「興太學，置明師，以養天下之士」。嗣後五經博士之立及博士弟子員之設，皆肇端於此。又曰：

> 夫長吏多出於郎中、中郎、吏二千石子弟，選郎吏又以富訾，未必賢也。……臣愚以爲使諸列侯、郡守、二千石各擇其吏民之賢者，歲貢各二人以給宿衛，且以觀大臣之能；所貢賢者有賞，所貢不肖者有罰。夫如是，諸侯、吏二千石皆盡心於求賢，天下之士可得而官使也。徧得天下之賢人，則三王之盛易爲，而堯舜之名可及也。

天下長吏未必皆賢，影響政教推行之效果，故不如使諸侯、吏二千石每歲推舉賢士二人貢上，大臣既「盡心而求賢」，賢士亦「可得而官使」，則三王之盛可復也。後來察舉茂才、孝廉之法成爲漢代常制，即依董子意見。武帝又問，仲舒三對，曰：

> 春秋大一統者，天地之常經，古今之通誼也。今師異道，人異論，百家殊方，指意不同，是以上亡以持一統，法制數變，下不知所守。臣愚以爲諸不在六藝之科、孔子之術者，皆絕其道，勿使並進。邪辟之說滅息，然後統紀可一而法度可明，民知所從矣。（全文見《漢書》卷五六〈董仲舒傳〉引）

至此董子更明白主張「諸不在六藝之科、孔子之術者，皆絕其道，勿使並進」，專崇儒術，以興教化。漢武帝「罷黜百家，表彰六經」，〔註8〕其移易風教振衰起敝的大業，實與董子〈賢良對策〉的主張完全相符。《漢書・董仲舒傳》亦曰：「自武帝初立，魏其、武安侯爲相而隆儒矣。及仲舒對冊，推明孔氏，抑黜百家，立學校之官，州郡舉茂才、孝廉，皆自仲舒發之。」〔註9〕漢武一朝的復古更化，影響兩漢數百年政教風化至深至鉅，而論其本始，不可不推功於賈、董二賢。

漢代人才之盛，士風之美，最直接的因素尤在選舉制度之確立。而選舉制度之建立，則根據朝廷的政教大綱而來。在上者以既定的方式長期取士，士人亦以相合的資格陸續出仕。朝廷之所獎求於士民者既著且一，士民自然羣趨而並馳。是故漢廷重視儒術經學，敦尙道德仁義，長期以此取士，士民自皆務於修身講學，蔚然成風。今即自漢代的選舉制度入手，略考其獎拔人

〔註8〕 《漢書》卷六〈武帝紀贊〉有此二語。
〔註9〕 《漢書》卷五六。

物的科目與標準，以及在此制度下人物的出身與前途，以期對漢代士風與人才能有更清楚的了解。

　　董仲舒建議漢武帝「興太學，置明師，以養天下之士」。當對策後四年，即建元五年，〔註 10〕武帝初置五經博士。其後十二年，即元朔五年，〔註 11〕始置博士弟子員。博士及弟子，日以講習五經爲務，博士既蒙朝廷優禮，弟子員亦以優選吏民充之，能通一經以上，輒獲升賞，漸次可以入仕。依公孫弘所奏，博士弟子選舉登用的情形如下：

> 爲博士官置弟子五十人，復其身。太常擇民年十八以上，儀狀端正者，補博士弟子。郡國縣官有好文學、敬長上、肅政教、順鄉里、出入不悖所聞，令相長丞上所屬二千石；二千石謹察可者，常與計偕，詣太常，得受業如弟子。一歲皆輒課，能通一藝以上，補文學掌故缺；其高第可以爲郎中，太常籍奏。即有秀才異等，輒以名聞。〔註12〕

博士弟子可由太常及郡國長官推擇平民及小吏充之，除儀狀端正外，並須具備良好的品德，好文學、敬長上、肅政教、順鄉里、出入不悖所聞；入學習經，成績優異者，不數年即可以入仕途，平流而上。此制付諸施行，天下吏民不但趨於尊經講學，並且兼知修身勉行。五經博士後來分立十四家法，各立學官；博士弟子員數，在昭、宣、元、成之世亦續有增加，甚至有三千之眾。〔註 13〕博士官學益盛，學者益多，則學風益淳，無怪《漢書・儒林傳》

〔註10〕見《漢書》卷六〈武帝紀〉。案董仲舒對策，《漢書》次在武帝元光元年，非。當即在建元元年。《資治通鑑》已辨正之。又可參錢賓四先生〈兩漢博士家法考〉一文，收《兩漢經學今古文平議》一書中。

〔註11〕見《漢書》卷六〈武帝紀〉。

〔註12〕見《漢書》卷八八〈儒林傳〉。

〔註13〕西京博士家法之分，《漢書》卷八八〈儒林傳贊〉記曰：「初《書》唯有歐陽，《禮》后，《易》楊，《春秋》公羊而已。至孝宣世，復立大、小夏侯《尚書》，大、小戴《禮》，施、孟、梁丘《易》，穀梁《春秋》。至元帝世，復立京氏《易》。平帝時，又立《左氏春秋》、《毛詩》、《逸禮》、《古文尚書》；所以周羅遺失，兼而存之，是在其中矣。」但古文諸經，或立或廢。通常言漢博士家數，皆謂十四；十四者，《後漢書》卷七九上〈儒林傳序〉：「……於是立五經博士，各以家法教授：《易》有施、孟、梁丘、京氏，《尚書》歐陽、大、小夏侯，《詩》齊、魯、韓，《禮》大、小戴，《春秋》嚴、顏，凡十四博士。」博士弟子員數之增，據《漢書・儒林傳》所記，先是昭帝時增爲百人，宣帝末又倍增；元帝好儒，能通一經者皆復，不定員數；後數年，以用度不足，更爲設員千人。成帝末，或言孔子布衣養徒三千人，今天子太學弟子少；於是增弟子員三千人。歲餘復如故。東漢太學諸生之數更眾，據《後漢書・儒林傳》所記，質帝本初元年，梁

曰：「自此以來，公卿大夫士吏，彬彬多文學之士矣。」〔註14〕

兩漢崇獎經學，其事尚不止於立博士、置弟子而已。清皮錫瑞《經學歷史》有云：

> 經學自漢元、成至後漢，爲極盛時代。其所以極盛者，漢初不任儒者，武帝始以公孫弘爲丞相，封侯，天下學士靡然鄉風。元帝尤好儒生，韋、匡、貢、薛，並致輔相。自後公卿之位，未有不從經術進者。青紫拾芥之語，車服稽古之榮。黃金滿籝，不如教子一經。以累世之通顯，動一時之羨慕。後漢桓氏代爲師傅，楊氏世作三公。宰相須用讀書人，由漢武開其端，元、成及光武、明、章繼其軌。經學所以極盛者，此其一。〔註15〕

漢室諸帝，優禮儒生，封侯拜相，掛青紫，賜車服，無所不至；以是天下嚮風，經學臻於極盛。此中尤可注意者，公卿首相皆用儒生充之，則敷政設教，無疑多遵經義古訓；樹之風聲，行于實事，則上自天子，下逮廝民，必皆沐被儒風而不期然自化。若西漢名儒平當、夏侯勝、董仲舒、王式，嘗有「以〈禹貢〉治河，以〈洪範〉察變，以〈春秋〉決獄，以三百五篇當諫書」〔註16〕之事，後世傳爲美談。故漢代尊經重儒的態度，不僅表現在選用人才一事上，並且確實以之推行政教；所謂通經致用，殆非虛談。經學經此有意的宏獎，遂成爲漢代學術的主流；而兩漢的政風民俗，亦因尊經重儒而趨於淳美。

董仲舒又建議郡國長官歲舉賢士以貢。當對策後六年，即武帝元光元年冬，〔註17〕此事亦付諸實現，漢武初令天下郡國各舉「孝廉」一人。「孝廉」一科，以後成爲常制，東漢以下尤盛。雖兩漢鄉舉里選的科目並不只「孝廉」一科，但得人最多且影響風氣最深，則端在此。此科獎孝興廉，設科之初，武帝即有獎進天下風俗之意，故元朔元年詔書有云：

> 公卿大夫，所使總方略、壹統類、廣教化、美風俗也。夫本仁祖義，……五帝三王所由昌也；朕夙興夜寐，嘉與宇內之士臻於斯路，故旅耆老、復孝敬、選豪俊、講文學，稽參政事，祈進民心，深詔執事，

太后詔大將軍下至六百石悉遣子弟入太學；自是游學增盛，至三萬餘生。

〔註14〕　《漢書》卷八八。
〔註15〕　《經學歷史》卷四，〈經學極盛時代〉。
〔註16〕　《經學歷史》卷三，〈經學昌明時代〉。
〔註17〕　見《漢書》卷六〈武帝紀〉。

興廉舉孝，庶幾成風，紹休聖緒。〔註18〕

此意兩漢官民蓋咸知之，故二百年後，當東漢順帝陽嘉二年，左雄建言課試孝廉以文法牋奏，張衡上書反對，以爲有違設科本意：

自初舉孝廉，迄今二百歲矣；皆先孝行，行有餘力始學文法。……
雖有至孝，猶不應科，此棄本而取末，……則違選舉孝廉之意矣。

〔註19〕

朝廷長期以獎孝興廉爲心，政府選舉人才最主要的科目即是「孝廉」，〔註20〕則漢代的政教方針如何豈不易明？而孝子廉吏累世而出，社會風氣亦必爲之改變。東漢時，孝廉科尤重，不但光武帝定孝廉爲歲舉，年年貢上，〔註21〕和帝且增加歲舉孝廉之數目，明令大郡每二十萬人口即舉一人，不止每郡二人；〔註22〕厚取厚賞，吏民樂應；孝廉科遂成爲東漢名賢君子最普遍的出身途徑。

其實兩漢諸帝，皆頗用心於獎進孝悌之風，以厚民俗；除設立孝廉科外，其他種種類似措施，亦多含有此一用意。譬如西漢時，惠帝、高后、文帝、宣帝皆嘗屢舉孝悌力田之民，賜帛免賦，優加賞賜；〔註23〕另外歷代舉賢之詔，亦多強調德行，尤其重在孝悌，譬如西漢昭帝元鳳元年三月詔郡國舉有行義人、宣帝地節三年十一月詔郡國舉孝弟有行義聞於鄉里者各一人、哀帝建平元年二月詔大司馬至州牧守相舉孝弟敦厚能直言通政事者各一人、平帝元始元年五月詔公卿至二千石舉敦厚能直言者各一人、王莽天鳳三年令公卿至二千石舉四行〔註24〕各一人、東漢安帝永初五年閏三月詔舉至孝行與眾卓異者、元初元年四月詔三公至郡守舉敦厚質直者各一人、桓帝建和元年四月詔大將軍公卿郡國舉至孝篤行之士各一人、延熹九年詔舉至孝、獻帝建安五

〔註18〕 見《漢書》卷六〈武帝紀〉。
〔註19〕 見《後漢書》卷六九〈張衡傳〉。
〔註20〕 宋徐天麟云：「嘗考元朔詔書云：『深詔執事，興廉舉孝。』……有司奏議曰：『不舉孝不奉詔，當以不敬論；不察廉不勝任也，當免。』詳觀此文，則孝之與廉當是各爲一科，故蕭望之、薛宣、黃霸、張敞等皆以察廉補長丞，獨王吉、京房、師丹、孟喜皆以舉孝廉爲郎，劉輔舉孝廉爲襄賁令。至東都則合爲一科矣。」見《東漢會要》卷二六〈選舉上〉孝廉部附論。
〔註21〕 見《後漢書·百官志》一注引《漢官目錄》。
〔註22〕 見《後漢書》卷三七〈丁鴻傳〉。
〔註23〕 見徐天麟《西漢會要》卷四五〈選舉下〉孝弟力田部。
〔註24〕 四行，敦厚、質樸、遜讓、節儉也；見《後漢書》卷六四〈吳祐傳〉。

年九月詔舉至孝〔註25〕等等。由此種種措施，實可深知漢室諸帝移易風教的苦心。

　　董仲舒得以對策武帝之廷，係應賢良方正之舉。賢良方正一科，漢文帝時已有，以後亦勒爲定法，是爲兩漢察舉另一主科，西漢時尤重。《史記‧儒林傳》曰：

　　　　及今上（武帝）即位，趙綰、王臧之屬明儒學，而上亦嚮之，於是

　　　　招方正賢良文學之士。〔註26〕

可知賢良一科與儒學見重有密切關係，董仲舒、轅固、公孫弘等皆以博士身分被舉。〔註27〕此科本意在破格招賢，皇帝親加策問，以考得失；〔註28〕故應舉之人，多係學有專長的現任官員，以建白正言爲務。趙綰嘗上奏武帝曰：

　　　　所舉賢良，或治申、商、韓非、蘇秦、張儀之言，亂國政，請皆罷。

　　　〔註29〕

此亦可見賢良一科取人的標準，以及賢良建言的方針。另東方朔嘗曰：

　　　　武帝舉方正賢良文學材力之士，待以不次之位。〔註30〕

可見賢良一科恩遇頗佳。西漢修儒術、敦品行的名儒大賢多自此科出身，不但對朝政得失多所獻替，天下觀聽亦爲之一正。唯東漢以下賢良方正一科得人無多，已不能如西漢之盛。

　　此外漢代地方察舉尚有一經常科目，即「茂才」科。茂才西漢時未重，僅宣、元之世兩開，〔註31〕至東漢光武帝時，遂與孝廉一同定爲歲舉，〔註32〕漸形重要。此科多舉三署郎官應之，以「高功久次」者爲優先，〔註33〕意在諮訪

〔註25〕詳見《古今圖書集成‧選舉典》卷三九〈鄉舉里選部彙考一〉。

〔註26〕《史記》卷一一一。

〔註27〕另有朱雲、貢禹亦以博士舉賢良。詳見馬端臨《文獻通考》卷三三〈選舉六〉。

〔註28〕賢良似亦有不對策者，馬端臨云：「西都賢良策之載於史者，鼂（錯）、董、公孫、杜欽、谷永、杜鄴而已。」仍見《文獻通考》卷三三〈選舉六〉。

〔註29〕見《漢書》卷六〈武帝紀〉。

〔註30〕見《漢書》卷六五〈東方朔傳〉。

〔註31〕詳見《西漢會要》卷四四〈選舉上〉茂材異等部。

〔註32〕《後漢書‧百官志一》注引《漢官目錄》：「建武十二年八月乙未詔書：三公舉茂才各一人、廉吏各二人；光祿歲舉茂才、四行各一人，察廉吏三人；中二千石歲察廉吏各一人，廷尉、大司農各二人；將兵將軍歲察廉吏各二人；監察御史、司隸、州牧歲舉茂才各一人。」

〔註33〕《後漢書》卷六一〈黃琬傳〉：「舊制光祿舉三署郎，以高功久次、才德尤異

才能，主要爲政治上用人而設，與孝廉設科之意各別。但光武帝曾下詔曰：

> 刺史、二千石察茂才尤異、孝廉之吏，務盡實覈選，擇英俊賢行廉
> 潔平端於縣邑；務授試以職；有非其人，臨計過署，不便習官事，
> 書疏不端正，不如詔書，有司奏罪名，並正舉者。〔註34〕

可見察舉茂才仍注意其品德，仍以「英俊賢行廉潔平端」爲一基本標準。漢代選舉人才，除少數特科如勇猛知兵法、明陰陽災異〔註35〕等等之外，大抵無有不要求其人的品德者。

漢代選舉人才之法，除州郡察舉外，尚有公府徵辟一途。賢士而有名迹，天子可以特徵，公府可以辟爲掾曹，諸侯國可以辟爲內史以下屬官，甚至郡守縣令也可以辟爲屬吏；〔註36〕由此進入仕途，循序而上。徵辟並非定制，亦無一定標準。通常郡縣辟士以供職，仍相當看重其任事才能。不過天子公卿徵辟賢士，則往往意在褒賢；而榮禮所加，確實亦能使天下側目，達到歆動人心的目的。譬如西漢時，武帝嘗以安車蒲輪徵文士枚乘、大儒魯申公；其後夏侯勝以善說禮服、疏廣以明《春秋》，皆徵爲博士；昭帝時，韓福以德行徵至京師；元帝時，翼奉以儒學徵待詔宦者署，貢禹以明經潔行徵爲博士；哀帝時，龔勝以好學明經徵爲諫大夫；〔註37〕皆名動天下。東漢時，天子特徵之事益盛，但諸所詔求多屬巖穴隱士，隱士亦往往不至以全其高，徵辟的性質蓋已轉變。〔註38〕反是公府徵辟取代了西漢的天子特徵，多得名儒君子，往往傳爲佳話。關於東漢公府徵辟的盛況，宋徐天麟嘗述論之曰：

　　　者爲茂才、四行。」

〔註34〕 見應劭《漢官儀》輯本卷上。此詔《後漢書‧竇憲傳》、〈和帝紀〉注皆有引及，但文字稍有不同。此據《續漢志》補注及《北堂書鈔‧設官部》所引之文。

〔註35〕 元帝初元三年，詔丞相御史舉天下明陰陽災異者各三人。成帝元延元年，詔北邊二十二郡舉勇猛知兵法者各一人。皆見《古今圖書集成‧選舉典》卷三九〈鄉舉里選部彙考一〉。

〔註36〕 章俊卿氏《山堂考索》論辟署，言此甚詳。見《古今圖書集成‧選舉典》卷六〇〈辟署部總論〉引。

〔註37〕 詳見《西漢會要》卷四四〈選舉上〉聘召名士部。

〔註38〕 東漢士氣頗盛，轉成隱逸之風，但天子轉好辟召隱士，士人則相率不應徵辟；漢季尤甚。《後漢書》卷八三〈逸民傳序〉：「漢室中微，王莽篡位，士之蘊藉義憤甚矣，是時裂冠毀冕，相携持而去之者，蓋不可勝數。……光武側席幽人，求之若不及，旌帛蒲車之所徵賁，相望於巖中矣。……斯固所謂舉逸民天下歸心者乎！肅宗亦禮鄭均而徵高鳳，以成其節。自後帝德稍衰，邪嬖當朝，處子耿介，羞與卿相等列，至乃抗憤而不顧，多失其中行焉。」

按公府有辟命，自西京則然矣；然東漢之世，公卿尤以辟世相高：
卓茂習《詩》《禮》為通儒，而辟丞相府史；蔡邕少博學好辭章，而
辟司徒橋玄府；周舉博學洽聞，為儒者宗，而辟司徒李郃府。又有
五府俱辟如黃瓊者，四府並命如陳紀者。往往名公鉅卿以能致賢才
為高，而英才俊士以得所依秉為重；是以譽望日隆，名節日著，而
一洗末世苟合輕就之風。〔註39〕

要之，徵辟一道在兩漢大抵頗受重視，亦對社會人心發生了正面的影響；而
諸大賢多以儒學明德應徵，正可見朝廷之所尚始終如此。東漢光武帝時，嘗
引丞相故事詔令天下審慎辟召；依其言，可知東漢時一般公府辟召亦要求在
才能外兼重德行，與當代察舉徵聘之法皆相一致：

方今選舉，賢佞朱紫錯用。丞相故事，四科取士：一曰德行高妙，
志節清白；二曰學通行修，經中博士；三曰明達法令，足以決疑，
能案章覆問，文中御史；四曰剛毅多略，遭事不惑，明足以決，才
任三輔令；皆有孝悌廉公之行。自今以後，審四科辟召。〔註40〕

明達法令、剛毅多略為公府掾屬所宜有，光武則意在強調德行高妙、經通行
修二類，並要求所有人等皆須具備「孝悌廉公之行」。由光武所言，又可見西
漢時丞相舉官任人亦早已據此原則而行，並不獨任才略。〔註 41〕然則有漢一
代種種選舉人才的制度，無不走向相同的方向，欲其士風民俗不趨於修行務
學，亦不可得已。

　　凡一制度之所以能奏效，必定有其獨特的長處，方能導民眾以俱從。漢
代選舉制度，既使國家能得天下賢士，又移轉了天下風氣；此中關鍵所在，
即在「鄉舉里選」之定法。依漢法，孝廉、茂才及其他種種雜科，取士之程
序，皆先由地方查報推薦。鄉里清議，攸關於人物的選舉，則人人慎於初始，
風氣普及於基層。即使小至一鄉一邑，皆能順風從化。後來魏晉九品中正制
度正與此相反，乃以京官為中正，未能真考行於鄉里，故人才不出，人心不

〔註39〕見《東漢會要》卷二七〈選舉下〉公府辟除部附論。
〔註40〕見應劭《漢官儀》輯本卷上。《後漢書》卷四〈和帝紀〉注亦引之。
〔註41〕案：據衛宏《漢舊儀》輯本卷上所載，丞相四科取士之法，早在武帝元狩六
　　　　年制定，並附有任用之說明如下：「第一科（德行高妙，志節貞白）補西曹、
　　　　南閣祭酒，二科（學通行修，經中博士）補議曹，三科（明曉法令）補四辭
　　　　八奏，四科（剛毅多略）補賊決。」衛宏本書共四卷，今本則係自《永樂大
　　　　典》中抄出者。

向，〔註42〕終致失敗。另外，漢代選舉之制，對於應選之人崇獎頗至，加之彼輩在仕途上確實多可有良好的發展，明證歷歷，如何不使天下之人誘於榮利而幡然向風？譬如博士弟子，經過歲課，通常可獲補郎中、太子舍人或文學掌故；〔註43〕孝廉，至少可起家爲郎，或補令長丞尉；〔註44〕賢良文學，取官更多超卓不次；〔註45〕如此漸漸遷升，循至公卿亦非罕聞。〔註46〕此皆可以證明漢廷取人確有誠意，制度施行確有實效，則天下士人自然趨附不怠。

總結而言，兩漢的政教方針，以及選舉制度，皆能本乎儒術，貫徹不易，因而經學大盛，師儒輩出，從學無數；並且風俗睦美，士操淳謹，忠孝成習。若論政教風化之成功有效，中國此下各朝各代之所造所至，亦罕有能與兩漢相比並論者。故李延壽《南史·孝義傳論》曰：

> 自澆風一起，人倫毀薄；蓋抑引之教，導俗所先，變里旌閭，義存勸獎，是以漢世士務修身，故忠孝成俗；至于乘軒服冕，非此莫由。晉宋以來，風衰義缺，刻身屬行，事薄膏腴，……以此而言聲教，不亦卿大夫之恥乎！〔註47〕

〔註42〕趙翼《廿二史劄記》卷八「九品中正」條引晉衛瓘之言曰：「魏因喪亂之後，人才流移，考詳無地，故立此法，粗具一時選用。其始鄉邑清議，不拘爵位，褒貶所加，足爲勸勵，猶有鄉論餘風；其後遂計資定品，惟以居位爲重。」

〔註43〕見《漢書》卷八八〈儒林傳〉。平帝時，歲課博士弟子，以甲科四十人爲郎中，乙科二十人爲太子舍人，丙科四十人補文學掌故。其先武帝時公孫弘奏置博士弟子員，已有類似建議。

〔註44〕當時雖無明令規定，但依《通考》所纂西漢舉孝廉諸人宦歷考之，知諸人得舉後多補令長丞尉。東漢安帝元初六年詔書始明言以孝廉郎補令長丞尉。皆見《文獻通考》卷三四〈選舉七〉。

〔註45〕其時東方朔已有此言，參註30。據《通考》所列，鼂錯以太子家令舉賢良，遷授中大夫；董仲舒以博士舉，遷授江都相；杜欽以武庫令舉，遷授議郎；嚴助以郡舉，遷授中大夫；朱雲以博士舉，遷授槐里令；王吉以雲陽令舉，遷授昌邑中尉；貢禹以博士舉，遷授河南令；魏相以郡卒史舉，遷授茂陵令；蓋寬饒以郎舉，遷授諫大夫；孔光以議郎舉，遷授諫大夫；何武以太守卒史舉，遷授諫大夫；黃霸以丞相長史舉，遷揚州刺史；朱邑以太守卒史舉，遷大司農丞。見《文獻通考》卷三三〈選舉六〉。

〔註46〕據《文獻通考》所纂，西漢名賢如路溫舒、龔勝、蓋寬饒、杜鄴、黃霸、王吉、平當等人，皆出身孝廉；鼂錯、董仲舒、公孫弘、貢禹、孔光、谷永等人，皆出身賢良。東漢名賢如第五倫、鍾離意、朱穆、胡廣、袁安、李固、杜喬、陳蕃、李膺、范滂等人，皆出身孝廉；魯丕、申屠剛、荀淑、皇甫規等人，皆出身賢良。見《文獻通考》卷三三〈選舉六〉、卷三四〈選舉七〉。

〔註47〕《南史》卷七四。

顧炎武《日知錄》「名教」條亦曰：

　　漢人以名爲治，故人材盛；今人以法爲治，故人材衰。〔註48〕

二氏皆盛稱漢世風俗美、人才盛，並且不約而同以「名教」爲言，其意若謂名教之興是爲漢治臻於美盛的主因。「名教」一詞，漢人似尚未使用，至晉世始以此詞指稱周孔禮教；〔註49〕但漢代特重舉「孝」與「廉」，又必採取鄉里清議，確實可謂乃以名爲教；而漢士亦皆知務於修身，切切以立「名節」相尚；故「名教」一詞使用雖晚，名教觀念却早在漢代推行政教以來便已漸漸成熟；漢世風俗之美、人才之盛，謂爲名教興起的結果，亦未爲不當。

　　班固生於東漢光武帝建武年間，卒於和帝永元年間，自明帝永元中至章帝建初中二十餘年，埋首著述，勒成《漢書》百篇，凡一百二十卷。〔註50〕其中有〈古今人表〉一編，收羅古今人物〔註51〕約二千人，依時代先後排列，又有高下九等之差次。以史體而論，〈古今人表〉立體似有不當，因此前賢論議甚多；〔註52〕但以人物品鑒的角度而論，此表却爲最早而又最有系統的品鑒人物之作，有其既定的品鑒標準，舉以論次的人物亦甚多。班固〈人表敘〉中，自言品鑒人物一以孔子論人之旨而爲之高下；倘其言非虛，則《漢書·古今人表》即可視爲漢代典型人物觀的代表，而與兩漢政教風化

〔註48〕《日知錄》卷一三。

〔註49〕今所見「名教」一詞，多與「自然」對舉；前者指周孔之教，後者指老莊之道。其例見《晉書》卷四九阮瞻傳：「瞻……見司徒王戎，戎問曰：『聖人貴名教，老莊明自然，其旨同異？』瞻曰：『將無同。』戎咨嗟良久，即命辟之。時人謂之三語掾。」袁宏《後漢紀》中多用「名教」一辭，並曾爲之定義曰：「名教之作，何爲者也？蓋準天地之性，求之自然之理，擬議以制其名，因循以弘其教，辯物成器，以通天下之物者也。」見《後漢紀》卷二六〈獻帝紀〉初平二年後附論。《世說新語·德行第一》亦載樂廣不滿時士裸形放達，曰：「名教中自有樂地，何必乃爾？」諸人皆當晉世，漢人則似尚未使用此辭。

〔註50〕見《後漢書》卷四〇上〈班固傳〉。

〔註51〕案〈人表〉收錄人物，上起太昊帝伏羲氏，下迄秦末陳勝、吳廣，實未收漢代一人，而置諸《漢書》斷代之史中，並顏曰〈古今人表〉，因此前賢頗致譏議。譬如劉知幾《史通·表歷第七》：「其書上自庖犧，下窮嬴氏，不言漢事，而編入《漢書》，鳩居鵲巢，篤施松上。」又〈題目第十一〉：「班固撰〈人表〉，以古今爲目。尋其所載也，皆自秦而往，非漢之事；古誠有之，今則安在？」

〔註52〕譬若劉知幾《史通·外篇·雜說上第七》云：「如班氏之〈古今人表〉者，唯以品藻賢愚、激揚善惡爲務耳，……比於他表，殆非其類歟！蓋人列古今，本殊表限，必客而不去，則宜以志名篇。」及清章學誠《方志略例》卷二〈亳州人物表例議上〉云：「〈人表〉之失，不當以九格定人，強分位置，聖仁智愚，妄加品藻，不得《春秋》謹嚴之旨。」

的宗趣以及漢人的名教觀念皆有緊密關聯。同時漢代選舉之法注重識辨人物，對於人物品鑒的興起當亦有其潛在的影響。下節當就班氏〈人表〉的品鑒標準詳作探討，以確實了解〈人表〉的撰作立場及其價值。

第二節　〈古今人表〉的品鑒標準

〈古今人表〉共收上古至秦末人物一千九百五十三人，〔註53〕有君有臣、有文有武、有賢有奸、有男有女，幾乎可謂無所不包。此一九五三人，每人依時代前後人品高下，在〈人表〉中各居一地位。班氏之意，顯然欲以史家的眼光將漢代以前人物儘量予以定評，或高或下，胥以己意為斷。至於高下之品，則共有九級：最上曰「聖人」，其次曰「仁人」，又其次曰「智人」，第九曰「愚人」，其他五級則無名稱。何以班固將上下四級定為如此名稱？其中是否顯示了某種品鑒標準？又班氏九等分人的一貫標準究竟如何？此誠為研究〈古今人表〉首當探討的問題。

班氏〈人表‧自敘〉曾經提出其分目定等的根據，曰：

> 孔子曰：「若聖與仁，則吾豈敢？」又曰：「何事於仁，必也聖乎！」「未知，焉得仁？」「生而知之者，上也；學而知之者，次也；困而學之，又其次也；困而不學，民斯為下矣。」又曰：「中人以上，可以語上也。」「唯上智與下愚不移。」傳曰：「譬如堯舜，禹、稷、卨與之為善則行，鯀、讙兜欲與為惡則誅。」可與為善，不可與為惡，是謂上智。桀紂，龍逢、比干欲與之為善則誅，于莘、崇侯與之為惡則行。可與為惡，不可與為善，是謂下愚。齊桓公，管仲相之則霸，豎貂輔之則亂。可與為善，可與為惡，是謂中人。因茲以列九等之序，究極經傳，繼世相次，總備古今之略要云。

據是，班固蓋自承其〈人表〉分立諸名、判分九等，一遵孔子論人之旨。孔子以聖為最高，聖居仁上，智居仁下，〔註54〕故〈人表〉前三等人品即名為

〔註53〕此項統計，大體依清梁玉繩氏《人表考》所考，凡二名一人及明顯重出者剔除不計，雖曰重出而疑有字誤當非一人者不除：另凡列國名、族名、官名或代稱而非專指一人者如九黎、三苗、五鳥、五鳩、六卿、師氏、龍臣、韋、鼓、昆吾、王青二友、匡人等皆計一人。

〔註54〕其實孔子並未明言，班氏蓋據「何事於仁，必也聖乎」、「未知，焉得仁」等語推之而知。

「聖人」、「仁人」、「智人」；孔子謂下愚不移，故〈人表〉第九等人品即名爲「愚人」；又孔子謂人有生知、學知、困知三類，有上智、中人、下愚三類，故〈人表〉亦隱以上、中、下三級的觀念分人；惟上智既又細分爲聖、仁、智三品，則中人、下愚亦各分爲三，而共得九等。案：《論語》「未知，焉得仁」一語，歷代解者意見分歧；〔註 55〕孔子此語是否意謂「仁人」高於「智人」，殊難確認。不過仁之與智，綜合《論語》全書義旨以觀，孔子自是重仁尤勝於重智；故「仁人」置於「智人」之上，仍無不當。班固自言即以孔子論人的標準來評品千古人物。

孔子論人，在《論語》一書中記錄極多。班〈敘〉中所提及的數章，屬於原則性的說明；另外專就不同人物作評品的例子尙在所多有。茲取《論語》與〈人表〉作一對比，以觀某一人物在孔子口中的評價如何，在班固〈表〉中的等次又如何。若班固所次與孔子所評顯然不合，則班氏的〈自敘〉亦不過徒託空言而已。反之，若二者相合，則班氏品次人物的基本標準豈非已可大致得知。

孔子對於古代聖君極爲景仰，其所曾經稱美贊歎的古代聖君包括堯、舜、禹以及周文、武：

子曰：「大哉！堯之爲君也。巍巍乎！唯天爲大，唯堯則之。蕩蕩乎！民無能名焉。巍巍乎！其有成功也。煥乎，其有文章。」〈泰伯〉

子曰：「無爲而治者，其舜也與！夫何爲哉？恭己正南面而已矣。」〈衞靈公〉

子曰：「巍巍乎！舜禹之有天下也，而不與焉。」〈泰伯〉

子曰：「禹，吾無間然矣。菲飲食而致孝乎鬼神，惡衣服而致美乎黻冕，卑宮室而盡力乎溝洫。禹，吾無間然矣。」〈泰伯〉

孔子曰：「……三分天下有其二，以服事殷；周之德其可謂至德也已矣！」〈泰伯〉

子曰：「周監於二代，郁郁乎文哉，吾從周。」〈八佾〉

以上諸人物，在班氏〈人表〉中皆列第一等「聖人」。〔註 56〕

孔子看重仁賢君子，以其能仁知義，有德有業；其所曾經稱美贊歎的古

〔註 55〕　〈公冶長第五〉「令尹子文三仕爲令尹」章「未知，焉得仁」句，何晏《集解》曰：「但知其忠事，未知其仁也。」讀「知」如字。班固則讀爲「智」。鄭玄《論語‧注》亦讀爲「智」。朱子《集注》同《集解》。

〔註 56〕　案上引二章稱道周德，未明白稱人，但周德自可以文王、武王當之。

今仁賢君子包括泰伯、微子、箕子、比干、伯夷、叔齊、管仲、甯武子、蘧伯玉、子產，以及弟子顏淵、閔子騫、冉伯牛、仲弓等：

> 子曰：「泰伯其可謂至德也已矣！三以天下讓，民無得而稱焉。」（〈泰伯〉）

> 微子去之，箕子爲之奴，比干諫而死。子曰：「殷有三仁焉。」（〈微子〉）

> 子貢……入，曰：「伯夷、叔齊何人也？」曰：「古之賢人也。」曰：「怨乎？」曰：「求仁而得仁，又何怨？」（〈述而〉）

> 子曰：「桓公九合諸侯，不以兵車，管仲之力也。如其仁。如其仁。」（〈憲問〉）

> 子曰：「甯武子，邦有道則知，邦無道則愚。其知可及也，其愚不可及也。」（〈公冶長〉）

> 子曰：「……君子哉蘧伯玉！邦有道則仕，邦無道則可卷而懷之。」（〈衛靈公〉）

> 子謂子產，有君子之道四焉：其行己也恭，其事上也敬，其養民也惠，其使民也義。（〈公冶長〉）

> 子曰：「從我於陳蔡者，皆不及門也。」德行：顏淵、閔子騫、冉伯牛、仲弓。（〈先進〉）

以上諸人物，在班氏〈人表〉中皆列第二等「仁人」。〔註57〕

又有若干人物，孔子未許以爲仁，但對彼等仍有良好評價，譬如令尹子文之忠、陳文子之清、卞莊子之勇、臧武仲之知，以及弟子如宰我、子貢、冉有、季路、子游、子夏、子賤、南容、公冶長、公西華等：

> 子張問曰：「令尹子文，三仕爲令尹，無喜色；……何如？」子曰：「忠矣。」曰：「仁矣乎？」曰：「未知，焉得仁？」「崔子弒齊君，陳文子有馬十乘，棄而違之；……何如？」子曰：「清矣。」曰：「仁矣乎？」曰：「未知，焉得仁？」（〈公冶長〉）

> 子路問成人，子曰：「若臧武仲之知，公綽之不欲，卞莊子之勇，冉

〔註57〕案甯武子未獲孔子許爲仁，亦未有君子之目，但觀其行事，與蘧伯玉大體相同，亦大爲孔子所稱道；故甯武子與蘧伯玉同等，應合乎孔子品第之意。

求之藝，文之以禮樂，亦可以爲成人矣。」（〈憲問〉）

子曰：「從我於陳蔡者，皆不及門也。」……言語：宰我、子貢。政事：冉有、季路。文學：子游、子夏。（〈先進〉）

孟武伯問：「子路仁乎？」子曰：「不知也。……由也，千乘之國，可使治其賦也，不知其仁也。」「求也何如？」子曰：「求也，千室之邑，百乘之家，可使爲之宰也，不知其仁也。」「赤也何如？」子曰：「赤也，束帶立於朝，可使與賓客言也，不知其仁也。」（〈公冶長〉）

南宮适出，子曰：「君子哉若人！尚德哉若人！」（〈憲問〉）

子謂子賤：「君子哉若人！魯無君子者，斯焉取斯。」（〈公冶長〉）

子謂公冶長：「可妻也。……。」以其子妻之。子謂南容：「邦有道不廢，邦無道，免於刑戮。」以其兄之子妻之。（〈公冶長〉）

以上諸人物，在班氏〈人表〉中皆列第三等「智人」。〔註58〕

　　根據前述對比的結果，吾人大抵可以相信，班固〈人表〉誠然正如其〈自敘〉所言，次第人物高下一以孔子之意爲依歸。聖人最高之外，班氏不惟一遵孔子「仁」「焉得仁」「不知其仁」之評語將人物分列於二等（「仁人」）、三等（「智人」，不及「仁人」），並且確能深體孔子之意以分辨二等與三等的差別，推求仁人與智人的高下。譬如孔子好言君子，稱述備至，嘗曰：「聖人吾不得而見之矣，得見君子者斯可矣。」（〈述而〉）聖人之下，繼以君子；又宰我問曰：「仁者雖告之曰井有人焉，其從之也？」子曰：「何爲其然也。君子可逝也，不可陷也；……。」（〈雍也〉）君子與仁者常相通用；故鄭子產與蘧伯玉嘗經孔子品爲「君子」，便被班氏列入二等「仁人」之中。甯武子操行似蘧伯玉，蘧伯玉「邦有道則仕，邦無道則可卷而懷之」，甯武子則「邦有道則知，邦無道則愚」；故孔子雖未以君子、仁人稱許甯武子，班氏仍將甯武子列入二等。孔子謂甯武子「知」（智）可及而「愚」不可及，甯武子當然不只在

〔註58〕案孟公綽〈人表〉無之，當係漏落。又〈人表〉有臧文仲，無臧武仲；然自種種方面查考，此一人應即是臧武仲，偶誤一字耳。《繹史》已疑文仲字誤，否則依文仲之時代，不應次在其子宣叔之後（卷一六○〈古今人表〉）。梁玉繩《人表考》亦謂文仲卒於魯文公十年，若次於此則已在昭公之世，失次懸遠（卷三）。其實〈人表〉次其人於卞莊子之後，顯然即據孔子此語而將二人並列；故其人必當爲武仲而非文仲。臧文仲，孔子嘗兩評其人，一曰：「臧文仲居蔡，山節藻梲，何如其知也！」（〈公冶長〉）一曰：「臧文仲其竊位者與！知柳下惠之賢而不與立也。」（〈衛靈公〉）文仲自絕不應居三等。

三等「智人」之列。又如孔子論「成人」，舉臧武仲等四人為例，謂諸人各有一節之長，倘再「文之以禮樂」，便可以為「成人」；「成人」顯然遜於「君子」，臧武仲等又尚未盡至「成人」的境界，故班氏將諸人列入三等。孔子既謂臧武仲「知」，臧武仲當然應在三等無疑。其他各人既與臧武仲並稱，當然亦應與之同等。又令尹子文、陳文子各以「忠」節、「清」節得居三等（孔子謂二人尚不足以稱仁，但各有一節可稱），則卞莊子之「勇」、冉求之「藝」，臧武仲之「知」亦皆各是一節，諸人列入三等，方能與陳文子等相一致。又如孔子弟子，孔子只以德行許可顏淵等四人，顏、閔等列在二等「仁人」，其他弟子之不及者自不應超登二等，故予、賜、求、由、游、夏等列在三等。南宮适（南容）、子賤雖經孔子褒美曰「君子」，但孔子嘗曰：「君子而不仁者有矣夫！」（〈憲問〉）君子或志仁而未達，本可不必全列入二等「仁人」之列；何況南容、子賤在孔子弟子中未見勝過予、賜之徒，更無理由超登二等；故班氏酌情度理，將二人列入三等之中。公冶長與南容並稱，故亦列入三等。凡此種種等次安排，不論《論語》中有無肯定的仁智等字面印證，皆可相信完全符合孔子對於各該人物高下的論斷。由此諸例以觀，班固所謂遵用孔子的標準以等第人物，大抵並非虛語。

孔子既為班固所拳拳服膺，則無怪於孔子繼上古聖王之後被班氏列入〈人表〉第一等「聖人」之中。

除前引諸例以外，《論語》中所載孔子論人之語尚在所多有。孔子對於種種人物的意見與臧否，是否皆能為班固所通盤接受？又班固〈人表〉中，對此種種人物，又如何安排其等次？此仍須作進一步的考察。譬如周公，孔子對之極為景仰，至於常在夢寐中見之：

> 子曰：「甚矣，吾衰也！久矣，吾不復夢見周公。」（〈述而〉）

如此人物，班氏置諸一等。又孔子嘗稱引逸民七人：

> 子曰：「逸民：伯夷、叔齊、虞仲、夷逸、朱張、柳下惠、少連。」
> （〈微子〉）

朱張、少連、夷、齊，班氏皆置諸二等。又孔子稱美晏平仲善與人交：

> 子曰：「晏平仲善與人交，久而敬之。」（〈公冶長〉）

如此人物，班氏置諸二等。又孔子引左丘明為同道：

> 子曰：「巧言令色足恭，左丘明恥之，丘亦恥之。匿怨而友其人，左
> 丘明恥之，丘亦恥之。」（〈公冶長〉）

如此人物，班氏置諸二等。又商湯之賢大夫老彭，孔子引以自比自勉：

    子曰：「述而不作，信而好古，竊比於我老彭。」（〈述而〉）

如此人物，班氏置諸三等。又《論語・微子篇》嘗類記周初賢人八人：

    「大師摯適齊，亞飯干適楚，三飯繚適蔡，四飯缺適秦，鼓方叔入
    於河，播鼗武入於漢，少師陽、擊磬襄入於海。」（〈微子〉）〔註59〕

大師摯等八人，班氏皆置諸三等。又孔子稱美孟之反不伐：

    子曰：「孟之反不伐，奔而殿，將入門，策其馬曰：非敢後也，馬不
    進也。」（〈雍也〉）

如此人物，班氏置諸三等。又子游嘗對孔子稱譽澹臺滅明公正端方：

    子游為武城宰，子曰：「女得人焉爾乎？」曰：「有澹臺滅明者，行
    不由徑，非公事未嘗至於偃之室也。」（〈雍也〉）

如此人物，班氏置諸三等。孔子弟子見於《論語》一書中者，除前引諸人外，尚有曾子、子張、曾皙、有若、漆雕開、樊遲、巫馬期、司馬牛、子羔、原憲、顏路等等，班氏全部置諸三等。又《論語・微子篇》另有一章亦類記周初八士：

    周有八士：伯達、伯适、仲突、仲忽、叔夜、叔夏、季隨、季騧。（〈微
    子〉）〔註60〕

此八士，班氏全部置諸四等。又孔子嘗論及晉文公其人：

    子曰：「晉文公譎而不正。」（〈憲問〉）

晉文公，班氏置諸四等。又孔子謂衛公子荊善居室：

    子謂衛公子荊善居室，始有，曰：「苟合矣。」少有，曰：「苟完矣。」
    富有，曰：「苟美矣。」（〈子路〉）

如此人物，班氏置諸四等。又孔子嘗稱美鄭國有賢大夫四人共造辭命：

    子曰：「為命，裨諶草創之，世叔討論之，行人子羽脩飾之，東里子
    產潤色之。」（〈憲問〉）

裨諶、世叔、行人子羽，班氏皆置諸四等。又孔子亦嘗稱美衛國有三賢大夫：

    子言衛靈公之無道也。康子曰：「夫如是，奚而不喪？」孔子曰：
    「仲叔圉治賓客，祝鮀治宗廟，王孫賈治軍旅，夫如是，奚其喪！」

〔註59〕案此章類記賢人，次于〈微子篇〉末，朱子已疑「未必夫子之言」。或後人隨
      手附記，誤入正文者。

〔註60〕此章可與「大師摯適齊」章並觀，未必為《論語》原文。

　　　　（〈憲問〉）

此三賢，班氏亦皆置諸四等。又孔子稱史魚「直」：

　　　　子曰：「直哉史魚！邦有道如矢，邦無道如矢。」（〈衛靈公〉）

如此人物，班氏置諸四等。又公明賈嘗對孔子形容公叔文子之不言不笑不取：

　　　　子問公叔文子於公明賈，曰：「信乎，夫子不言不笑不取乎？」公明
　　　　賈對曰：「以告者過也。夫子時然後言，人不厭其言。樂然後笑，人
　　　　不厭其笑。義然後取，人不厭其取。」子曰：「其然，豈其然乎？」
　　　　（〈憲問〉）

公叔文子，班氏置諸四等。又孔子弟子中惟公伯寮〔註61〕嘗為孔子所不滿：

　　　　公伯寮愬子路於季孫，子服景伯以告，曰：「夫子固有惑志於公伯寮，
　　　　吾力猶能肆諸市朝。」子曰：「道之將行也與，命也。道之將廢也與，
　　　　命也。公伯寮其如命何！」（〈憲問〉）

公伯寮，班氏置諸四等。又《論語》書中所見狷介隱逸之士如長沮、桀溺、
楚狂接輿、丈人、荷蕢等等，班氏將之全部置諸四等。又孔子嘗論及齊桓公
其人：

　　　　子曰：「……齊桓公正而不譎。」（〈憲問〉）

齊桓公，班氏置諸五等。又孔子嘗稱美林放能問：

　　　　林放問禮之本，子曰：「大哉問！禮與其奢也寧儉，喪與其易也寧戚。」
　　　　（〈八佾〉）

林放，班氏置諸五等。又孔子批評微生高未必「直」：

　　　　子曰：「孰謂微生高直？或乞醯焉，乞諸其鄰而與之。」（〈公冶長〉）

如此人物，班氏置諸五等。又孔子批評申棖未必「剛」：

　　　　子曰：「吾未見剛者。」或對曰：「申棖。」子曰：「棖也慾，焉得剛？」
　　　　（〈公冶長〉）

如此人物，班氏置諸五等。又孔子批評闕黨童子非進益者：

　　　　闕黨童子將命，或問之曰：「益者與？」子曰：「吾見其居於位也，
　　　　見其與先生並行也，非求益者也，欲速成者也。」（〈憲問〉）

〔註61〕《史記‧仲尼弟子傳》列公伯寮於弟子之列。案：《史記正義》引《古史考》
　　　　云：「公伯僚是讒愬之人，孔子不責而云命，非弟子之流也。」其說可信。班
　　　　氏亦必不以公伯寮為孔子弟子，否則眾弟子非二等即三等，公伯寮必不獨居
　　　　四等。

如此人物，班氏置諸七等。又桓魋與匡人皆嘗不禮於孔子，孔子斥之：

> 子曰：「天生德於予，桓魋其如予何！」（〈述而〉）

> 子畏於匡，曰：「文王既沒，文不在茲乎！天之將喪斯文也，後死者
> 不得與於斯文也。天之未喪斯文也，匡人其如予何！」（〈子罕〉）

桓魋與匡人，〔註62〕班氏置諸七等。又孔子嘗不滿田恒弒君，請魯哀公討之：

> 陳成子弒簡公，孔子沐浴而朝，告於哀公，曰：「陳恒弒其君，請討
> 之！」（〈憲問〉）

田恒，班氏置諸八等。又孔子嘗斥責原壤不材：

> 原壤夷俟，子曰：「幼而不孫弟，長而無述焉，老而不死，是為賊。」
> 以杖叩其脛。（〈憲問〉）

如此人物，班氏置諸八等。又孔子斥衛靈公無道：

> 子言衛靈公之無道也。（〈憲問〉）

衛靈公，班氏置諸九等。以上諸人物，俱是曾經孔子明白加以評論而見載於
《論語》中者。孔子的評論，皆就其人之為人行事立言，用語各不相同，並
未綜合而為之判分高低；班固的等次，却是高下相形，美惡分明；兩者為法
不同，殊難強指兩者對於每一人物的品次究竟是否毫釐不差。但從班固安排
等次的整體精神以觀，服膺孔子的品評大抵仍是班固的一貫態度。譬如周公
為孔子所景仰，孔子居一等，周公亦應居一等。孔子引左丘明自比，乃聖人
之謙遜，左氏自非上古聖君之倫，故居二等。逸民之中，伯夷、叔齊已居二
等，故朱張、少連亦應居二等。孟之反不伐、澹臺滅明行不由徑，皆有一節
著明，等於令尹子文之忠、陳文子之清、卞莊子之勇、臧武仲之知，故宜與
此諸人同列三等。老彭亦列三等。孔子弟子除德行四賢外，予、賜之倫全在
三等，故曾子、子張、有若等人亦同入三等。即以前三等的品次而論，班固
的等次顯然仍與孔子的品評密合。案：班氏對於孔子弟子的安排，除孔門十
哲外，並不一一細究各人在孔子口中的高下如何，而係一律置諸三等「智人」
之列；此種態度，應當仍然出於尊孔。譬如司馬牛嘗問仁、問君子（皆見〈顏
淵〉），《論語》書中其實無法見出其人的賢否。又子路使子羔為費宰，子曰：
「賊夫人之子。」（〈先進〉）此語也無法見出子羔的賢否。顏路為顏淵之父，
顏淵死後，曾向孔子借車為椁（〈先進〉）；陳司敗問魯昭公知禮乎？孔子答罷，
陳司敗退有後言，巫馬期聞之，以告夫子（〈述而〉）；此二事亦不足以知顏路、

〔註62〕匡人實非人名，乃指匡地之人，班氏姑亦視同一人而列于七等。

巫馬期的賢否。樊遲嘗兩問知，三問仁，但請學稼、學爲圃之舉嘗遭夫子斥
責，曰：「小人哉，樊須也。」（〈子路〉）又宰予晝寢，孔子亦嘗斥責之曰：「朽
木不可雕也。」（〈公冶長〉）又孔子嘗批評弟子曰：「柴也愚，參也魯，師也
辟，由也喭。」（〈先進〉）遺文不足，實不易見出此眾弟子的高下；而班氏亦
未在此中細分，即直接將眾弟子一律置諸三等。至於四等以下人物等次的安
排，譬如周代伯達等八賢士、鄭國裨諶等三賢大夫〔註63〕、衞國仲叔圉等三
賢大夫，皆經孔子明白稱譽；雖非上智大賢，亦是中人之尤；故班氏將之一
律置諸四等。又長沮、桀溺、接輿等高隱之士，雖未臻中行，而近乎狂狷，
亦並不爲孔子所深非，孔子對之亦頗加恭敬；故班氏亦將之一律置諸四等。
較此更下，如微生高嫌於不直，申棖嫌於不剛，孔子顯有批評，但彼等至少
尚非下愚之輩，故班氏置諸五等。再下闕黨童子嘗被孔子斥爲「非求益者也，
速成者也」，班氏置諸七等；原壤嘗被孔子斥爲「幼而不孫弟，長而無述焉，
老而不死，是爲賊」，班氏置諸八等；衞靈公嘗被孔子斥爲「無道」，班氏置
諸九等。諸人等次的升降高下，無疑仍與孔子的臧否之意相當脗合。惟一顯
然與孔子的評論不合者，孔子曰：「晉文公譎而不正，齊桓公正而不譎。」而
班氏將齊桓公置諸五等，晉文公反置諸四等。此一特例，或者班氏別有著眼，
留待下文再予討論。

　　另有若干人物，曾出現在《論語》之中，曾被孔子提及，或曾與孔子交
關，但並未經過孔子明白評論；如此人物，是否亦被收錄在〈人表〉中？而
班氏對彼輩的等次又如何安排？此問題亦饒有趣味。舉其著者，譬如齊公子
糾被殺，「召忽死之，管仲不死」，子貢、子路疑管仲不仁；孔子則稱許管仲
相齊桓而霸，「民到于今受其賜」（〈憲問〉）。管仲已列二等，召忽則入三等。
又大夫僎爲衞公叔文子之臣，亦賢，與文子同升諸公，孔子聞之曰：「可以謂
文矣。」（〈憲問〉）文子已列四等，大夫僎則入五等。又魯太師、師冕皆能與
孔子言樂，孔子以禮相待（〈八佾〉、〈衞靈公〉）；二人皆入五等。公明賈、陳
亢、子服景伯、陳子禽皆好問知言之士；〔註64〕四人亦皆入五等。又棘子成
（〈表〉作革子成）重質輕文（〈顏淵〉），與闕黨童子速成而非求益相類；亦

〔註63〕　四大夫中，東里子產即子產，孔子許爲有君子之道四，已另列於二等。
〔註64〕　公明賈見〈憲問〉「子問公叔文子於公明賈」章。已見前引。陳亢嘗問伯魚有
　　　　異聞乎，見〈季氏篇〉。子服景伯乃魯臣而親孔子者，公伯寮愬子路，子服景
　　　　伯以告，見〈憲問篇〉；叔孫武叔毀仲尼，又以告，見〈子張篇〉。陳子禽嘗
　　　　問子貢：「夫子至於是邦也，必聞其政。求之與，抑與之與？」見〈學而篇〉。

入七等。又佛肸與公山不擾皆魯國叛臣，欲召孔子爲助（〈陽貨〉）；二人皆入八等。又衞靈公無道，夫人南子亦爲禍衞國，孔子嘗一見之（〈雍也〉）；靈公已入九等，南子亦入九等。南子所與淫亂的宋公子朝（〈雍也〉）亦入九等。又魯季桓子受齊女樂，三日不朝，孔子去之（〈微子〉）；季桓子入九等。季桓子家臣陽貨亦爲禍魯國，嘗欲見孔子，孔子不與相見（〈陽貨〉）；陽貨亦入九等。凡此諸人的等次，雖曰出於班氏一己的安排，但倘以《論語》中關於各人的記載對比，便可知班氏的高下之見仍然一從《論語》中來。

　　另有若干人物，曾經讚美孔子或批評孔子，明載在《論語》中。此類人物，無一例外，全部被收於〈人表〉之中。且觀此類人物的等次如何。譬如達巷黨人：

　　　　達巷黨人曰：「大哉孔子！博學而無所成名。」（〈子罕〉）

達巷黨人居三等。又如儀封人：

　　　　儀封人請見，曰：「君子之至於斯也，吾未嘗不得見也。」從者見之。出，曰：「二三子何患於喪乎？天下之無道也久矣，天將以夫子爲木鐸。」（〈八佾〉）

儀封人居四等。又如叔孫武叔：

　　　　叔孫武叔毀仲尼。子貢曰：「無以爲也，仲尼不可毀也。」（〈子張〉）

叔孫武叔居八等。又如公孫朝：

　　　　衞公孫朝問於子貢曰：「仲尼焉學？」子貢曰：「文武之道，未墜於地，在人。……夫子焉不學，而亦何常師之有？」（〈子張〉）

公孫朝居八等。又如微生畝：

　　　　微生畝謂孔子曰：「丘！何爲是栖栖者與？無乃爲佞乎？」孔子曰：「非敢爲佞，疾固也。」（〈憲問〉）

微生畝居八等。此種安排，意味十分明顯，凡讚美孔子者如達巷黨人、儀封人，便高居三、四等；達巷黨人用語更爲推尊，等次亦相應更高；凡毀謗譏諷孔子者，便退居八等。班氏的用心豈非昭然可知？

　　由以上的考察，可知班固尊孔子信《論語》的態度極爲堅定，其所謂一以孔子論人之旨來品第人物，大抵信而有徵。然則〈古今人表〉的品鑒標準，即正如其等第名稱所顯示者，聖賢仁人君子高居上列，其他中人、下愚依次降等，共有九級之分。九等之中，分等的細微標準雖然未可一一詳考，但若以《論語》中所見人物爲例加以觀察，將各人在〈人表〉中的等次互相比較，

則仍可以獲得孰高孰下的大略概念。除聖人、仁人、智人外，大抵中賢及狂狷之士居於四等，泛泛之才尚可語道者居於五等，偶能向道尚非下愚者居於六等，〔註65〕不明大道遜於中人者居於七等，愚不入道者居於八等，有穢惡之行為禍家國者居於九等。褒貶昭著，次第井然。清儒錢大昕〈跋漢書古今人表〉一文曾推崇〈人表〉「表彰正學，有功名教」，錢氏的議論，主要亦即著眼在〈人表〉尊孔子信《論語》的態度上；其言曰：

> 此表為後人詬病久矣，予猶愛其表彰正學，有功名教，識見實非尋常所能及。觀其列孔子於上聖，顏、閔、子思、孟、荀於大賢，孔子弟子列上等者三十餘人，而老、墨、莊、列諸家，降居中等；孔氏譜系，具列表中，儼然以統緒屬之；其敘次九等，祖述仲尼之言，《論語》二十篇中人物，悉著於表，而他書則有去取；後儒尊信《論語》，其端實啟於此，而千餘年來鮮有闡其微者，遺文俱在，可覆按也。古賢具此特色，故能卓然為史家之宗。徒以文章雄跨百代推之，猶淺之為丈夫矣。〔註66〕

〈古今人表〉具有扶持正學名教的特色，正是班氏尊信孔子態度堅定的結果。因之可知兩漢傳統的名教之治確實發揮了影響人心的作用，班固即是此種教化下典型的正統儒生，專以孔子為最高的崇奉對象。無怪班固在《漢書·藝文志》中亦特別將《論語》一書升入六藝略中，以之附經，而不與於諸子之列。

錢大昕謂「《論語》二十篇中人物，悉著於表」，依前文所考以觀，大抵近是。為使班固對《論語》中所見人物的收錄安排更可一目瞭然，茲將各人等次作一簡表列後：

第一等：

　　堯、舜、禹、周文王、周武王、周公、孔子。

第二等：

　　泰伯、微子、箕子、比干、伯夷、叔齊、朱張、少連、管仲、甯武子、蘧伯玉、子產、晏平仲、左丘明、顏淵、閔子騫、冉伯牛、仲弓。

第三等：

〔註65〕 《論語》一書所見人物，唯季康子一人在六等。季氏雖專恣，為孔子所深惡，但季康子偶亦能問政於孔子，似尚非下愚不移之輩。譬如〈顏淵篇〉記季康子問政於孔子，〈為政篇〉記季康子問如何使民敬忠以勸，〈顏淵篇〉又記季康子患盜，問於孔子。

〔註66〕 見《潛研堂文集》卷二八題跋二。

老彭、太師摯、亞飯干、三飯繚、四飯缺、鼓方叔、播鼗武、少師陽、擊磬襄、召忽、令尹子文、陳文子、卞莊子（〈表〉作卞嚴子）、臧武仲、葉公子高〔註67〕、達巷黨人、孟之反、宰我、子貢、冉有、季路、子游、子夏、曾子、子張、曾皙、子賤、南容、公冶長、公西華、有若、漆雕開、澹臺滅明〔註68〕、樊遲、巫馬期、司馬牛、子羔、原憲、顏路。

第四等：

伯達、伯适、仲突、仲忽、叔夜、叔夏、季隨、季騧、晉文公、衛公子荊、裨諶（〈表〉作卑湛）、世叔（〈表〉作子大叔）、行人子羽、史魚、公叔文子、仲叔圉、祝鮀、王孫賈、儀封人、長沮、桀溺、楚狂接輿、丈人、荷蕢、公伯寮、琴牢。〔註69〕

第五等：

齊桓公、大夫僎（〈表〉作大夫選）、魯太師、公明賈、陳亢、子服景伯、林放、陳司敗、陳子禽、陽膚〔註70〕、微生高（〈表〉作尾生高）、申棖、師冕。

第六等：

季康子。

第七等：

闕黨童子、棘子成、桓魋、匡人。

第八等：

陳成子（〈表〉作田恒）、原壤、叔孫武叔、公孫朝、微生畝（〈表〉作尾生畮）、互鄉童子、佛肸、公山弗擾。

第九等：

衛靈公、南子、宋朝、季桓子、陽貨（〈表〉作陽虎）。

以上所收共計一百二十四人，《論語》全書所見人物除齊簡公、魯昭公、衛

〔註67〕葉公子高嘗問孔子於子路，見〈述而篇〉；又與孔子論吾黨有直躬者，見〈子路篇〉；又問政於孔子，子曰：「近者說，遠者來。」見〈子路篇〉。

〔註68〕《史記・仲尼弟子傳》次澹臺滅明於弟子之列。

〔註69〕〈子罕篇〉記太宰問於子貢曰：「夫子聖者與？何其多能也？」牢曰：「子云：吾不試，故藝。」《集解》云牢即《左傳》昭公二十年所載之琴張，名牢，字子開。

〔註70〕〈子張篇〉記孟氏以陽膚為士師，問於曾子；曾子曰：「上失其道，民散久矣。如得其情，則哀矜而勿喜。」

出公等十一人暫不列入〔註71〕外，只有虞仲、夷逸、晨門等十一人或漏列或遺去，〔註72〕不在其內。收錄如此其詳，誠然可證班固對《論語》確是特別重視。甚至如達巷黨人、儀封人、丈人、荷蕢、魯太師、闕黨童子、匡人、互鄉童子之類，無名無姓，事迹亦不詳，只因嘗與孔子交關，便皆被班氏收入〈人表〉之中，分別定出高下。若不以班氏尊重孔子《論語》的心情釋之，則將見為了無道理可言。

　　錢氏又謂：「孔氏譜系，具列表中，儼然以統緒屬之。」孔子先世與後人，《史記・孔子世家》中嘗有記載；茲亦略加比對，以見〈人表〉對於孔子家族收錄等次的情形。孔子十世祖為弗父何，七世祖為正考父，三世祖為孔防叔，二世祖為伯夏，父為叔梁紇（皆見〈世家〉）。又孔子生鯉（伯魚），鯉生伋（子思），伋生白（子上），白生求（子家），求生箕（子京），箕生穿（子高），穿生子慎，子慎生鮒，鮒弟子襄（皆見〈世家〉）。其他先祖，無可細考，或曰九世祖宋父（宋父周）、八世祖宋世子士（世子勝）、六世祖宋大金（木金父）、五世祖宋孔父（孔父嘉）、四世祖睪夷。〔註73〕傳說似欠完整，各人事迹亦多付闕如。但班氏〈人表〉仍將諸人儘可能收錄，如下表：

弗父何	三等
宋父	三等
宋世子士	五等
正考父	三等
宋大金	五等

〔註71〕十一人包括殷高宗、周任、孟懿子、崔杼、魯昭公、魯定公、魯哀公、齊景公、齊簡公、衛出公及孔文子。孔文子即中叔圉，已列入〈人表〉四等。至於七等中之孔文子，疑為重出。其他十人，多屬列代列國君臣，各有政迹可考，班氏等次未必與《論語》中片言記載有關，故暫不論。

〔註72〕十一人包括虞仲、夷逸、柳下惠、伯魚、孟公綽、孟莊子、孟敬子、孟武伯、孺悲、太宰、晨門。若柳下惠、伯魚、孟公綽等人，無不列之理，必係後來刊落遺失。虞仲、夷逸，或因時代不明，難以位置，只得從缺。今皆不可詳考。案：〈人表〉五等中有一「虞中」，西周時人；恐非此虞仲。又五等中有「子桑子」，戰國時人，梁玉繩謂即《論語》中之子桑伯子；或是。故子桑伯子不計入。

〔註73〕《孔子家語・本姓解》詳載孔子先世，謂弗父何生宋父周，周生世子勝，勝生正考父，考父生孔父嘉，孔父生木金父，木金父生睪夷，睪夷生防叔。諸人世次與名號與班固所採取者稍有不同。唐司馬貞《史記索隱》、《唐書・宰相世系表》並從《家語》。

宋孔父	三等
孔防叔	三等
伯夏	四等
叔梁紇	六等
孔伋（子思）	二等
孔穿	四等
孔鮒	五等
孔襄	三等

不惟收錄入表，諸人的等次並且都在中上，只有孔子之父叔梁紇居六等爲獨低。案：〈世家〉云：「紇與顏氏女野合而生孔子。」班氏黜紇於六等，或因此故。〔註74〕又孔子之子伯魚未見，當係漏列或傳鈔遺脫。大致而言，「孔氏譜系，具列表中」，班固尊孔的用心，確爲錢氏所言中。

　　《史記・孔子世家》記載孔子的生平事迹最詳。〈世家〉中所見嘗與孔子交關的人物，在班固〈人表〉中的等次如何？又諸人的等次是否能與《論語》所見人物在〈人表〉中的等次相一致？假使一致，益可見班氏品鑒人物的標準一貫不變。茲稍引〈世家〉之文略作比較：

　　　　魯大夫孟釐子病且死，誡其嗣懿子曰：「孔丘聖人之後。……吾聞聖
　　　　人之後，雖不當世，必有達者。今孔丘年少好禮，其達者歟？吾即
　　　　沒，若必師之。」及釐子卒，懿子與魯人南宮敬叔往學禮焉。

魯孟釐子、孟懿子與南宮敬叔並列四等。

　　　　桓子卒受齊女樂，三日不聽政，郊又不致膰俎於大夫，孔子遂行。
　　　　宿乎屯，而師己送曰：「夫子則非罪。」孔子曰：「吾歌可夫？」歌
　　　　曰：「彼婦之口，可以出走。彼婦之謁，可以死敗。蓋優哉游哉，維
　　　　以卒歲。」師己反，桓子曰：「孔子亦何言？」師己以實告。桓子喟
　　　　然歎曰：「夫子罪我，以群婢故也夫！」

〔註74〕〈世家〉用「野合」二字，後人多疑其非禮。若司馬貞《索隱》即云：「今此云野合者，蓋謂梁紇老而徵在少，非當壯室初笄之禮，故云野合，謂不合禮儀。」班氏恐亦以爲非禮，故黜紇於六等。但錢賓四先生嘗辨〈世家〉此文未見非禮，《孔子傳》疑辨一：「此因古人謂聖人皆感天而生，猶商代先祖契、周代先祖后稷，皆有感天而生之神話；又如漢高祖母劉媼嘗息大澤之陂，夢與神遇，遂產高祖；所云野合，亦猶如此。欲神其事，乃誣其父母以非禮，不足信。」

魯師已列五等。

　　孔子遂適衛，主於子路妻兄顏濁鄒家。

衛顏濁鄒列五等。

　　居頃之，或譖孔子於衛靈公，……孔子恐獲罪焉，居十月，去衛，
　　將適陳。過匡，顏刻爲僕，以其策指之曰：「昔吾入此，由彼缺也。」
　　匡人聞之，以爲魯之陽虎，……匡人於是遂止孔子，……然後得去。

顏刻列三等。

　　居衛月餘，靈公與夫人同車，宦者雍渠參乘，出，使孔子爲次乘，
　　招搖市過之。……於是醜之，去衛。

衛雍渠列九等。

　　孔子遂至陳，主於司城貞子家。

陳司城貞子列五等。

　　去陳，過蒲，會公叔氏以蒲畔，蒲人止孔子。弟子有公良孺者，以
　　私車五乘從孔子，其爲人長賢有勇力，謂曰：「吾昔從夫子遇難於匡，
　　今又遇難於此，命也已。吾與夫子再罹難，寧鬥而死。」鬥甚疾，
　　蒲人懼，謂孔子曰：「苟毋適衛，吾出子。」與之盟，出孔子東門。

公良孺〔註75〕列三等。

　　孔子學鼓琴師襄子。

師襄子列四等。

　　孔子既不得用於衛，將西見趙簡子，至於河，而聞竇鳴犢、舜華之
　　死也，臨河而歎曰：「美哉，水洋洋乎！丘之不濟此，命也夫！」子
　　貢趨而進曰：「敢問何謂也？」孔子曰：「竇鳴犢、舜華，晉國之賢
　　大夫也。趙簡子未得志之時，須此兩人而後從政。及其已得志，殺
　　之乃從政。……夫鳥獸之於不義也尚知辟之，而況乎丘哉！」乃還，
　　息乎陬鄉，作爲陬操以哀之。

晉鳴犢〔註76〕列四等。

〔註75〕〈人表〉三等中之「公良」，當即公良孺，闕漏一字。
〔註76〕〈人表〉四等中並列鳴犢、竇犫二名，梁玉繩《人表考》卷四謂竇犫即鳴犢，
　　　　當是一人；犫，牛息聲，名犫字鳴犢，義正相應。其說可從。但〈世家〉此文
　　　　並言鳴犢、舜華二人，舜華則〈人表〉未見。頗疑班氏於此處本列竇犫、舜
　　　　華二人，鳴犢二字則爲小字，注於竇犫名下；其後傳鈔發生錯誤，鳴犢遂誤爲
　　　　正文，而舜華遂遺落。

桓子卒，康子代立。已葬，欲召仲尼。公之魚曰：「昔吾先君用之不
終，終爲諸侯笑；今又用之，不能終，是再爲諸侯笑。」康子曰：「則
誰召而可？」曰：「必召冉求。」於是使使召冉求。

魯公之魚列七等。

衛孔文子將攻太叔，問策於仲尼。仲尼辭不知，退而命載而行曰：「鳥
能擇木，木豈能擇鳥乎？」文子固止。……孔子歸魯。

衛孔文子〔註77〕、太叔疾並列七等。

魯哀公十四年春，狩大野。叔孫氏車子鉏商獲獸。以爲不祥。仲尼
視之，曰：「麟也。」取之。……及西狩見麟，曰：「吾道窮矣。」……
子曰：「弗乎弗乎！君子病歿世而名不稱焉。吾道不行矣，吾何以自
見於後世哉！」乃因史記作《春秋》。

子鉏商〔註78〕列六等。以上人物的等次安排，若顏刻與公良孺皆孔門賢弟，追
隨夫子共度匡、蒲之難，故居三等，與予、賜之徒同。若孟釐子父子與南宮敬
叔，能知敬事孔子，故居四等，與儀封人同。若竇鳴犢，晉之賢大夫，故居四
等，與衛、鄭賢大夫同。若顏濁鄒與司城貞子，曾經接待孔子；師已，曾經追
送孔子；故居五等，與子服景伯、魯太師、師冕同。若公之魚，嘗阻止季康召
用孔子；孔文子、太叔疾，嘗欲相攻而爲孔子所非斥；故居七等，與桓魋、匡
人、闕黨童子同。若雍渠，爲衛靈公與南子倖臣，故居九等，與衛靈公夫婦同。
其他若師襄子居四等，子鉏商居六等，衡量高下，亦頗相當。〔註79〕凡此種種
安排，皆能與班氏對《論語》中人物的安排相對稱，各得其倫，全無牴牾之處。
班氏品鑒人物，自是標準一貫。

錢大昕亦提及〈人表〉中先秦諸子的等次問題。案：班固對於先秦諸子
的看法，實爲其個人思想立場的直接反映，最應加以注意。諸子以孔子爲首，
孔子已居第一等；其他諸子，見於《漢書・藝文志》諸子略者，在〈人表〉
中的等次如下表：〔註80〕

〔註77〕梁玉繩謂此七等之孔文子爲南文子之譌。但此孔文子與太叔疾並列，當自〈世
家〉此條記載而來，字當不誤。

〔註78〕案《左傳》哀公十四年亦記叔孫氏之車子鉏商獲麟。杜注：「車子，微者；鉏
商，名。」疏云：「車子連文，爲將軍之子。」但疏又引服虔云：「車，車士；
子，姓。」王肅《家語・辨物篇》亦作子鉏商。班氏亦讀作子鉏商。

〔註79〕孔子學鼓琴於師襄子，則師襄子較師冕、師已高一等頗相宜。子鉏商微人，
但不至下愚，權列六等亦無不當。

〔註80〕諸子略中所錄九流十家之書，有託爲上古聖賢神農、伊尹、太公等所作者；

第二等

> 儒家：子思、孟子、魯仲連、孫卿。

第三等

> 儒家：審越、虞卿。
>
> 法家：李悝。〔註81〕

第四等

> 儒家：魏文侯、李克、平原君。〔註82〕
>
> 道家：老子。
>
> 法家：商鞅、韓非。
>
> 名家：尹文子。
>
> 墨家：墨翟、我子、田俅子、隨巢子、胡非子。
>
> 雜家：由余、伍子胥。

第五等

> 儒家：徐子。
>
> 道家：文子、孫子、列子、捷子。
>
> 陰陽家：宋子韋、鄒衍。
>
> 雜家：尸子、呂不韋。

第六等

> 道家：蜎子、莊子、孝成子、魏公子牟。
>
> 法家；申子〔註83〕、慎子。
>
> 名家：惠施、公孫龍。
>
> 縱橫家：蘇秦、張儀、龐煖。

由上表即可明顯看出先秦諸子在班氏心目中地位的高下。得列二等「仁人」者唯有儒家諸賢。除子思、孟、荀外尚有魯仲連。得列三等者，除儒家審越、虞卿外，僅得一法家李悝。法家除李悝列在三等外，商鞅、韓非皆得四等，申子、慎子在六等。道家則無一人列在三等以上，列四等者僅有老子一人，文子、孫子、列子、捷子只列五等，蜎子、莊子、孝成子、魏公子牟更

今皆刪去不列。

〔註81〕 李悝居第三，梁玉繩《人表考》以為太高。李悝等次在商鞅、韓非之上，班氏或另有著眼。

〔註82〕 《漢志》云平原君有書七篇傳世。

〔註83〕 四等中亦有一「申子」。申子與慎子並列六等為是。

被列於六等。儒家除徐子一人在五等外，其餘盡在四等以上。墨家墨翟、我子、田俅子、隨巢子、胡非子無分上下，皆列四等。名家尹文子四等，惠施、公孫龍六等。雜家由余、伍子胥四等，尸子、呂不韋五等。陰陽家宋子韋、鄒衍五等。縱橫家蘇秦、張儀、龐煖六等。儒家的品次無疑為最高。其實班氏在《漢志》諸子略中早已明白推重儒家，謂其「宗師仲尼」，「於道為最高」：

> 儒家者流，蓋出於司徒之官，助人君順陰陽、明教化者也。游文於六經之中，留意於仁義之際，祖述堯舜，憲章文武，宗師仲尼，以重其言，於道為最高。孔子曰：「如有所譽，其有所試。」唐虞之隆，殷周之盛，仲尼之業，已試之效者也。

〈人表〉中的品次，可以輔翼《漢志》的議論，而同時可以見出班氏品鑒立場的堅定。除儒家諸賢外，墨翟、老子、商鞅、韓非、尹文子皆在四等；各家之中，班氏似乎並無強烈的好惡，並且基本上承認此數子仍然可算是中人之尤。此一態度，與《漢志》諸子略末段的議論亦相符合：

> 諸子十家，其可觀者九家而已。……今異家者各推所長，窮知究慮，以明其指；雖有蔽短，合其要歸，亦六經之支與流裔。……方今去聖久遠，道術缺廢，無所更索；彼九家者，不猶瘉於野乎？

所謂「可觀」，所謂「亦六經之支與流裔」，正是對諸子立說的價值大抵給予肯定。諸子在〈人表〉中全部列在「中人」之屬，班固復以其尤者居四等，稍次者居五，最遜者居六。若單就家數來分，縱橫家蘇秦、張儀、龐煖皆在六等，名家惠施、公孫龍皆在六等；在班氏心目中，二家的分量，似乎比雜家、陰陽家更有不如。

　　見列二等的儒家諸賢之中，孟、荀俱有書傳世。〔註84〕《荀子》書各篇多是定題申論，較少牽及人物；《孟子》書則大量記載孟子對於古今人物的批評。班固既然高舉儒家，孟子的批評，應當影響及〈人表〉的品鑒。此可經由細心的檢查而知其然否。以下略分古代、近代人物兩部分加以查考。

　　孟子議論古代人物——

　　〈盡心下〉末章歷舉羣聖之統，由堯、舜至於孔子；〈離婁下〉「禹惡旨酒」一節亦歷舉禹、湯、文、武、周公；中國傳統的道統觀實由孟子開始建立。由堯至孔子，全部依次列在一等。另同章提及聖君之賢相如皋陶（咎繇）、伊尹、太公望（師尚父）、散宜生等，全部列在二等。

〔註84〕《漢志》載子思有書二十三篇，魯仲連子有書十四篇，今並不傳。

〈滕文公上〉「當堯之時天下猶未平」一節歷舉益（柏益）烈山澤、后稷（棄）教民稼穡、契（卨）教民人倫，對人文發展有大功。三人皆列二等。

〈萬章上〉「丹朱之不肖」一節指出堯子丹朱（朱）不肖，舜之子（即商均）亦不肖，禹之子啓則能敬承繼禹之道。朱、均皆列八等，啓則列二等。

〈告子上〉公都子問有性善、有性不善，「是故以堯爲君而有象，以瞽瞍（鼓叟）爲父而有舜」。舜父頑母嚚弟傲，鼓叟與象皆列八等。

〈萬章上〉萬章曰：「舜流共工于幽州，放驩兜于崇山，殺三苗于三危，殛鯀于羽山，四罪而天下咸服。」四凶全部列在九等。

〈滕文公下〉「湯居亳與葛爲鄰」一節，記葛伯無道，是爲商湯征誅之首惡。葛伯列八等。

〈萬章上〉「伊尹相湯以王于天下」一節記湯崩後，大丁未立，外丙二年，仲壬四年，太甲繼立；不仁，伊尹放之于桐三年，改過遷善，復歸于亳。太甲能改過，與大丁〔註85〕同列二等。外丙、中壬同列四等。

〈公孫丑上〉「由湯至于武丁」一節，記湯至武丁皆爲聖君，惟紂不仁，但紂時有賢人微子、微仲、王子比干、箕子、膠鬲相與輔相之，故久而後失。武丁列二等。微子、箕子、比干已列二等，〔註86〕微中、膠鬲並列四等。

〈告子下〉：「傅說舉於版築之間。」傅說爲武丁之賢相，列二等。

〈滕文公下〉「及紂之身天下又大亂」一節，記武王「誅紂伐奄，驅飛廉於海隅而戮之」。紂、飛廉並列九等。

〈離婁上〉「道二，仁與不仁而已矣」一節，謂暴君「名之曰幽、厲，雖孝子慈孫，百世不能改也」。周厲王、周幽王並列九等。

孟子議論近代人物——

〈公孫丑上〉首章，公孫丑問孟子當路于齊，「管仲、晏子之功可復許乎？」管仲、晏子（晏平仲）並列二等。

〈萬章上〉「或曰百里奚自鬻」一節，孟子舉百里奚之不諫而去虞奔秦與宮之奇之諫虞君相提並論。百里奚、宮之奇並列三等。

〈萬章下〉萬章問友，孟子歷舉孟獻子友樂正裘、牧仲，費惠公友顏般（顏敢）、王順（王慎）、長息，晉平公友亥唐。除晉平公與亥唐等次低外，〔註87〕

〔註85〕大丁爲湯太子，《史記·殷本紀》云未立而卒。故梁玉繩謂大丁不當在二等。
〔註86〕孔子嘗特別舉出微子等三人，譽爲殷之三仁，故〈人表〉列入二等「仁人」。
〔註87〕亥唐列六等，晉平公列七等。班氏此舉當別有故，非可以《孟子》書「萬章

其他孟獻子、費惠公以及所與友者樂正求等七人全部列于四等。

〈萬章上〉首章，記長息問舜之孝於公明高。公明高亦列四等。

〈告子下〉淳于髡與孟子論去齊一節，謂「華周、杞梁之妻善哭其夫而變國俗」。杞梁殖、殖妻、華州並列四等。

〈萬章上〉孟子謂孔子「於衛主顏讎由」。顏讎由列五等。〔註88〕

同篇淳于髡謂公儀子當魯繆公時爲政；〈公孫丑下〉孟子在畫亦告弟子謂魯繆公敬事子思、親任泄柳、申詳。公儀休、泄柳、申詳全部列于三等。

〈告子下〉孟子兩與白圭論賦稅及治水。白圭列四等。

〈滕文公下〉孟子與戴不勝論薛居州爲善士。薛居州列四等。

〈離婁下〉公都子問「匡章通國皆稱不孝」，何以孟子友之？孟子爲匡章解脫曰：「夫章子，子父責善而不相遇也。」章子（匡章）列五等。

孟子相與論道之人以及弟子，滕文公〔註89〕、公孫丑並列三等，萬章、告子、樂正子〔註90〕、高子並列四等。

由《孟子》書中人物在〈人表〉中的等次，當可再次肯定〈人表〉品鑒標準的明確。儒家許可的人物，幾乎全部優居上列。除孔子所提及者外，孟子所提及的大賢如伊尹、太公望、散宜生、傳說之倫，並入二等。有識有節之大臣如百里奚、宮之奇、公儀休、泄柳、申詳之倫，並入三等。中賢好善之士如樂正求、牧中、公明高、薛居州以及萬章、告子之倫，並入四等。諸人的品次，既不違背孟子的臧否之意，又符合於班氏品次《論語》中人物時所建立的品鑒標準。孔、孟、班氏時世各異，其心則同。〈人表〉對於上古以來直至秦末長時期內的一千九百五十三人，大體即是活用孔、孟論人之旨來加以評價和品第。錢大昕嘗謂〈人表〉「表彰正學，有功名教」；〈人表〉或不

問友」章廖之。

〔註88〕《孟子》疏、朱子《論語序說》皆謂顏讎由即〈世家〉中之顏燭雛。疑是。《孟子》書與〈孔子世家〉皆載爲孔子居衛所主之人。班氏矜慎，故兩收之而不廢。

〔註89〕錢大昕《漢書考異》卷六云：「魏文侯、魯繆公、費惠公、燕昭王皆在第四等，（滕）文公亦當與彼同科。」但滕文公與公孫丑並列三等，顯然由於問道於孟子之故，不當以貴族世家一般等次繩之。

〔註90〕梁玉繩《人表考》卷三云：「案孟子弟子以樂正子爲首。表置樂正子四等，而公孫子居第三；恐傳寫誤升一格，未必元本果爾也。」考樂正子確嘗兩次見稱於孟子：〈盡心下〉載孟子稱其人「善人也，信人也」；〈告子下〉載孟子謂「其爲人也好善」。但由《孟子》全書記事觀之，滕文公、公孫丑樂善好道，未必即不如樂正子。

能使一千九百五十三人各得其所，毫無錯置之憾，〔註91〕但至少班氏品鑒人物的精神無疑是與孔孟的道德之教和兩漢的名教之治全相一致的。

第三節　〈古今人表〉部居人物的考察

〈古今人表〉將古今人物一千九百五十三人分列於自「聖人」至「愚人」的九等之中，人人有一等次，有一地位，高下一望可知。就人物品鑒的立場而言，此種方式簡單明確，品鑒者的意見既易表達，人物的等差亦易看出，不失為一種良法。但班氏判分人物高下如此決斷，難免令人對其品第的精確程度發生懷疑。

前賢若宋呂祖謙、明楊慎，對班氏〈人表〉皆抱懷疑的態度，幾乎將之全盤否定。呂氏曰：

> 〈古今人表〉以區區一夫之見而欲定生民以來聖賢愚智之等差，其不知量亦甚矣。〔註92〕

楊氏更作有〈古今人表論〉，暢論所見曰：

> 有仲尼之聖，然後可以裁定前人，憲章後世；然而六經之述，必待晚年；固何人也，而高下古今之人乎！依阿人蜮，自取天憲，使其自署，當在何等？身陷於重淵之下，而抗論於遠霄之上，誰其信哉！昔荀卿論十二子，一時人耳，識者猶或非之；固又豈卿儔乎！謂之妄作可也。〔註93〕

二氏殆不信一人的智量足以評斷古今數千人的高下，以為即使勉強為之，亦必多謬。楊氏之意，似乎只許孔子一人有品裁人物的能力。案：二氏之說，不無可商。誠然知人論世，自古其難，然而不聞褒貶可廢，善惡可淆。否則史書可以不作。史學的一大價值，正在分辨人物賢奸以寓勸戒。故班氏以史家的身分出而論人，才識縱有未逮，方法縱有不善，畢竟不可謂為「妄作」。呂氏謂「區區一夫之見」不足以定生民以來聖賢愚智之等差；但史家正貴乎匠心獨運、師心自用以成其一家之言。若有史識，一夫之見也將無異於千古

〔註91〕以梁氏《人表考》校之，表中人物曾經前人（包括梁氏）指為等次不當者，在一百人以上。但掎摭班氏之失者，立言亦多有可商，恐不足據以懷疑班氏〈人表〉的價值。詳見本章第三節。

〔註92〕見呂祖謙《大事記・解題》卷一〇。

〔註93〕見楊慎《升菴全集》卷五〈古今人表論〉。

的公論。即以人物品鑒的角度來看，若品鑒的標準一定，數千數萬人物何以不可同時加以品鑒？縱然未必人人之高下全部得當，至少進退的大旨決可考見。〈古今人表〉是人物品鑒的鉅作，也是史學的新裁，班固對之自期甚深，絕不只以草草等第人物的高下爲已足；〈人表‧自敍〉不云乎：

> 自書契之作，先民可得而聞者，……帝王有號諡；輔佐不可得而稱
> 矣，而諸子頗言之；雖不考虖孔氏，然猶著在篇籍，歸乎顯善昭惡，
> 勸戒後人，故博采焉。

「顯善昭惡，勸戒後人」八字，乃班氏作表宗旨之所在；如此〈人表〉，謂爲「妄作」，未免過苛。唐劉知幾《史通‧人物篇》有言曰：

> 夫人之生也，有賢不肖焉。若乃其惡可以誡世，其善可以示後，而
> 死之日，名無得而稱焉，是誰之過歟？蓋史官之責也。〔註94〕

史家的職責，正在使人物善惡彰顯以垂誡於後世。班固所以特別序人物、作〈人表〉，大抵正爲使勸戒更爲著明，更能遂其良史的本願。唐諫議大夫殷侑嘗稱譽三史曰：

> 司馬遷、班固、范曄三史，爲書勸善懲惡，亞於六經。〔註95〕

可見班固作史的成就，後人已予肯定。清梁玉繩有《人表考》之作，其序曰：

> 前哲每議此表爲妄作，……皆競相彈射，少所推嘉，故欽玩者鮮。
> 其實褒貶進退，史官之職。始三皇以迄嬴秦，聖仁智愚，不勝指數；
> 馬遷既未能盡錄，班氏廣徵典籍，蒐列將及二千人，存其大都，彰
> 善戒惡，準古鑒今，非苟作者。〔註96〕

梁氏始可謂眞能知班氏的用心與〈人表〉的價值。〈人表〉的史學價值既顯，則其人物品鑒當非隨意上下，漫無標準，應可無疑。

論者又常批評〈人表〉安排人物等次有所不當。此一問題亦即是品鑒標準有無得失的問題。早在魏世，張晏注《漢書》，已曰：

> 老子玄默，仲尼所師，雖不在聖，要爲大賢；文伯之母，達於禮典，
> 動爲聖人所歎，言爲後世所則；而在第四。——田單以即墨孤城復
> 強齊之大；魯連之博通，忽於榮利；藺子申威秦王，退讓廉頗；乃
> 在第五。——大姬巫怪，好祭鬼神，陳人化之，國多淫祀；寺人孟

〔註94〕《史通》內篇第三十。
〔註95〕見顧炎武《日知錄》卷一六「史學」條所引。
〔註96〕《人表考》今收於《廿五史補編》第一冊中。

子達於大雅，以保其身，既被宮刑，怨刺而作；乃在第三。——嫪
毐上烝，昏亂禮度，惡不忍聞；乃在第七。其餘差違紛錯不少，略
舉揚較，以起失謬。〔註97〕

劉知幾《史通》對〈人表〉批評最多，〔註98〕關於等次不當方面，〈品藻篇〉
評曰：

案班書〈古今人表〉，仰包億載，旁貫百家，分之以三科，定之以九
等，其言甚高，其義甚愜；及至篇中所列，爰不類於其〈敘〉哉！
若孔門達者，顏稱殆庶，至於他子，難爲等衰；今乃先伯牛而後曾
參，進仲弓而退冉有，求諸折中，厥理無聞。——又楚王過鄧，三
甥請殺之，鄧侯不許，卒亡鄧國；今定鄧侯入下愚之上。夫寧人負
我，爲善獲戾，持此致尤，將何勸善？如謂小不忍，亂大謀，失於
用權，故加其罪；是則三甥見幾而作，決在未萌，自當高立標格，
置諸雲漢；何得止與鄧侯臨伍，列在中庸下流而已哉！——又其敘
晉文之臣佐也，舟之僑爲上，陽處父次之，士會爲下（三、四、五）；
——其敘燕丹之賓客也，高漸離居首，荊軻亞之，秦舞陽居末（四、
五、六）；斯並是非瞀亂，善惡紛挐，或珍瓶瓵而賤璠璵，或策駑駘
而捨騏驥。以茲爲監，欲誰欺乎！〔註99〕

另宋王觀國《學林》卷三〈古今人表〉條亦曰：

桀、紂、妲己、管、蔡、幽、厲、州吁、趙高之徒皆在九等宜矣，
而鯀與周平王亦在九等之列。蓋鯀在舜之時，群臣咸舉以爲可治水，
則其才智固已素稱於朝；不幸而績用弗成，則智有所困而力有所不
足故也。……然則鯀非愚也，譬猶戰而敗績耳。戰而敗績，豈遽爾
爲愚人耶！周平王爲西戎所逼，是時周室已弱，不能枝梧，故平王
東遷以避之，迫於不得已也。平王非不道之君，鯀非逆惡之臣，班
氏列在愚人之等則誤矣。又如荀卿居第二，而孔子弟子則居第三；
老子嘗爲孔子師，乃居第四；列子者，有道之賢，莊周嘗師之，乃
與師曠、扁鵲同居第五；孔文子爲孔子之所稱美，而反居第七。如

〔註97〕見《漢書》卷二○〈古今人表〉顏師古注所引。
〔註98〕參見註51、52。〈史通・表歷第七〉、〈題目第十一〉、〈斷限第十二〉、外篇〈雜
　　　　說上第七〉，皆嘗批評〈人表〉立體不當、名目不確。
〔註99〕《史通》內篇卷二三。

此之類，升降不倫者，不可勝計。奚足以盡公議耶！〔註100〕

明楊慎〈古今人表論〉中亦指出〈人表〉的「識鑒之謬」曰：

> 夫傳道者曾子，乃列於冉、閔、仲弓之下，蓋不知曾子不與四科之故也。首霸者齊桓，乃居於四公之次，蓋不知五霸莫盛於桓文之說也。魯隱公列於下下，而萬伯及於下中；若以讓桓爲行善而未盡，彼廢祀仇餉者，惡未極乎！繆毒列於中下，而於陵仲子與之同等；若以好名者誠非中道，彼淫穢叛逆者尚可齒乎！此其識鑒之謬也。
> 〔註101〕

四家都舉出若干例證，指責〈人表〉「差違紛錯不少」、「是非督亂，善惡紛挐」、「升降不倫者不可勝計」。案：議論班固等次人物是否失當，首須有一原則，即只可就班氏所立的品鑒標準來看其本身品次是否有自相牴牾之處，而不應另立標準來規範班氏。班氏既志在褒善貶惡，其論人大旨固早已昭然；至於何人當入何等，分朱辨紫，以類相從，班氏亦必有其自身的一套標準；假使未能確實了解班氏的標準，觀其人物次第，自然隨處皆可有疑。譬如老子之在四等，張、王二氏並致不滿；但先秦諸子之中，班固本來最重儒家、低抑他家；故孔子一等，孟、荀二等，老子則但與墨子、商鞅、韓非子、尹文子同列四等；依班氏的品鑒標準，老子居四並無不當。張、王二氏爲老子申冤，何以又不替商、韓之徒辯屈？可見二氏亦不過徇其所好而已。唐顏師古注《漢書》，對於張晏持論已有反駁，曰：

> 六家之論，輕重不同；百行所存，趣捨難壹。張氏輒申所見，摭班史，然其所論，又自差錯。〔註102〕

人人「輕重不同，趣捨難壹」，何可必信己是而人非？顏師古之言，誠然有理。但張晏、劉知幾、王觀國、楊慎四氏既已將其懷疑之處提出，亦不妨即將被提及的人物的等次宜適略加檢討，藉以了解班氏品鑒人物是否確有一定標準，而四氏所疑諸人的等次高下又應如何解釋。

在進行考察之前，尚須先解決一問題，即彼輩人物在今本〈人表〉中的等次已與四氏當時所見者略有不同。其中若干變動，可能正係後人參考四氏議論而加以改定。無論改定或未改定，是否合宜，俱可再作檢討。先將四氏

〔註100〕《學林》卷三。
〔註101〕仝註93。見《升菴全集》卷五〈古今人表論〉。
〔註102〕仝註97。顏師古《漢書》注中語。

有疑的人物及其今、昔等次列表於下，以清眉目。

人　　物	原列等次	建議等次	今見等次
老子	四	上升	四
文伯之母	四	上升	四
田單	五	上升	四
魯連	五	上升	二
藺相如	五	上升	二
大姬	三	下降	三
寺人孟子	三	下降	四
嫪毐	七	下降	今本無
伯牛	二	下降	二
曾參	三	與前不倫	三
仲弓	二	下降	二
冉有	三	與前不倫	三
鄧侯	七	上升	六
三甥	六	與前不倫	五
舟之僑	三	三人不倫	三
陽處父	四	〞	三
士會	五	〞	四（？）
高漸離	四	三人不倫	四
荊軻	五	〞	五
秦舞陽	六	〞	六
鯀	九	上升	九
周平王	九	上升	九
荀卿	二	與後不倫	二
孔子弟子	三	上升	三
老子	四	上升	四
列子	五	上升	五
孔文子	七	上升	七（？）

曾子	三	上升	三
齊桓公	五	上升	五
魯隱公	九	與後不倫	九
葛伯	八	下降	八
嫪毐	六	下降	今本無
於陵仲子	六	與前不倫	六

　　上表中人物，嫪毐一人，今本〈人表〉已不見，故不論。其他田單、魯連、藺相如、寺人孟子、鄧侯、三甥、陽處父、士會的等次，俱與昔時所見不同。田單等四人的等次，今本似依張晏建議已作改定；但鄧侯等人的等次變動，則又不盡合乎劉知幾之譏。又張晏云嫪毐七等，楊慎云嫪毐六等，魏時所見之本與明代所見之本亦不相同。可知〈人表〉版本不同，鈔錄亦偶有錯誤；考察人物等第宜適，既不可獨據舊說，又不可獨據今本，必須參互以觀。

　　老子居四等，與班氏等次先秦諸子的標準一致，並未自相矛盾。說已見前。案：唐人尊老子為玄元皇帝，曾將〈人表〉中老子等次升于一等；〔註103〕此顯然與時代信仰有關，但不為後世所遵從。清夏燮嘗特別稱道班氏置老子四等之安排，謂「其卓識蓋度越龍門而上矣。」〔註104〕

　　公父文伯母居四等。公父文伯之母賢，《禮記·檀弓下》記其事曰：

　　　　穆伯之喪，敬姜晝哭；文伯之喪，晝夜哭；孔子曰：「知禮矣。」文
　　　　伯之喪，敬姜據其牀而不哭，曰：「昔者吾有斯子也，吾以將為賢人
　　　　也，吾未嘗以就公室；今及其死也，朋友諸臣未有出涕者，而內人
　　　　皆行哭失聲；斯子也，必多曠於禮矣夫！」

雖然，班氏〈人表〉所褒婦人，皆以能相夫教子成德成名為著眼，各人等次，配夫、配子；若姜女配周大王亶父共居二等，大任配王季共居二等，叔向母配晉叔向共居二等，趙衰妻配趙衰共居三等，推母配介子推共居三等，皆其著例；而公父文伯不賢，輔佐季康子為亂魯國，與季康子並在〈人表〉中居

〔註103〕清夏燮《校漢書八表》〈古今人表上上〉卷末識語云：「按原表一等上上至孔子止；今復增老子於一等者，此唐開元以後篡改之本。……錢曾《讀書敏求記》言唐尊老子為玄元皇帝，開元二十三年敕升於《史記》列傳之首，居伯夷上。……予謂唐人尊老子，既改《史記》列傳居首，因並班《表》之列入四等者升一等。」夏燮之書今亦收於《廿五史補編》第一冊。

〔註104〕仝註103。語見〈古今人表下下〉卷末。

於六等中下之列；故公父文伯母爲子所累，不能入居上智，班氏衡情度理將之置於四等。如此安排，應亦無可厚非。

田單居五等。今本在四等。考戰國名將若白起、趙奢、蒙恬、王翦〔註105〕、樂閒皆在四等，惟李牧在五等；樂毅、廉頗〔註106〕則在三等；另敗軍之將淖齒、騎劫、趙括皆在八等；班氏部居人物，原有一貫原則。田單自非李牧之比，而當與樂毅相彷彿。但無論居三、居四、居五，可謂皆無大遠於班氏安排戰將的原則。

魯連居五等。今本在二等。戰國後期人物，班氏所畀等次皆低，若范雎、蔡澤〔註107〕、孟嘗君、信陵君、春申君、呂不韋、燕太子丹皆只居五等，平原君〔註108〕以及四公子之賢客齊之公孫弘、魏之侯嬴、趙之毛遂、楚之朱英〔註109〕始居四等，樗里子、甘茂、樂毅、廉頗、虞卿始居三等，居二等可信者惟荀子一人。〔註110〕魯連若居五等，則不如侯生、毛遂，只與魏公子之力士朱亥同等。若居二等，則與荀子同等。二者之間，似較相宜。

藺相如居五等。今本在二等。如以《史記》卷八一〈廉頗·藺相如列傳〉所記人事參照，廉、藺同心保國，廉頗之下，趙將以趙奢爲勝，李牧稍遜，趙括最差；今廉頗居三、趙奢居四、李牧居五、趙括居八，則藺相如當在何等豈不易明。

大姬居三等。大姬好尚巫鬼，《漢書》卷二八下〈地理志〉曰：

> 周武王封舜後嬀滿於陳，是爲胡公，妻以元女大姬。婦人尊貴，好祭祀，用史巫，故其俗巫鬼。陳詩曰：「坎其擊鼓，宛丘之下，亡冬亡夏，值其鷺羽。」又曰：「東門之枌，宛丘之栩，子仲之子，婆娑

〔註105〕王翦今見在三等，但錢大昕《漢書考異》云〈人表〉三等最末三人乃刊本誤升，朱英當與毛遂同等，王翦當與蒙恬同等，孔襄當與孔鮒同等。其說可從。依班氏部居戰將之原則，王翦亦當在四等。又〈人表〉二等最末數人之等次皆有疑問，則三等最末數人等次有誤亦甚可能。

〔註106〕廉頗居三等，錢氏亦謂刊本之誤；錢氏所據以爲說之理由即藺相如居五等（魏張晏云然），則廉頗不當居三等。但藺相如居五等一事本身已成疑問，何可又據此疑廉頗之等次？今不取。

〔註107〕〈人表〉於范雎後列「蘇不釋」，當即蔡澤，因字形相近而誤。梁玉繩亦云然。

〔註108〕四公子中，太史公最重信陵君，班氏則最重平原君。班氏〈西都賦〉中，稱四公子，以「原、嘗、春、陵」爲序。故平原君獨居四等，三公子只得五等。

〔註109〕參見註105。朱英今見在三等，疑原當在四等，與公孫弘、侯嬴、毛遂同等。

〔註110〕屈原、漁父疑當在四等，不在二等。魯仲連疑當在三等。肥義、藺相如疑皆在三等。說見正文。

其下。」此其風也。

陳俗好祀近巫，由於大姬，但陳傳國廿三世，仍非荒亂之邦。〈人表〉錄周武王時人物，武王一等，名臣師尚父、畢公、太師疵、少師強二等，武王妃邑姜三等，其他武王之兄弟始封國者如曹叔振鐸、衛康叔封、毛叔鄭等亦在三等，陳胡公滿亦在三等；則武王元女大姬無有不入三等之理。

　　寺人孟子居三等。今本在四等。寺人孟子為刺詩作者，《詩·小雅·巷伯》序：

　　　　巷伯，刺幽王也。寺人傷於讒，故作是詩也。

〈巷伯〉詩末章亦自云：

　　　　寺人孟子，作為此詩；凡百君子，敬而聽之。

《詩》之美刺，班氏本極重視，若召虎、方叔、南中、中山父（仲山甫）、申伯、蹶父、張中、程伯休父，皆《詩》所稱美者，[註111] 班氏全部置諸三等；若皇父卿士、司徒皮、太宰冢伯、膳夫中術（中允膳夫）、內史掫子、趣馬蹶、師氏萬七人，以及周幽王、褒姒，皆〈小雅·十月之交〉一詩所譏刺者，[註112] 班氏全部置諸九等。歌詠周宣王中興之詩人尹吉甫亦置諸三等。刺詩作者如嘉父（家父）作〈節南山〉以刺幽王、譚大夫作〈大東〉以刺亂，[註113] 以及寺人孟子作〈巷伯〉以刺幽王，班氏亦一併收入〈人表〉。三人今並在四等。若寺人孟子依張晏所見本在三等，他二人亦必在三等。其實三人與尹吉甫（作〈崧高〉、〈烝民〉等詩）並列，有何不可？

　　伯牛、曾參、仲弓、冉有之等次，伯牛、仲弓居二等，正由孔門四科中德行之目而來；曾參、冉有居三等，則與孔子其他門弟子全同；說已見前。

　　鄧侯與三甥之等次，鄧侯昔在七等，今在六等；三甥昔在六等，今在五等。《左傳》莊公六年：

　　　　楚文王伐申，過鄧。鄧祁侯曰：「吾甥也。」止而享之。騅甥、聃甥、養甥請殺楚子，鄧侯弗許。三甥曰：「亡鄧國者，必此人也。若不早圖，後君噬齊，其及圖之乎？」……鄧侯曰：「人將不食吾餘。」對曰：「若不從三臣，抑社稷實不血食，而君焉取餘？」弗從。還年，

〔註111〕見《詩》大雅〈崧高〉、〈烝民〉、〈韓奕〉、〈江漢〉、〈常武〉及小雅〈六月〉、〈采芑〉諸篇。

〔註112〕《詩·小雅·十月之交》第四章云：「皇父卿士，番維司徒，家伯維宰，仲允膳夫，棸子內史，蹶維趣馬，楀維師氏，艷妻煽方處。」

〔註113〕案〈大東〉詩中未見為譚大夫之作，〈詩序〉則明言譚大夫。

楚子伐鄧。十六年，楚復伐鄧，滅之。

依此文則鄧祁侯有拒諫失國之罪，三甥則有見機之明。但公羊家不以《左傳》記載爲然，漢末何休作《左氏膏肓》，即謂亡鄧不可獨咎鄧祁侯：

> 楚、鄧強弱相懸，若從三甥之言，楚子雖死，鄧滅曾不旋踵，若刳
> 腹去疾，炊炭止沸。《左氏》爲短。〔註114〕

可見三甥未必是，鄧祁侯未必非。諸人無論居五、居六、居七，孰高孰下，皆不能必指爲錯謬。楚文王既在五等，鄧祁侯諸人等次宜不能再高。

舟之僑、陽處父、士會之等次，昔爲三、四、五，今爲三、三、四。《左傳》閔公二年：

> 二年，春，虢公敗犬戎于渭汭。舟之僑曰：「無德而祿，殃也，殃將
> 至矣。」遂奔晉。

依此文則舟之僑爲正直之士。但《左傳》僖公廿八年：

> 城濮之戰，晉中軍風于澤，亡大旆之左旃；……壬午濟河，舟之僑
> 先歸，士會攝右。秋七月丙申，振旅愷以入于晉，獻俘授馘，飲至
> 大賞，徵會討貳，殺舟之僑以徇于國，民於是大服。

可見舟之僑事晉不終，在城濮戰中以先歸見殺。陽處父亦晉文公名臣之一，在崤戰之後嘗奉命追秦三帥，見《左傳》僖公卅三年。士會即隨會、隨季、士季、范武子，〔註115〕當晉靈公、成公、景公時爲晉重臣，有德有業，屢見於《左傳》（文公十三年至宣公十七年間）。論三人高下，似乎應以士會爲首。但史文蕪雜，亦難確說。晉文臣佐如狐偃、趙衰、介子推、郤縠、荀林父、先軫、狼瞫、窅嬴、臾駢，皆列三等；魏犨、顚頡、胥臣、賈佗，皆列四等；士會何可獨居五等？要之三人應俱在三、四等間。

高漸離、荆軻、秦舞陽之等次，分爲四等、五等、六等。其事並見《史記》卷八六〈刺客列傳〉。荆軻刺秦王，其副秦舞陽在秦廷色變振恐，幾致敗事；秦舞陽在三人中自必居末。高漸離與荆軻死事雖異，忠烈則同。班氏置高漸離于四等，與豫讓、聶政一致。

鯀居九等。此因鯀在《尙書》與《孟子》中皆被列於「四凶」之內，故與共工、讙兜、三苗並列九等，不復計較其人智力如何。說已見前。

〔註114〕《左傳》莊公六年孔疏所引。
〔註115〕士會初封隨，後封范，字季，諡武，故史書中有此種種別稱。案：二等中又
有「范武子」，顏師古曰重出，梁玉繩則謂是范獻子之誤。

周平王居九等。平王東遷，周室中衰，是爲積弱之始，未必不宜置諸九等。梁玉繩嘗稱道班氏如此安排，曰：「避戎東徙，不得謂之中興。而始奔于申，既立于申，復爲之戍申，借手叛人，無殊推刀。棄父奉讎，不孝莫大。班氏置之下愚宜矣。」〔註116〕

荀卿居二等，孔子弟子居三等，各有其倫，並無不當。說已見前。子思、孟子與荀卿皆能光大孔學，貢獻不在孔子弟子之下。

老子居四等，列子居五等，莊子居六等，皆與諸子所列等次相若，不爲獨低。班氏標準本如此。說已見前。

孔文子居七等。孔子曾稱美孔文子，見《論語・公冶長》：

> 子貢問曰：「孔文子何以謂之文也？」子曰：「敏而好學，不耻下問，是以謂之文也。」

然則孔文子不應在七等。案：孔子所稱孔文子即孔圉、中叔圉，已另列於四等，並無不妥。此一「孔文子」疑爲重出。但重出何以見在七等，恐與《史記・孔子世家》之記事有關。〔註117〕暫可不必細論。

曾子居三等，次於冉、閔、仲弓，班氏有其既定原則。前說已詳。

齊桓公居五等。春秋五霸之中，齊桓稱首；但晉文、秦穆、楚莊在〈人表〉中皆得列四等，齊桓只得五等，宋襄只得六等。何以有此上下，班氏必別有其著眼。錢大昕有一解釋，曰：

> 桓公爲中人，序有明文，其列入第五等無可疑者。秦穆、晉文、楚莊以令終而進一等。宋襄不得其死，故又降一等。孟堅予奪之意如此。〔註118〕

此或可備一說。要之，五霸事功赫赫，但班氏全部將之置諸中人之列，不許爲上智。如此態度，當與孟子的意見有關。孟子頗不愜於五霸，嘗對齊宣王曰：

> 仲尼之徒，無道桓、文之事者。〔註119〕

〔註116〕見《人表考》卷九。
〔註117〕參註 77。《史記・孔子世家》記孔文子與太叔疾相攻，孔子憤而去衛歸魯。疑班氏即因《世家》此文而並黜孔文子、太叔疾於七等。孔文子即仲叔圉，爲衛三賢大夫之一，孔子嘗加稱道，見〈憲問篇〉；仲叔圉、祝鮀、王孫賈固已並列四等矣，而孔文子又重出於七等。蓋班氏表列此諸人，取材不同、取義不同，故於二名一人之事一時不察耳。
〔註118〕見《漢書考異》卷六〈古今人表〉。
〔註119〕《孟子・梁惠王上》。

又曰：

> 五霸者，三王之罪人也。〔註120〕
>
> 堯舜性之也，湯武身之也，五霸假之也。〔註121〕

五霸假仁義之名而行霸政之實，媿對三王，孟子既加輕視，班氏亦從而效之。

魯隱公居九等。其人當春秋之初，立十一年，爲公子翬所弒。釋道安〈二教論〉中嘗論隱公居九等正宜，曰：

> 隱公者，桓公之庶兄也。桓公幼小，攝行政事，及桓長大，歸政桓
>
> 公。雖能歸政，不能去猜，譖毒於是縱橫，遂爲桓公所弒。既不自
>
> 全，陷弟不義，讓國之美，竟復何在？此而非下，孰有下乎？〔註122〕

陷弟不義之語，大約能得班氏之心。班氏經常將弒君者與被弒之君並列九等，以兩罪見儆戒。公子翬及隱公弟魯桓公皆列九等。其他若衞桓公完與公子州吁、齊襄公諸兒與公子亡知、楚成王惲與子商臣〔註123〕、楚夾敖與公子圍，〔註124〕以及齊懿公商人、晉靈公夷皋、曹聲公、曹隱公，無分弒與被弒，亦一律列在九等。至於葛伯爲湯所征，次在八等，其事與魯隱公本不相同，不須比附而論。

嫪毒今本已不見，於陵仲子亦不必單論。

根據以上考察，可知班固〈人表〉次第人物，自有其一貫的準則；不惟絕大部分人物的品次，千古翕然無異議；即有異議的一小部分如上所舉者，亦幾乎皆有例可援可得而說。當然人物高下偶而差失一兩等亦難絕對避免，譬如《史通》所指鄧侯與三甥的高下、晉文臣佐的高下、燕丹賓客的高下之類；但即或小節有失，大旨仍未動搖。衡以春秋戰國時代人事紛繁、記載雜亂的情況，誠知欲使人人各得其所毫無差池，大非易事。梁玉繩《人表考‧序》曰：

> 惟是定以三科，區分尚易；別以九品，確當爲難；毫釐之差，誠所
>
> 不免。〔註125〕

〔註120〕《孟子‧告子下》。

〔註121〕《孟子‧盡心上》。

〔註122〕見《廣弘明集》卷八〈二教論〉之三「君爲教主」篇。

〔註123〕《春秋經》記文公元年十月丁未，楚世子商臣弒其君頵。頵即〈人表〉中之楚成王惲，世子商臣〈人表〉中作楚繆王商臣。

〔註124〕《春秋經》記昭公元年冬十有一月己酉，楚子麇卒；楚子實爲公子圍所弒，非卒，見《左傳》。麇即〈人表〉中之楚夾敖，公子圍即〈人表〉中之楚靈王圍。

〔註125〕序與考今俱收在《廿五史補編》第一冊中。

近人劉咸炘《漢書知意》「〈古今人表〉」條亦曰：

> 列等錯謬，亦未可苛責。苟非精義之聖，孰能褒貶至當，矧傳寫又
> 多譌邪！〔註126〕

二氏之言，知甘苦、識輕重，足可爲班氏開脫。眞正顯然等次欠當之例，厥
爲張晏所指田單、魯連、藺子三人之居於五等。假使張晏所見版本無誤，則
班氏〈人表〉最顯著的疵病即在此處。今本魯連、藺子俱在二等，田單在四
等，亦未必得宜。此一問題仍須再加深入考究。

　　班固〈人表〉中，戰國人物的等次平均皆偏低。班氏次第人物，似乎頗
守儒家好古的觀念，以爲上古風氣至淳，愈後則愈澆薄；故上古三代人物的
等次平均最高，以後一路遞降，直至戰國而極。春秋戰國人物，大抵全在四
至八等之間浮沈，極少能入居上智。當代最突出之人物，爲司馬遷《史記》
所立傳特書者，譬如樗里子、甘茂、趙良、樂毅、廉頗，方獲居三等；法家
商鞅、韓非，權謀力戰之輩孫臏、田忌、白起、趙奢、蒙恬、王翦，刺客豫
讓、聶政、高漸離，四公子之賢客侯生、毛遂，以及公羊子、穀梁子與孟子
弟子，方獲居四等。在此原則之下，田單、魯連、藺子三人等次偏低，亦非
無說可解。考戰國名將俱見〈人表〉，白起、趙奢之類既已獲居四等，樂毅連
下齊城七十二，軍功特盛，再升一等，亦甚合理；而田單以火牛陣大敗燕軍，
以一莒復強齊，戰績比諸燕樂毅亦何多讓！自宜高居三等始爲相當。燕齊戰
事之中，齊怯將淖齒與燕敗將騎劫皆居八等；二人等次，亦正當對。縱以爲
田單不如樂毅，亦不宜遽將田單等次置於戰國諸名將之下，只與李牧同居五
等。至於魯連、藺子之合理等次，魯連非三即四，藺相如非三即四，已見前
述。魯連若居三等，在侯生、毛遂之上一等；藺相如若居三等，與廉頗同等；
皆能各得其所。今本二人皆在二等，恐嫌太高。案：戰國人物，除荀子與子
思、孟子同在二等外，其他諸人今見在二等者，無一不有問題。不僅各人之
在二等與班〈表〉中其他同類之人不相當對，即據班氏壓抑戰國人物的意見，
似亦不容有若干人物突然高邁一代特受贊賞。除魯連、藺子外，其他見在二
等之人屈原、漁父、肥義，疑原來亦皆不在二等。金王若虛已疑漁父，清錢
大昕已疑屈原，梁玉繩述其言曰：

> 案屈生被放沈淵，君子蓋亦哀其忠而狹其量，已不可與孔思、孟子
> 並列，若漁父何爲者！金王若虛《滹南集》雜辨曰：「〈離騷〉〈漁父〉

〔註126〕見《四史知意》第二《漢書知意》中「〈古今人表〉」條。

篇，假設以見意耳，〈人表〉遂列漁父之名。使誠有斯人，觀其所言不過委順從俗以求自全，何遽至九等中第二哉！」錢宮詹曰：「屈原之義高矣，然班氏嘗譏其露才揚己，必不躋諸大賢之列；蓋後人妄以意進之，并漁父亦牽連入第二等；非班氏意也。」竊意屈原、漁父二人原本當在陳軫之後、占尹之前。〔註127〕

漁父因屈原而牽連入〈表〉繫等，乃〈人表〉常例，不足爲怪；王若虛之言失檢。唯錢大昕謂屈原並非班氏所素重之人，則不可不加以注意。班固嘗作〈離騷序〉曰：

淮南王安敘〈離騷傳〉，以「〈國風〉好色而不淫，〈小雅〉怨誹而不亂，若〈離騷〉者可謂兼之，……推此志雖與日月爭光可也。」斯論似過其眞。……且君子道窮，命歆，故潛龍不見，是而無悶，關雎哀周道而不傷；蘧瑗持可懷之智，寧武保如愚之性，咸以全命避害，不受世患。故〈大雅〉曰：「既明且哲，以保其身。」斯爲貴矣。今若屈原，露才揚己，競乎危國群小之間，以離讒賊，然責數懷王，怨惡椒蘭，愁神苦思，強非其人，忿懟不容，沈江而死，亦貶絜狂狷景行之士。……謂之兼《詩》風雅而與日月爭光，過矣！然其文弘博麗雅，爲辭賦宗，後世莫不斟酌其英華，則象其從容，自宋玉、唐勒、景差之徒，……好而悲之，自謂不能及也。雖非明智之器，可謂妙才者也。〔註128〕

此序可充分看出屈原在班固心中之分量，而班固必不置屈原於〈人表〉二等亦可確知。班固稱美「蘧瑗持可懷之智，寧武保如愚之性」，以斯爲貴；屈原則被指爲「露才揚己，競乎危國群小之間，以離讒賊」；蘧伯玉、寧武子俱在〈人表〉二等，屈原相對之下只可得三等或四等。寧折不屈、不肯委隨之人，前代亦有之；史魚即其著例。史魚見稱爲「邦有道如矢，邦無道如矢」；而班固只置之於四等。又班固明白評斷屈原爲「貶絜狂狷景行之士」；狂狷者流若長沮、桀溺之輩，〈人表〉悉置四等。又班氏謂宋玉、唐勒、景差之徒皆效屈原爲辭賦而才力不及；今〈人表〉中宋玉在五等，唐勒、景瑳在六等，相對之下屈原至少當在四等，亦可更高至三等。又班固謂屈原「雖非明智之器，可謂妙才者也」；不許以明智，大約不至將之列入〈人表〉三等「智人」。故綜合班氏全篇意見，幾可

〔註127〕見《人表考》卷二。
〔註128〕見《全後漢文》卷二五。

推定屈原必被畀予四等之位次，絕非原來即在二等。漁父亦同。至於肥義其人，事見《史記》卷四三〈趙世家〉。簡言其事，即趙武靈王退位後，沙丘之難作，肥義以身先試，忠而見殺。如此人物，至少可得三等、四等，而並無必居二等之理由。錢大昕、梁玉繩已疑其原當在三等，說曰：

> （梁）案肥義雖賢，亦召忽、荀息一輩人物，不應居第二。錢宮詹曰：「肥義之在二等，必非孟堅元文，以孔父、仇牧、荀息之例證之可見。」〔註129〕

孔父、仇牧、荀息、召忽忠而見殺，皆居三等，肥義當亦不例外。故戰國人物中，今見於〈人表〉二等之五人（孟、荀、子思不計）魯仲連、藺相如、屈原、漁父、肥義，原來皆當在三等或四等，不知何時何人將之移置二等，而與〈人表〉一貫部居人物的標準顯有不合。案：魯連、藺子，以及田單，張晏謂班〈表〉原來置於五等；五等自太低，無怪張晏加以譏議；不過準以班氏一貫部居人物的標準，差舛若此的可能似乎不大；豈張晏所見之本鈔錄有誤？田單等三人時代相同，在〈人表〉中位置極近；何以班氏部居二千人皆無大問題，一至田單等三人，便連連發生錯誤？張晏所見之本，誠然可疑。假若他日有別本能證明張本有誤，則班氏誤置三人之失，當可昭雪；而〈人表〉白璧之玷，亦可除去矣。

張晏又疑大姬居三等太高，前文已駁其非。上古三代人物，在〈人表〉中的等次大抵偏高，非只大姬為然。此本是班氏尊先賢慕古聖的心情之反映。上古人物，若三皇、五帝，〔註130〕在〈人表〉中全部列第一等。其妃匹、父兄、子弟、師傅、臣佐，只須有名可考，在〈人表〉中亦幾乎全列二等。〔註131〕三代人物始稍有高下之別，但除非惡名特彰，一般人物等次仍高，常在二、三等，最低亦在五等以上。三代君位世襲，時有不賢之主；此輩庸主的等次則比其臣下為低，往往在五、六等之間。

張晏又疑寺人孟子居三等（今在四等）太高，前文亦已加駁正。班氏對

〔註129〕見《人表考》卷二。

〔註130〕三皇五帝，究為誰人，舊說極為分歧。班氏蓋以伏羲、神農、黃帝為三皇，少昊、顓頊、帝嚳、帝堯、帝舜為五帝，即依此序序列八聖。《史記・秦始皇紀》以天皇、地皇、人皇為三皇，〈五帝本紀〉以黃帝、顓頊、帝嚳、帝堯、帝舜為五帝；班氏並不取。偽孔《書序》所言三皇五帝之序則與班氏完全相同。詳見趙翼《陔餘叢考》卷一六〈三皇五帝考〉。

〔註131〕列三等者甚少，唯黃帝史倉頡、帝舜妹敤手、為舜豢龍者董父，以及石戶之農、北人亡擇，以及舜之五友，或係功淺身微之故。

《詩經》中正邪人物嘗被美刺所加者俱有相應的安排，被稱美者全居三等，被譏刺者全居九等；作刺詩者亦被列入正人之流，與正人一體看待。此可見班氏對於《詩經》的尊信。另外班氏亦極尊信《尚書》：譬如《尚書·君奭篇》，記周公追敍商時及周初賢人以勉召公奭；篇中所及人物，如商賢君太甲、大戊、祖乙、武丁，在〈人表〉中全列二等；賢臣伊尹、巫賢、甘盤列二等，伊陟、臣扈、巫賢列三等；周文王時賢臣閎夭、散宜生、泰顛、南宮括列二等，虢叔列三等。一應人物與等次，皆與《尚書》配合。又如〈顧命篇〉，記周成王臨終顧命大臣輔佐康王釗；篇中所及人物，如大臣召公、畢公居首，皆列二等；另衞侯（康叔封）、芮伯、毛公、師氏、虎臣（今本作龍臣，乃唐人避諱改字）、中桓、南宮毛等，亦全部皆列三等。班氏尊信《詩》、《書》，當與其儒家立場大有關係。

又前引王觀國、楊慎嘗為鯀、周平王、魯隱公三人之降居九等鳴不平。因九等「愚人」多屬昏君逆臣，三人似乎惡不至此。但班氏對九等人物的安排其實並不如是專斷。九等中亦有不甚昏逆之君臣，一般所謂昏君逆臣亦有不在九等者。譬如同為弒君之臣，衞州吁、齊無知等固在九等，宋華督、宋南宮萬、衞甯喜、齊田恒則在八等，齊崔杼且在七等，晉趙盾更在四等。又如周昭王瑕、悼王猛、敬王匄，以及楚熊摯、楚熊嚴、衞共伯、吳餘昧，以及程鄭、西鉏吾等，既非被弒，又未失國，無大失德，〔註132〕而皆在九等。班氏安排人物，自有其通盤考慮，決非只以「失國之君皆在九等」、「弒君之臣俱列下下」〔註133〕之類簡單原則為唯一的衡量依據。

清顧棟高嘗作〈春秋人物表〉一編，收所著《春秋大事表》中。表中羅列春秋人物凡二百六十九人，以事迹分為十三類。以班表與顧表對照，顧表「賢聖」類中人，班表幾皆置在二、三等；顧表「純臣」類中人，在班表中分居二、三、四等；顧表「忠臣」（含「孝子」）類中人，班表多數置在三等，少數在四等；顧表「功臣」類中人，班表亦多數置在三等，少數在四等；顧表「獨行」類中人，在班表中或三等、或五等；顧表「文學」類中人，在班表中多居四等，偶在二、三等；顧表「俠勇」類中人，班表分列三、四等；顧表「方伎」類中人，班表多置在五等，少數在四等；顧表「辭令」類中人，在班表中或四等、或五等；顧表「佞臣」（含「倖臣」）類中人，班表多置諸

〔註132〕梁玉繩皆有說，詳見《人表考》卷九。
〔註133〕此夏燮之語，見《校漢書八表》第八〈古今人表下下〉卷末識語。

—56—

六、七等，偶在九等；顧表「讒臣」類中人，在班表中幾非八即九等；顧表「賊臣」類中人，班表亦幾皆置在八、九等；顧表「亂臣」類中人，在班表中亦絕大多數在八、九等。二家品第人物的方法雖不相同，對人物賢否的意見則頗爲相近。由班表可以證明顧表的品類之正確，由顧表亦可以證明班表的等次之精審。要之孔子《春秋》誅亂討賊，班、顧二氏之表皆能對春秋時代的亂臣賊子加以撻伐貶斥；太史公謂《春秋》善善、惡惡、賢賢、賤不肖，二氏亦皆能秉持此一精神。

　　總而言之，班氏〈古今人表〉之作，雖是以「區區一夫之見」而論定「生民以來聖賢愚智之等差」，但其次第古今二千人物之高下，確實態度嚴愼，標準一貫，並能深體孔子尊聖重仁的宗旨，以儒家正統觀點爲斷；同時歷來的人物論，亦未有能如班氏〈人表〉將人物高下分爲九級，位序分明、判別精細者；故〈人表〉實不僅爲史學名著，亦爲人物品鑒的偉大作品。欲研究中國人物品鑒的發展，固絕不可將〈人表〉輕易放過。

第三章　漢末以降人物品鑒的新風氣

第一節　東漢後期人物品鑒風氣形成的原因

　　東漢自和、安之世以下，人物品鑒漸成新尚，不但位當機衡者愈好裁量人物，一般士人也多喜好此道，形諸口舌，著乎篇章，沸沸揚揚，自成風流；馴至桓、靈之世，士人臧否人倫，誹訕當道，意氣之盛達於頂點，終於釀成「黨錮之禍」，清流名士銷亡殆盡；但直至漢亡魏立，此一人物品鑒的新風氣雖經摧折，仍然旁出屹立，挺生不已，其影響直至晉、宋而不熄。

　　關於此一大風潮，試加觀察，當可有如下二種初步看法：第一，新的人物品鑒，就形式而言，似乎與以往大有不同。不唯參與品鑒者不再限於少數人，人人得而與之，蔚然成風；並且品鑒本身獨立為一事，大抵不與人物的選舉任用相結合；並且品鑒的表現方式顯然較為隨意而零碎，時常只以單言片語的面貌出之。第二，新的人物品鑒，得以如此興盛，必有其內在與外在的原因，否則其形式何以有如此重大的改變；又當外在環境繼續變化，人物品鑒何以能日生日成，繼續壯大，此必其品鑒的內容有相當廣濶的境宇可供開拓，故能吸引眾人的興趣與注意。換言之，新的人物品鑒之標準與內容亦當有重大的改變。本節擬先探討風氣丕變的原因。

　　如前文所述，漢代的選舉制度，主要乃是在鄉里中拔舉有德行操守之士人，畀以官職，使得漸漸出身。此種制度，自始即賦予有權位者——包括三公、九卿、特進、列侯、將軍、中二千石、二千石、郡守、國相等——以識鑒人物的權力。雖云賢良方正、孝廉、茂才科目早定，標準劃一，但「知人

則哲」，非有相當的眼光與能力仍不足以得人。是故如何觀察人物、等第人物，
又如何分辨人物之同異疑似，種種問題，在兩漢之世定必不時橫亙人心，而
爲時人共所關注；久而久之，人物品鑒的理念自然通行，自然成熟。此是東
漢中葉以後人倫品鑒之風大盛的基本起因。事實上，班固之作〈古今人表〉，
亦正是兩漢注重識鑒人物的形勢下宜有的結果。〈人表〉的品鑒標準承上不
變，此下則風氣大張，標準亦變。

但察舉徵辟之法對於新風氣之生成亦有反面的影響。先是設科取人，勵
德獎賢，朝廷以德目爲教，士人以德目成名，漸漸形成「名教」；而名教觀念
在高官厚祿的獎賞下大興，遂使士人在實踐道德方面多少帶有激矯的色彩；
積久年深，社會風氣與人心未免奮厲太甚，反激起較爲適性通脫的人生觀，
新的人物風氣亦隨之而起。關於東漢以還士風激矯之弊日益顯著一點，清儒
趙翼在《廿二史箚記》卷五嘗有痛切的陳述；「東漢尚名節」條：

> 自戰國……然諾不欺，以立名節；馴至東漢，其風益盛。蓋當時薦舉
> 徵辟，必採名譽，故凡可以得名者，必全力赴之，好爲苟難，遂成風
> 俗。其大概有數端：是時郡吏之於太守，本有君臣名分，爲掾吏者，
> 往往周旋於死生患難之間；如……，此盡力於所事以著其忠義者
> 也；……，此感知遇之恩，而制服從厚者也。然父母喪不過三年，而
> 郡將、舉主之喪與父母無別，亦太過矣。又有以讓爵爲高者，……，
> 此以讓而得請者也；……，此讓而不得請者也。夫以應襲之爵而讓以
> 鳴高，即使遂其所讓，而己收克讓之名，使受之者蒙濫冒之誚，有以
> 處己，既無以處人；況讓而不許，則先得高名，仍享厚實，此心尤不
> 可問也。又有輕生報讐者，……。夫父兄被害自當訴於官，官不理而
> 後私報可也；今不理之於官而輒自行讐殺，已屬亂民，然此猶曰出於
> 義憤也；又有代人報讐者……；此則徒狥友朋私情，而轉捐父母遺體，
> 亦繆戾之極矣。蓋其時輕生尚氣已成習俗，故志節之士好爲苟難，務
> 欲絕出流輩以成卓特之行，而不自知其非也。

東漢士人爲郡將、舉主服喪救護，自以爲「忠」；爲父兄報讐殺人，自以爲「孝」；
讓爵讓產，自以爲「廉」；種種行爲之失中，有非後人所能想像者。趙氏探驪
得珠，一語道破彼輩士人所以如此的緣故，「凡可以得名者必全力赴之」，「務
欲絕出流輩以成卓特之行」，究其實正是爲配合名教與選舉以得官祿。名教與
選舉使士風奮厲至是，當非漢初設教定制者所能想像。當時士人逾分過度的

行爲，除趙氏已舉出者外，同類的例子尚在所多有；比如父母喪不過三年，今既已爲郡將、舉主行三年服，父母喪遂頗多連服六年者，如薛包（《後漢書》卷三九）、劉臻兄弟（同書卷四二）、袁紹（同書卷七四上）；甚至趙宣其人竟然行服二十餘年，轟動遐邇，孝名遠播：

> 民有趙宣葬親而不閉埏隧，因居其中，行服二十餘年，鄉邑稱孝，
> 州郡數禮請之。（《後漢書》卷六六）

此種行爲，分明喪過乎哀，名過於實，而漢人却大加崇獎。又如讓爵之事，更進爲讓舉、讓產；讓舉除讓父、讓兄外，尚有讓朋友的（陳重、雷義互讓，見《後漢書》卷八一）；讓產除讓弟、讓兄外，尚有讓伯父的（張禹，見全書卷四四）；許武讓產之舉使二弟有產並有名，自身亦「郡中翕然，遠近稱之」：

> （許）武……太守第五倫舉爲孝廉。武以二弟晏、普未顯，欲令成
> 名，乃請之曰：「禮有分異之義，家有別居之道。」於是共割財產以
> 爲三分，武自取肥田廣宅奴婢強者，二弟所得並悉劣少。鄉人皆稱
> 弟克讓而鄙武貪婪，晏等以此並得選舉。武乃會宗親，泣曰：「……
> 二弟年長，未豫榮祿，所以求得分財，自取大譏。今理產所增，三
> 倍於前，悉以推二弟，一無所留。」於是郡中翕然，遠近稱之。（《後
> 漢書》卷七六）

此種行爲，驚名之迹太顯，漢人却渾不以爲怪。其他類似行爲見諸《後漢書》者不勝枚舉。後世史家往往稱道漢世風俗淳美，其實未免於此等處少加注意。趙氏之論發於清代，而在漢代當時，仲長統《昌言》中的一段議論亦早有鍼砭時風之意；曰：

> 有天下者，莫不君之以王，而治之以道。道有大中，所以爲貴也，
> 又何慕于空言高論難行之術哉！……在位之人，有乘柴馬弊車者
> 矣，有食菽藿者矣，有親飲食之蒸烹者矣，有過客不敢沽酒市脯者
> 矣，有妻子不到官舍者矣，有還奉祿者矣，有辭爵賞者矣；莫不稱
> 述以爲清邵。非不清邵，而不可以言中也。好節之士，有遇君子而
> 不食其食者矣，有妻子凍餒而不納善人之施者矣，有茅茨蒿屏而上
> 漏下濕者矣，有窮居僻處而不可得見者矣；莫不歎美以爲高潔。此
> 非不高潔，而不可以言中也。……如使王度昭明，祿除從古，……
> 向所稱以清邵者，將欲何矯哉？向所歎云高潔者，將以何厲哉？故
> 人主能使違時詭俗之行無所復劘摩，困苦難爲之約無所復激切，步

驟乎平夷之塗，偃息乎大中之居，人享其宜，物安其所；然後足以

稱賢聖之王公、中和之君子矣。(《全後漢文》卷八九引《羣書治要》)

仲長氏列舉當時士人自以爲「清邵」、「高潔」的許多行爲爲言，深斥其「矯、厲」而「不可以言中」，並寄望於人主能導引風氣使登平夷大中之路。士風的偏差，東漢人蓋已有所覺。

仲長統對於時風既不滿意，其個人持身處世的態度遂有所轉變，與所謂「清邵」、「高潔」的儒生不復相同。《後漢書》卷四九：

統性倜儻，敢直言，不矜小節，默語無常，時人或謂之狂生。每州郡命召，輒稱疾不就。常以爲凡遊帝王者，欲以立身揚名耳；而名不常存，人生易滅，優遊偃仰，可以自娛；欲卜居清曠以樂其志。

所謂「倜儻」、「不矜小節」，正是欲從拘束之名教中解脫而出，不欲再做苦身脩節的儒生。其詩又云：「至人能變，達士拔俗，……六合之內，恣心所欲。人事可遺，何爲局促？」(見全書全卷)慕通達，思變俗，求恣欲，不肯爲人事所局促，種種態度，皆爲其反叛時風的表現。如此之一人，自然易被目爲「狂生」。既反對求名，自必絕不應州郡辟舉，更進而破棄人世之名，曰「名不常存，人生易滅」，不期然乃走向道家。其另一詩云：

大道雖夷，見幾者寡。任意無非，適物無可。古來繞繞，委曲如瑣。百慮何爲，至要在我。寄愁天上，埋憂地下。叛散五經，滅棄風雅。百家雜碎，請用從火。抗志山栖，游心海左。元氣爲舟，微風爲柂。敖翔太清，縱意容冶。(仝上)

此篇傾慕道家之意極明。漢代士人治經學，修德行，至是而儒風見輕，有敢於倡呼「叛散五經，滅棄風雅」者矣。仲長氏反對當時士風之言論如彼，自身之行事態度又如此，恰便是東漢後期士風更變之際的一個典型代表人物。及至與仲長統抱相似思想態度之人日多，與仲長統所反對批評者相近之人日少，士風乃漸變。人物已變，人物品鑒自亦隨之而變。新人物成爲新尙，舊品鑒只得告退。潮流所趨，雖有大力亦莫能遏。

請再舉數人爲說。扶風馬融爲漢末大儒，皓首窮經，但其人生態度已不遵儒生舊軌轍；《後漢書》卷六○上本傳：

永初二年，大將軍鄧騭聞融名，召爲舍人。非其好也，遂不應命。……融既飢困，乃悔而歎息，謂其友人曰：「古人有言，左手據天下之圖，右手刎其喉，愚夫不爲。所以然者，生貴於天下也。今以曲俗咫尺

之羞，減無訾之軀，殆非老莊所謂也。」故往應騭召。

鄧騭戚屬庸人，得勢募客，碩學名德恥不應召，馬融則以爲「曲俗咫尺之羞」不足復措意，生之可貴尤過於名，故前往應命。守節重名在其人觀之只成一曲之士，則其對於名教的態度豈不居然可知。貴生貴達的思想與道家相近，而馬融亦不諱言其心儀道家老莊之忱。漢末人物風氣的此一番變化，正是儒家周孔之教漸漸式微而道家老莊漸漸得勢的過程。同傳又云：

> 融才高博洽，爲世通儒，教養諸生，常有千數，……善鼓琴，好吹
> 笛，達生任性，不拘儒者之節。居宇器服，多存侈飾。常坐高堂，
> 施絳紗帳，前授生徒，後列女樂。弟子以次相傳，鮮有入其室者。

所謂「達生任性，不拘儒者之節」，已完全寫出馬融棄拘求達、疑儒慕道的心情。若鼓琴、吹笛、侈器服、陳女樂等行爲，與傳統「清邵」、「高潔」的兩漢儒生相較，可謂面目迥殊；而馬融博極羣經，本列儒林，却有如此轉變，實大堪玩味。

　　再若漢末名賢北海孔融，博學好士，英俊歸心，諸所行事雖純謹不足，而平易有餘；乃其人竟嘗私下與白衣禰衡「跌蕩放言」，一發駭俗之論，曰：

> 父之於子，當有何親？論其本意，實爲情欲發耳。子之於母，亦復
> 奚爲？譬如寄物缻中，出則離矣。（《後漢書》卷七〇本傳）

此種見地，與其認作否定父子親情、母子天性，不如視爲對儒家孝道的懷疑，或更近眞。如前所述，子女行孝，原是漢人最注重的德目之一，「孝廉」一科定爲歲舉，年年以此品人，以故漢人事親極篤，色養厚葬，久喪毀瘠，不一而足；然而種種過禮的孝行亦便因此產生。父母喪孝子服三年、服六年而至服二十餘年，送終之費至於「竭家盡業」「以事淫汰之華稱」，〔註1〕種種過禮，難免使人生出厭倦的心態，從而開始懷疑孝道之本質。孔融發此異論，仍然屬於反抗名教一路。

　　又有一人汝南戴良，母死不爲服喪，其時代略早於孔融，其行事則遠比孔融更爲激烈，但二人心態則一；《後漢書》卷八三〈逸民列傳〉：

> 良少誕節，母喜驢鳴，良常學之以娛樂焉。及母卒，兄伯鸞居廬啜
> 粥，非禮不行；良獨食肉飲酒，哀至乃哭；而二人俱有毀容。或問
> 良曰：「子之居喪，禮乎？」良曰：「然。禮所以制情佚也，情苟不
> 佚，何禮之論！夫食旨不甘，故致毀容之實。若味不存口，食之可

〔註1〕見崔寔《政論》。《全後漢文》卷四六引自《羣書治要》。

也。」論者不能奪之。

戴良少時常學驢鳴娛母，母死哀至即哭，深有毀容，可見其人絕非不孝；然而母喪期間照常飲酒食肉，以是招致物議。戴良之意，孝親應重在「情」而不應重在「禮」，既有其「情」，則不害無其「禮」。此顯然爲漢代考究喪葬之禮太過所激成之意見。雖然矯枉過直，也並非無的而發。反對外在激矯的孝行、崇尚內在眞誠的性情，應是戴良此舉的眞實意義。下至魏晉之世，阮籍喪母，「與人圍棊如故」，「蒸一肥豚，飲酒二斗」，「舉聲一號，嘔血數升」，〔註2〕其心其行，仍然承繼戴氏宗風。魏晉人物縱或並不流入狂誕一派有若戴、阮，但看重性情則確乎成爲此下流通的新觀念。

總而言之，兩漢選舉行之二百年所建立的名教觀念，約在東漢中葉左右即已因士人的過行而激起逆流，再與其他因素配合的結果，人物風氣終於發生甚大變化；前所列舉諸人的言行已足可證明。晉代傅玄嘗云：「魏武好法術，而天下貴刑名；魏文慕通達，而天下賤守節。」〔註3〕賤守節豈但始自魏文耶！從重名節到賤守節，此一番大變化，對人物品鑒自亦有絕大影響。下文再予詳述。

今當再提出人物品鑒風氣更變的另一重要原因。緣自東漢和、安之世以下，外戚宦官當道，政治漸壞，彼輩又好安插私人，干預銓衡，於是姦邪冒進日多，選舉漸多失實；志士仁人憤慨之餘，便決意自以草野之身隱執是非之論，由是清議起，人倫成，風氣幡然大變。選舉不實的影響固不小，政治上清濁對壘之勢的推波助瀾力量則更大。整個東漢後期的士風轉變，其實亦可謂是清流、濁流相互抗爭的過程。且先不談政爭的意氣，單論選舉不實。漢法許地方官自辟掾屬，另外中央及地方以徵辟、察舉二道取人，亦予官吏以充分的自主權；立法之意雖善，却已暗開容私請託之門。政治清平時或尚有以維持，若姦邪當政，則不免訛濫滋生。東漢明帝時，樊儵上書云：

> 郡國舉孝廉，率取年少能報恩者，耆宿大賢多見廢棄。宜勅郡國簡用良俊。（《後漢書》卷三二）

此即是一種選舉失人的普通原由。東漢順帝時，种暠請王諶代求名士，曰：

> 今當舉六孝廉，多得貴戚書命，不宜相違；欲自用一名士以報國家，爾助我求之。（全書卷五六）

請託之盛於此更分明可見。故東漢諸帝屢下切詔，嚴督選舉，又令「侍中尚

〔註2〕《世說新語·任誕第廿三》「阮籍當喪母」條及注引鄧粲《晉紀》。
〔註3〕見傅玄〈掌諫職上疏〉。《全晉文》卷四六引自《通典》、《御覽》。

書中臣子弟不得爲吏察孝廉」，〔註4〕又新增限年、課試等法，「孝廉年不滿四十不得察舉」，「皆先詣公府，諸生試家法，文吏課牋奏」，〔註5〕甚至朝廷爲防「州郡相黨、人情比周」而定「三互法」，「婚姻之家及兩州人士不得對相監臨」，〔註6〕種種措施，用心良苦；然而選風並未因此而改善。漢季王符《潛夫論·實貢第十四》即直言愈後選舉愈不得人，歲舉二百，鮮有中才：

> 夫志道者少友，逐俗者多儔，是以舉世多朋黨而用私，競背質而趨華，貢士者非復依其質幹、準其材行也，直虛造空美，掃地洞說，擇能者而書之。公卿刺史掾、從事、茂才、孝廉歲且二百員，歷察其狀，德侔顏淵、卜舟，最其行能，多不及中，誠使皆如狀文，則是爲歲得大賢二百也。然則災異曷爲譏？此非其實之效。〔註7〕

所謂國家優選的人物不過如此，何足以服人之心！其實細加探究，選舉不能得人的一大主因，當是外戚宦官安插私人。約自東漢中期開始，外戚宦官當道得勢，強行干預選舉，安插子弟支黨，布滿州郡，選風遂隨政局以俱壞。《昌言·法誡篇》：

> 自此以來，……而權移外戚之家，寵被近習之豎，親其黨類，用其私人，內充京師，外布列郡，顛倒賢愚，貿易選舉；疲駑守境，貪殘牧民，撓擾百姓，忿怒四夷。〔註8〕

仲長統對戚宦「顛倒賢愚，貿易選舉」便有極痛切的陳述。較仲長統更早，當東漢順帝之世，漢中李固當殿對策，對於此種形勢的漸成及應付之道亦已有所陳辭，惜乎順帝不能聽用，至桓、靈之世遂致無可挽回。李固之言曰：

> 詔書所以禁侍中、尚書、中臣子弟不得爲吏察孝廉者，以其秉威權、容請託故也。而中常侍在日月之側，聲勢振天下，子弟祿仕，曾無限極。雖外託謙默，不干州郡，而諂僞之徒，望風進舉。今可爲設常禁，同之中臣。（《後漢書》卷六三本傳）

順帝倘眞能根本禁絕宦官子弟參與選舉之資格，戚宦「子弟祿仕，曾無限極」的現象或不至如是嚴重。選舉一事，到了漢末，已成民眾譏諷的目標，世傳兩首民間謠語，描寫極爲生動；其一曰：

〔註4〕見《後漢書》卷六三〈李固傳〉李固所稱。
〔註5〕見《後漢書》卷六一〈左雄傳〉。東漢順帝陽嘉元年左雄所建。
〔註6〕見《後漢書》卷六○〈蔡邕傳〉。當亦是東漢後期之措施。
〔註7〕此條文字若干處已逕依清汪繼培《箋》改。
〔註8〕見《後漢書》卷四九〈仲長統傳〉所引。

舉秀才，不知書；察孝廉，父別居；寒素清白濁如泥，高第良將怯
如雞。〔註9〕

又一曰：

欲得不能，光祿茂才。〔註10〕

前一首顯係譏諷秀、孝之選〔註11〕訛濫太甚，後一首則憫「貧約守志者」之
「見遺」；兩者同可反映選舉一事在時人心目中的觀感。《潛夫論》中另有一
段議論，意氣似乎過盛，而所述則竟屬實情；〈考績第七〉：

群僚舉士者或以頑魯應茂才，以桀逆應至孝，以貪饕應廉吏，以狡
猾應方正，以諛諂應直言，以輕薄應敦厚，以空虛應有道，以囂闇
應明經，以殘酷應寬博，以怯弱應武猛，以愚頑應治劇；名實不相
符，求貢不相稱。

名與實相去如是之遠，所求與所貢相異如是之大，選舉一道豈復足以得人？
而士人激憤之餘，欲別覓出路，自相鑒引，終於形成人倫品鑒之風，其事也
可謂十分自然。

　　此下當進一步說明東漢後期戚宦與清流士人相激相盪的情形。士人修身
求學，自然本意在得位行志，但戚宦當道之後，士人出身問政已大形艱難。
戚宦姦黨競肆貪暴，一切行事，乃與士人所志所學完全相反。因而戚宦與士
人，自始即處在兩種完全不同的地步，形成對立之態勢。士人不齒戚宦，拒
不合作，又時加彈擊；戚宦厭憚士人，全力排擠，又屢施迫害。雙方持之既
久，意氣愈激愈高，仇隙愈裂愈深，於是各結陣營以自固，對抗的手段也轉
趨酷烈。士人修身求學的志行由此而漸變。

　　茲先略舉數例以見戚宦之迫害士人。外戚梁冀，二妹先後為順、桓二帝
之后，一門「前後七封侯，三皇后，六貴人，二大將軍，……其餘卿、將、
尹、校五十七人」（見《後漢書》卷三四），真所謂「窮極滿盛」，勢焰薰天；
書生袁著、郝絜、胡武等對梁冀稍加譏彈，便遭殘害：

時郎中汝南袁著年十九，見冀凶縱，不勝其憤，乃詣闕上書。……
書得奏御，冀聞而密捕著。著乃變易姓名。後託病偽死，結蒲為人，
市棺殯送；冀廉問知其詐，陰求得；笞殺之，隱蔽其事。學生桂陽

〔註9〕 見晉葛洪《抱朴子》外篇〈審舉第十五〉所稱。
〔註10〕 見《後漢書》卷六一。
〔註11〕 茂才，西都本云秀才，避光武帝諱改。

> 劉常當世名儒，素善於著，冀召補令史以辱之。時太原郝絜、胡武
> 皆危言高論，與著友善；先是絜等連名奏記三府薦海內高士而不詣
> 冀，冀追怒之，又疑爲著黨，勅中都官移檄捕前奏記者並殺之；遂
> 誅武家，死者六十餘人；絜初逃亡，知不得免，因輿櫬奏書冀門，
> 書入，仰藥而死，家乃得全。（《後漢書》卷三四）

袁著上書奏請梁冀斂迹告老，梁冀銜仇加害，百般追索，袁著變姓名、僞病
死市棺殯送仍不得逃脫，終被笞殺。郝絜、胡武不詣梁冀，又加譏議，梁冀
竟託故滅胡武滿門六十餘人，郝絜亦仰藥自盡。其他諸如此類之事，若以酒
鴆殺荊州刺史吳樹、使刺客追殺臨濟長崔琦等，充斥〈冀傳〉之中，引述不
盡。即使德位俱尊、官至太尉的名賢李固、杜喬也因正色立朝而遭梁冀誣害，
皆致「暴尸城北」的下場。宦官單超、唐衡等五人輔助桓帝誅除梁冀，本屬
大功，但五侯及其子弟支屬乘勢放恣，爲惡多端，政風更形惡化，士民更不
堪命。單超及其兄子單匡遭第五種劾治，懷恨報復，第五種坐徙朔方，又險
遭暗殺，潛逃匿身；《後漢書》卷四一：

> 中常侍單超兄子匡爲濟陰太守，負勢貪放，（第五）種欲收舉，……
> 遂馳至定陶，閉門收匡賓客親吏四十餘人，六、七日中糾發其臧五、
> 六千萬。種即奏匡，並以劾超。……單超積懷忿恨，遂以事陷種，
> 竟坐徙朔方。超外孫董援爲朔方太守，稸怒以待之。……（孫）斌
> 將俠客晨夜追種，及之於太原，遮險格殺送吏，因下馬與種，斌自
> 步從，一日一夜行四百餘里，遂得脫歸。種匿於閭甄氏數年。

唐衡及其兄唐玹遭趙岐貶議，亦在事後陷害趙氏，趙岐家屬宗親盡遭夷滅，
本人則亡命天涯；同書卷六四：

> 先是中常侍唐衡兄玹爲京兆虎牙都尉，郡人以玹進不由德，皆輕侮
> 之，（趙）岐及從兄襲又數爲貶議，玹深毒恨。延熹元年，玹爲京兆
> 尹，岐懼禍及，乃與從子戩逃避之；玹果收岐家屬宗親，陷以重法，
> 盡殺之。岐遂逃難四方，江淮海岱靡所不歷，自匿姓名賣餅北海市中。

凡此種種迫害士人的凶逆行爲，幾與梁冀所爲無異。更甚者，宦官侯覽、曹
節嗣後又發動兩次大獄，將士人集體死徙廢禁，株連無數；此即所謂「黨錮
之禍」。第一次黨禍發生在桓帝延熹九年：

> 是秋，覽等教張成弟子牢順〔註12〕上書，……九月，詔收（李）膺

〔註12〕《後漢書》卷六七〈黨錮傳〉、卷六九〈竇武傳〉皆作「牢脩」。

等三百餘人，〔註13〕其逋逃不獲者懸千金以購之，使者相望於道；
其所連及，死者不可勝數。（袁宏《後漢紀》卷二二）

第二次黨禍發生在靈帝建寧二年：

大長秋曹節因此諷有司奏捕前黨故司空虞放、太僕杜密、長樂少府
李膺、……太尉掾范滂等百餘人皆死獄中。餘或先歿不及，或亡命
獲免。……其死徙廢禁者六、七百人。（《後漢書》卷六七〈黨錮傳〉）

士人遭遇如此奇禍，幾近趕盡殺絕，情事之慘，即在整部中國歷史中亦罕有
其匹。「高名善士」數百同時「罹被災毒」，對於人心的打擊、風氣的震盪至
爲深鉅，東漢士風至此地步欲不激揚浮動亦不可得。

前文已經述及李固、杜喬、第五種、趙岐等人劾奏懲治戚宦的事例，愈
後戚宦手段愈苛，士人的意氣愈盛，反擊手段亦相對愈猛。《後漢書‧酷吏傳
序》中，范曄嘗提及陽球、張儉之所爲：

閹人親婭侵虐天下，至使陽球磔王甫之屍，張儉剖曹節之墓。若此
之類，雖厭快眾憤，亦云酷矣。（卷七七）

范氏即指出清流士人若干手段十分激烈，甚至可云慘酷。陽球因此被收入〈酷
吏傳〉中。張儉剖墓之事史書未詳載，另有朱穆剖趙忠父墓之一事可考；同
書卷四三：

有宦者趙忠喪父，歸葬安平，僭爲璵璠、玉匣、偶人；（朱）穆聞之，
下郡案驗。吏畏其嚴明，遂發墓剖棺陳屍出之而收其家屬。

趙忠乃與靈帝共同賣官鬻爵之權宦，葬父僭禮，既已下葬，朱穆激於痛惡之
情，竟使吏「發墓剖棺陳屍出之」以案驗。陽球磔屍之事，則見〈酷吏傳〉：

光和二年，（陽球）遷爲司隸校尉。王甫休沐里舍，球詣闕謝恩，奏
收甫及中常侍淳于登……等及子弟爲守令者姦猾縱恣，罪合滅
族；……於是悉收甫、頎等送洛陽獄，及甫子永樂少府（王）萌、
沛相（王）吉。球自臨考甫等，五毒備極。萌謂球曰：「父子既當服
誅，少以楚毒假借老父。」……球使以土窒萌口，箠朴交至。父子
悉死杖下。……乃僵磔甫屍於夏城門，大署牓曰「賊臣王甫」。盡沒
入財產，妻子皆徙比景。（卷七七）

王甫乃迎立靈帝、又與曹節共謀誅除外戚竇武之權宦，獲罪下獄，陽球竟親
自臨問，「五毒備極」，杖殺王甫父子，並僵磔王甫之屍，暴棄示眾。朱穆、

〔註13〕《後漢書》卷六七〈黨錮傳〉作「二百餘人」。

陽球懲治宦官之作爲如此剛猛，自是長久以來雙方堅執對立所蓄積的怨憤意氣所導致。類似之事，尚有滕延收捕中官侯覽、段珪支黨，不分主從，「一切收捕，殺數十人，陳屍路衢。」（《後漢書》卷七八）又成瑨、岑晊收捕桓帝美人外親張汜，遇赦強殺，「並收其宗族賓客，殺二百餘人」等等。（全書卷六七）士人與戚宦相仇相牴，文儒的面目由此而遂變，士風亦不得不變。

　　士人與戚宦對立，其事並不止於積極的抗爭，尚有消極的不交通、不合作。換言之即劃分清濁的壁壘，表明是非的意見。已趨激湍的士風，因此而幻出若干清雅的波瀾。但壁壘森嚴之後，同志相高的心態，終使士人的行爲更具特殊色彩，更遭疑忌，終於被誣爲鉤黨，一時滅盡。然而黨人「激揚名聲，互相題拂，品覈公卿，裁量執政」的政治行爲（見《後漢書・黨錮傳序》），卻已演成新風氣，從此人物之論大盛，歷禍亂而不已。此中演化的情形頗爲複雜，姑試論析如後。范曄在〈荀陳鍾韓列傳〉末論曰：

> 漢自中世以下，閹豎擅恣，故俗遂以遁身矯絜放言爲高；士有不談
> 此者，則芸夫牧豎已叫呼之矣。故時政彌惛，而其風愈往。（《後漢
> 書》卷六二）

范曄所謂「遁身矯絜放言」，正是東漢後期清流士人的典型寫照，也是消極對立的表現重點。「遁身」表現爲不應徵辟、隱退山林；「矯絜」表現爲不交戚宦、明察清濁、強爭善惡、自矜潔素；「放言」表現爲議論時政、譏評當道、臧否人物、標榜相高。種種行爲，在嚴切的對立態度外，又富含風流意味，士風大不類西漢以來的端正平實。臧否標榜聿興，更直接促成人倫品鑒的颷起。今順序敘下。

　　東漢初年，嚴光、逢萌、周黨不事光武，高尚其義，已開高蹈不仕之風；至於季世，時局汙亂，姦佞主政，選舉不中，雜流並進，士人遂激於意氣，相率不應徵辟。當時辟舉多係虛託姿態，又斷不足以有爲，士人殆早知之。不應徵辟一點嗣後竟亦成爲士人的姿態，與眞正的隱逸有辨，而影響士風不小。東漢後期名士多半富有不應徵辟的記錄，如崔寔「三公並辟，皆不就」（《後漢書》卷三七）、陳紀「四府並命，無所屈就」（卷六二）、荀爽「五府並辟，司空袁逢舉有道，不應」（仝上）、李固「五察孝廉，益州再舉茂才，不應；五府連辟，皆辭以疾」（卷六三注引謝承《書》）、鍾皓「前後九辟公府，徵爲廷尉正、博士、林慮長，皆不就」（卷六二）、董扶「前後宰府十辟，公車三徵，再舉賢良方正、博士、有道，皆稱疾不就」（卷八二下）等等。晉葛洪《抱

朴子》亦嘗注意及此，加以指陳曰：

> 昔安帝以玄纁玉帛聘周彥祖，桓帝以玄纁玉帛聘韋休明，順帝以玄
> 纁玉帛聘楊仲宣，就拜侍中；不到。魏文帝徵管幼安不至，又就拜
> 光祿勳，竟不到。……桓帝玄纁玉帛聘徐孺子，就拜太原太守及東
> 海相，不到。順帝以玄纁玉帛聘樊季高，不到。……獻帝時，鄭康
> 成州辟舉賢良方正、茂才，公府十四辟，皆不就；公車徵左中郎博
> 士、趙相、侍中、大司農，皆不起。……法高卿再舉孝廉，本州五
> 辟，公府八辟，九舉賢良，博士三徵，皆不就。桓帝以玄纁玉帛安
> 車軺輪聘姜伯雅，就拜太中大夫、犍為太守，不起。（《抱朴子》外
> 篇〈逸民〉第二）

士人堅持不仕，以為「明夷」之時本當「勿用」，所行本非無據；若清流領袖
郭泰即嘗對人自剖心跡，見《抱朴子・正郭篇》：

> 或勸之以仕進者，林宗對曰：「吾晝察人事，夜看乾象，天之所廢，
> 不可支也。方今運在明夷之交，值勿用之位，蓋盤桓潛居之時，非
> 在天利見之會也。雖在原陸，猶恐滄海橫流，吾其魚也。況可冒衝
> 風而乘奔波乎？未若巖岫頤神，娛心彭老，優哉游哉，聊以卒歲。」
> （外篇〈正郭〉第四六）

然抱朴子隨即批評郭泰「非真隱也」，「誠為游俠之徒，未合逸隱之科」；本篇
題名「正郭」，便為是正郭泰而設；其文曰：

> 按林宗之言，其知漢之不可救，非其才之所辦，審矣。法當仰躋商
> 洛，俯泛五湖，追巢父於峻嶺，尋漁父於滄浪；若不能結蹤山客，
> 離羣獨往，則當掩景淵汻，韜鱗括囊；而乃自西徂東，席不暇溫，
> 欲慕孔墨栖栖之事；……誠為游俠之徒，未合逸隱之科也。有道之
> 世而臻此者，猶不得復廁高潔之條貫，為秘丘之俊民，而修茲在於
> 危亂之運，奚足多哉！（仝前）

郭林宗不受三公之命，結果並未括囊藏影，反而栖栖皇皇結黨問事，無怪抱朴
子不以為然。清流士人之不應徵辟，頗多亦與郭泰相同，未能安靜自守，流於
鳴高要譽，雖已達成抗衡戚宦的初意，却大有浮虛之弊，更造成輕仕進重高蹈
的心理，嗣後魏晉「望白署空，是稱清貴；恪勤匪懈，終滯鄙俗」〔註14〕之
風，未必不由漢末清流啓之。真能棲隱山林不預世事的高士雖非無有，但為數較少，

〔註14〕見《梁書》卷三七〈何敬容傳〉。陳吏部尚書姚察論魏晉風氣。

姑舉二例。若前文引及八辟九舉三徵不就的法高卿（法眞），史載其志行曰：

> （順）帝虛心欲致，前後四徵，眞曰：「吾既不能避形遠世，豈飲洗
> 耳之水哉！」遂深自隱絕，終不降屈。友人郭正稱之曰：「法眞名可
> 得而聞，身難得而見，逃名而名我隨，避名而名我追，可謂百世之
> 師者矣。」（《後漢書》卷八三〈逸民傳〉）

似此「名可得而聞，身難得而見」的高士，其不應徵辟始可謂並非矯作姿態；
雖其人志在避名，而高風潔矩仍得一世之仰慕。又若本節初所述及拒不居喪
放達駭俗的戴良，亦不應徵辟，始終不出；仍見〈逸民傳〉：

> 舉孝廉，不就。再辟司空府，彌年不到。州郡迫之，乃避辭詣府，
> 悉將妻子；既行在道，因逃入江夏山中。優遊不仕，以壽終。（仝前）

州郡迫脅，只可使戴氏舉家「逃入江夏山中」，絕不能使之屈就權貴。法眞恬
靜，戴良狂放，二人取徑不同，卒同歸於隱逸一路。《後漢書》有〈逸民傳〉，
可見東漢社會多故，士民避世者數非一二，漸已成爲風氣。由漢入魏入晉，
中原離亂，更有過於東都，是故隱逸不仕之風始終未斷；清心遠志、雅淡樂
道、任達疏狂之各類人品，亦始終獲得士人的賞歎，成爲時代的新尚。

　　漢季士人嚴交往、分涇渭之作爲，亦是對立戚宦的消極表現之一。士人
既不齒戚宦，當然拒不與之交通，更進而成立清濁的分野，擇交高名善士，
砥礪潔白之行，傲然自矜，矯然自喜，在戚宦的威迫下宛轉求得一己之天地。
個人人格及團體風格得以伸張發展，應是戚宦壓迫士人所導成的意外結果。
據《後漢書》所見，以不交戚宦稱的士人頗多，如樂恢不交外戚陰氏、竇氏
（卷四三）、皇甫規不交宦官（卷六五）、桓彬不交宦官曹節之壻馮方（卷三
七）、蔡邕不交宦官王甫之弟王智（卷六〇下）、傅燮不交宦官趙忠及其弟趙延
（卷五八）等等。前述不顧「曲俗呰尺之羞」往應外戚鄧氏之召的大儒馬融，
自許通達，却以交好鄧氏、梁冀之故，「頗爲正直所羞」（卷六〇上）；此尤能
顯示士人嚴切之態度。嘗被宦官唐衡銜釁迫害亡命天涯的趙岐，娶馬融兄女，
二人成爲親眷，竟也鄙薄馬融之行，「不與融相見」（卷六四）。另外宦官趙忠
之從弟趙苞，自附士族，也深恥堂兄奸惡，「不與忠交通」（卷八一）。最具代
表性的事例應推張讓父喪一事；同書卷六二：

> 時中常侍張讓權傾天下，讓父死，歸葬潁川；雖一郡畢至，而名士
> 無往者；讓甚恥之。〔註15〕

〔註15〕下文云陳寔獨往弔。陳寔厚德君子，或因不願忤物而往弔。

張讓、趙忠乃靈帝呼爲父母者（見〈宦者傳〉），無疑權勢達於頂點，但其父歸葬原郡，闔郡大小或趨炎或畏害紛紛往弔，而潁川滿郡名士竟無一人前往。即此可證士人清己濁人已成風習，故有如此強烈的表現。其風愈往，界限愈嚴，於是宗慈不交非良家子（卷六七）、董班、朱穆「不交非類」〔註16〕、劉陶、張升只交「同志」，〔註17〕終至周乘、李膺只肯交接高名善士：

> 周乘……天資聰明，高崎嶽立，非陳仲舉、黃叔度之儔則不交也。（《世說新語・賞譽第八》注引《汝南先賢傳》）

> 河南尹李膺以簡重自居，不妄接士賓客，勒外自非當世名人及與通家皆不得白。（《後漢書》卷七〇）

類此清貴的行爲，一方面說明士人睥睨一世倨儻自喜的心態，一方面也可見士人同志相結已經漸成勢力。士人據以自高的正是一「清」字——後人稱漢末黨人爲「清流」〔註18〕蓋深有見；范滂以鉤黨被訊，王甫詰以「意欲何爲」，滂曰：

> 臣聞仲尼之言，「見善如不及，見惡如探湯」，欲使善善同其清，惡惡同其汙。謂王政之所願聞，不悟更以爲黨。（《後漢書》卷六七〈黨錮傳〉）

「善善同其清，惡惡同其汙」二語，誠然確爲清流士人的心聲。所謂「清」，乃對「濁」而言，戚宦之貪殘放橫固爲濁，豪門汙吏富賈亦爲濁，甚至僞飾德行、裝點聲名的俗士亦羣目爲濁。「清」先乃主於德性而言，後多主於風流而言。清流本極重德。前文已云東漢士人看重名節太過，行爲趨於激矯，以致漸漸招致反感；激矯之弊早已導發於選舉制度及名教觀念，但漢末清流的矯厲德行以「揚清激濁」亦助成其風氣；雖稍後名教終被看輕，但當時道德風範確一時復振。隨清流之自清而漸長的則是名士風流，其影響既深且久。《後漢書・黨錮傳論》：

> 李膺振拔汙險之中，蘊義生風，以鼓動流俗，激素行以耻威權，立廉尚而振貴勢，使天下之士奮迅感慨，波蕩而從之；……壯矣哉！
> （卷六七）

〔註16〕 分見《後漢書》卷六三注引《楚國先賢傳》、卷四三注引謝承《書》。

〔註17〕 分見《後漢書》卷五七、卷八〇下。

〔註18〕 「清流」一詞，魏世恒見，亦用以泛指正統士人，如《三國志》卷二二〈陳羣傳〉：「陳羣動仗名義，有清流雅望。」又同書卷二三注引沐並《終制》：「吾以材質滓濁，汙於清流，昔忝國恩，歷試宰守。」

范曄論李膺鼓動流俗，造成風生波蕩，其立基即在「激素行」，「立廉尚」，易言之即振起德行以賤下戚宦濁流。同時《世說新語》中亦明言李膺「以天下名教是非爲己任」；〈德行第一〉：

> 李元禮風格秀整，高自標持，欲以天下名教是非爲己任；後進之士，
> 有升其堂者，皆以爲登龍門。

據〈黨錮傳〉所載，范滂其人亦以「嚴整疾惡」見稱：

> 范滂在職，嚴整疾惡。其有行違孝悌、不軌仁義者，皆埽迹斥逐，
> 不與共朝。……（朱）零仰曰：「范滂清裁，猶以利刃齒腐朽。」

漢末清流甚有注重德性的一面於此可知。但清流高自標置，力持清潔，儼然風采動人，漸漸彼等又化出清雅的一面。仍以李膺與郭泰爲例。《後漢書》卷六八：

> 郭泰……乃遊於洛陽，始見河南尹李膺；膺大奇之，遂相友善，於
> 是名震京師。後歸鄉里，衣冠諸儒送至河上，車數千兩。林宗唯與
> 李膺同舟而濟，眾賓望之以爲神仙焉。

李膺、郭泰同負清流雅望，天下宗仰，以爲神仙。神仙之品，乃以清神雅韻見，而非以道德名教見。李膺「不妄接士賓客」（見前引），郭泰「門無雜賓」，〔註19〕除去疾惡斥濁之本心以外，名士雅集，亦即是清雅，即是風流。郭泰一身尚有不少佳話，如：

> 郭泰……嘗於陳、梁閒行遇雨，巾一角墊，時人乃故折巾一角以爲
> 「林宗巾」。其見慕皆如此。（仝前）

漢末士人本多棄冠冕而戴幅巾，意在表明不仕之志與在野之身；法眞、鄭玄不應徵辟已見前引，二人皆以幅巾謁舉主用示不屈（分見《後漢書》卷八三、卷三五），是其著例。今郭泰幅巾飄然，大受仰慕，甚至遇雨折巾一角，亦立即爲人傚俲，此顯然已不是單純的表現不仕態度之比，而可反觀郭泰其人的風流，以及名士風流之爲人歆羨。清流以「矯絜」鳴高，嚴清濁，愼交友，屬德行，種種行爲原先都以汙下戚宦、表現不合作態度爲目標；而行之既久，新趣迭出，反是「清」風「絜」行取代修身志學之故習及不合作之初志而大爲士人所嚮慕追求，人物風格遂有根本的轉變。此下百年間，名士風流日新日盛，人物既新，人物品鑒也隨之而翻新。

　　清流對抗戚宦，在直接劾奏懲治之外，最嚴屬的作法當屬「清議」，即批

〔註19〕見《後漢紀》卷二三，孫戚直謂郭泰。

評時政，譏議當道，鍼砭人物。此種輿論的壓力，使戚宦深受其苦，故對之深惡痛絕；最後發動黨禍，迫害士人，所舉罪狀亦全集中於此點。但當清流敗散之後，「清議」却未隨而消失，反是淨化成為人倫臧否，仍然風行一世。蓋漢末清議大有助於士人的人物觀，士人對於觀察分辨人物從此更加精細，更加慎重，尤其品鑒人物的興趣更加提高。清流的政治行為，移步換形，却演成了後代品鑒人物的雅事。關於清流議政貶人之事，今即舉第一次黨禍時牢順上書告發之語以觀；《後漢紀》卷二二：

> 是秋，侯覽等教（張）成弟子牢順上書曰：「司隸李膺、御史中丞陳蕃、汝南范滂、潁川杜密、南陽岑晊等相與結為黨，誹謗朝廷，迫脅公卿，自相薦舉；三桓專魯，六卿分晉，政在大夫，《春秋》所譏。」
> 九月，詔收膺等三百餘人。

黨錮奇禍之根源，宦官切齒之大恨，便在清流之「誹謗朝廷，迫脅公卿」以及繼此而生的「自相薦舉」，則當時清議的雷厲風發可想而知。清流何嘗欲效三桓的專魯，六卿的分晉，但議政太切，遂貽宦官以口實。清儒趙翼亦嘗指出清議與黨禍有絕對關係；《廿二史劄記》卷五「黨禁之起」條：

> 漢末黨禁，雖起于甘陵南北部及牢脩、朱並之告訐，然其所由來已久，非一朝一夕之故也。范《書》謂桓、靈之間，主荒政繆，國命委於閹寺，士子羞與為伍，故匹夫抗憤，處士橫議，激揚聲名，互相題拂，品覈公卿，裁量國政，自公卿以下，皆折節下之；蓋東漢風氣，本以名行相尚，迨朝政日非，則清議益峻；號為正人者，指斥權奸，力持正論，由是其名益高，海內希風附響，惟恐不及；而為所貶訾者怨刺骨，日思所以傾之；此黨禍之所以愈烈也。

士人「指斥權奸，力持正論」，極力「貶訾」戚宦，遂致名高羣從，海內震動，自然戚宦「怨刺骨」而思報復。清議益峻，而黨禍亦愈烈。清議竟使戚宦必欲徹底除盡士人而後快，其力量之大誠然可驚。清議的力量，史籍中尚有記載可供參證；《後漢書·黨錮傳》序：

> 諸生三萬餘人，郭林宗、賈偉節為其冠，……又渤海公族進階、扶風魏齊卿，並危言深論，不隱豪強。自公卿以下莫不畏其貶議，屣履到門。

又同書卷五三：

> 京師游士范滂等非訐朝政，自公卿以下皆折節下之。

公卿畏遭貶議，低首游士，竟達「折節下之」、「屣履到門」的地步。清議崇而清流尊，至是清流的聲勢確已凌駕於朝廷公卿之上。但清議仍續有發展延伸，並不即限於議政貶人而止。清流的聲勢之高，亦非僅以議政貶人而致。此則須注意牢脩告訐之語中所舉出之另二事，即相與結黨、自相薦舉。二者皆爲清議的延伸，對清流的聲勢頗有助益，對後代的風氣影響更大，須加說明。漢末士人非議當道人物，彼非我是，自必褒重吾道中人；此事理之當然者。朝廷上既有汙位亂國的公卿，草野間寧無多才稱用的賢人？所以郭泰稱王允「一日千里，王佐才也」（同書卷六六），李膺、王暢稱岑晊「有幹國器」（卷六七），諸如此類的評品蓋直接清議而來。另外士人既羣趨於修清尙、砥潔行以自立，以此爲賤下濁流的表現重點，則士人有道德端整、風標巍然足以傲俗者，自即被大加表舉，羣相推重；所以「李元禮（膺）嘗歎荀淑、鍾皓曰：『荀君清識難尙，鍾君至德可師。』」（《世說新語・德行第一》）再後名士風流見慕，雅度逸采凌軼羣倫之人更被捧入雲端，優得上譽；若李膺本人，「世目李元禮：謖謖如勁松下風。」（《世說新語・賞譽第八》）就實言之，「清議」之盛，自然而然使清流走上「自相薦舉」之途；而清議本重聲氣流通，務期造成影響，如今士人情趣相合，是非一致，更易形成「相與結黨」之勢。兩者結合，生出高名，一方面對清流的政治立場大有間接的助益，一方面却又導引清流擺落政治上的論人而開始注意及人物本身的性行才質；人物之論從此大盛，歷政權之更迭而猶不衰。所謂「人物」，依漢末清流之看法，至少可從「才」、「德」、「器」、「識」、以及涵蓋於名士風流之下的風度、氣調等許多方面（例見前）加以認識。此種意見，比之當初漢廷君臣察舉秀、孝但知一本「經明行修」四字取人，其境宇不知開拓了幾何，其精神不知活潑了幾何。通衢既開，後人自可循迹深入。而清流的承先啓後輾轉開路之功實不可忽略。又清流多半不仕養高，以草野之身執是非之論，凡所臧否，不入朝堂，不關任用，不過播風流響，以美名獎許人、以惡名挫辱人而已，故其用語，務求簡單響亮，易傳易記，又務求渾融精到，能概括人物風格；因之此下的人物品鑒的形式亦大爲改變。單言片語既取代以往浩繁的選舉科目及薦進書表，以物爲喻或兩相比較之類的鮮明評語亦日漸滋多。——總而言之，人物品鑒隨清流清議以俱盛，到漢末確已形成極大的風潮，聳動一世的人心，無論內容與形式，都已與前不同。其初起之時，仍然帶有對抗戚宦之矯絜色彩，隨後則轉而富含風流情味。此一陣清風，不但吹遍漢末，甚且拂及魏、晉，

在中國的人物論史上大放光芒。

以上已將漢末人物品鑒風氣大變的各種原因大致說明。從兩漢的鄉舉里選到漢末的臧否人倫，無論品鑒者、品鑒的標準、品鑒的方式、品鑒的目的各方面，二者幾已完全不同。所以如此者，主要可舉出三點緣由，即：名教的反動、選舉不中的打擊、清濁對壘的激盪。其中尤以第三點最為重要。選舉與名教使士風趨於激矯，招致厭倦，人情改趨慕道求達，德性不復成為評斷人物之唯一標準；此第一點之所述。選舉日漸失實，權戚貴宦子弟以人事得舉，佔滿仕途，橫行不法，士人激憤之餘，欲自取銓衡人物之柄以代行；此第二點之所述。戚宦迫害士人甚烈，士人起而對抗，意氣激揚，再非當初文儒之面目；而士人對抗多採消極手段，亦各有影響，如「遁身」使隱逸成風，但又造成輕仕鳴高之風氣；如「矯絜」使道德風範暫時復振，名士風流疆宇初開；如「放言」使結黨題拂蔚然大起，人物品鑒形貌一新；此第三點之所述。凡此種種，相因相成，歷經長期之攪擾，終於形成新風氣。要之人物風氣既新，人物品鑒風氣自亦隨之而新。漢末清流「激揚名聲，互相題拂，品覈公卿，裁量執政」（已見前引）之所為，對於新風氣之形成更有直接的關係。由於此一番風氣變化並非全由外在事勢催成，人物本身亦有新機，故當戚宦消亡，清流敗散，外在事勢變之再三，人物品鑒的新風氣仍能屢折屢續，生生不息。

第二節　新風氣下人物品鑒流行的盛況

東漢中葉以下，由於士風之變化，以及清流名士結黨題拂之直接影響，人物品鑒一時大盛。風尚所及，自漢至晉之長時期中，號為知人之名士極夥，有關品題之故事不勝枚舉，論人物之詞語，論人物之專著鴻文亦斐然可觀，甚至魏晉清談之中，人物亦為主要談題之一。此種情形，非但為考究中國人物論者提供一廣大的領域，即探討魏晉士風以及魏晉學術文化者亦絕不應輕忽視之。此一風氣下的人物品鑒，對於抒發人格的底蘊、推極才性的標致、導引風雅的流趨，俱有極大貢獻。倘非人物品鑒蔚然成風，多數士人投注精力，多方磋磨鑽研，亦必不能有此成就。本節擬羅舉漢末以下各種有關品鑒的新情事，以見當時人物品鑒之盛況。

漢末清流之盛行題拂、自相薦舉，與新風氣之形成蓋有極密切的關係。

清流標榜相高，實即此一風氣的最初表象。誠然清流標榜相高另有其政治意義，其所著眼，並不專在人物本身，但清流稱引人物的作法與意趣，則確然已開一新局，而爲後人所採取承繼。因之清流標榜相高的盛況，即可視爲人物品鑒大盛的先趨。關於標榜相高，兩次黨禍中所引黨人罪狀都嘗及之，可見濁流忌惡之深，亦可見其事之盛。《後漢書・黨錮傳序》中，范曄嘗敘及清流互相標榜的情形：

> 自是正直廢放，邪枉熾結，海內希風之流，遂共相標榜，指天下名士，
> 爲之稱號。上曰「三君」，次曰「八俊」，次曰「八顧」，次曰「八及」，
> 次曰「八廚」；猶古之「八元」、「八凱」也。竇武、劉淑、陳蕃爲「三
> 君」。君者，言一世之所宗也。李膺、荀翌、杜密、王暢、劉祐、魏
> 朗、趙典、朱寓爲「八俊」。俊者，言人之英也。郭林宗、宗慈、巴
> 肅、夏馥、范滂、尹勳、蔡衍、羊陟爲「八顧」。顧者，言能以德行
> 引人者也。張儉、岑晊、劉表、陳翔、孔昱、苑康、檀敷、翟超爲「八
> 及」。及者，言其能導人追宗者也。度尚、張邈、王考、劉儒、胡母
> 班、秦周、蕃嚮、王章爲「八廚」。廚者，言能以財救人者也。

似此「三君」、「八俊」、「八顧」、「八及」、「八廚」的稱號，分明旨在提高清流人物的聲名，以與濁流分庭抗禮；但同時陳蕃、李膺等三十五人遂蒙美號，天下宗仰；此顯然即是一種人物品鑒，而「海內希風之流」「共相標榜」，眾人同議於先，同唱於後，亦顯示標榜一事的通行。范〈序〉中另有如下記載：

> 諸生三萬餘人，郭林宗、賈偉節爲其冠，並與李膺、陳蕃、王暢更
> 相褒重，學中語曰：「天下模楷李元禮，不畏強禦陳仲舉，天下俊秀
> 王叔茂。」

可知太學諸生三萬餘人，並在承流希風之列；李膺、陳蕃、王暢最獲太學諸生景慕，學中共爲標榜，稱三人爲「天下模楷」、「不畏強禦」、「天下俊秀」。此類簡潔的稱號，不但有助於聲望的傳播，而人物形象亦因此而深入人心。標榜一事易致高名，又復頗具趣味，不旋踵即勃然大盛，天下名士，各有稱號，幾於無人無之。例如：

天下忠誠竇游平（竇武）　　　天下琁金劉叔林（劉儒）

天下德弘劉仲承（劉淑）　　　天下通儒宗孝初（宗慈）

天下英秀王叔茂（王暢）　　　天下慕恃夏子治（夏馥）

天下和雍郭林宗（郭泰）　　　天下英藩尹伯元（尹勳）

天下臥虎巴恭祖（巴肅）　　　天下清苦羊嗣祖（羊陟）

海內雋譽范孟博（范滂）　　　海內珍好岑公孝（岑晊）

天下雅志蔡孟喜（蔡衍）　　　海內貴珍陳子麟（陳翔）

海內忠實張元節（張儉）　　　海內彬彬苑仲眞（苑康）

海內所稱劉景升（劉表）　　　海內珍奇胡母季皮（胡母班）

海內才珍孔梁人（孔昱）

（《後漢書・黨錮傳・集解》校補，侯康引自《群輔錄》）

天下良輔杜周甫（杜密）　　　天下稽古劉伯祖（劉祐）

天下忠平魏少英（魏朗）　　　天下才英趙仲經（趙典）

天下冰凌朱季陵（朱寓）　　　海內清平度博平（度尚）

海內嚴格張孟卓（張邈）　　　海內依怙王文祖（王考）

海內光光劉子相（劉翊）　　　海內貞良秦平王（秦周）

（全上《集解》，惠棟引自學中語）

海內通士檀文有（檀敷）　　　海內修整蕃嘉景（蕃嚮）

海內賢智王伯義（王章）　　　天下好交荀伯條（荀昱）

（全上《集解》，王先謙引自《三君八俊錄》）

形勢如此，則清流聲望之高，與夫清流標榜之盛，眞可謂已達一驚人的程度。細察此等辭語，可發現開首四字贊語未必觸及人物眞際，亦可謂此等語標榜的意義仍大於識鑒的意義；但既然每一稱號皆以單一人物爲對象，特別揚譽，則標榜自然仍可算是人物品鑒的一種形式。其後品鑒已經成熟而大興，此種標榜方漸漸沒落。至於清流標榜相高的另一種形態，即建立三君、八俊之類名目，同時以若干類似或相當的人物並稱，頗能簡要交代品鑒的意見，故亦一時大行，比如「平輿二龍」、「陳氏三君」、「賈氏三虎」、「涼州三明」、「荀氏八龍」（詳見後節）之類名目，當時亦層出不窮；直到魏晉之世，風氣始終不竭。

　　再論所謂「汝南月旦評」。《後漢書》卷六八：

　　初，（許）劭與靖俱有高名，好共覈論鄉黨人物，每月輒更其品題，

　　故汝南俗有「月旦評」焉。

汝南許劭與從兄許靖以名士身分雅好覈論人物，鄉黨之中，凡稍見知之人物，皆被兩許提出討論並加以品題；又爲求眞切及求趣味計，所爲品題，類多每月更換一次。此事流傳千古，後人皆慕其風雅，而反少注意其所顯示的人物

品鑒的風尚。兩許好論人物，並非個人行為，亦非孤立事件。必須當時先有如此風氣，許劭等方能以此成名。否則以其布衣之身，不為官宦不司選舉，其所議論，汝南鄉人亦絕不至於羣起重視。〔註20〕此必當時品題人物已成新尚，而許劭等評論特精，方能漸漸引起鄉人的側目與推尊。許劭乘時風而起，應運逢時，於是暴得大名；愈益雋傲，乃有遍覈鄉黨人物之舉。品題人物至於每月一更，新品題一出，立即騰傳鄉人之口，成為月旦盛事，則人物品鑒在漢末應已不是一人一地一時的特殊情事已可不待細考而知。許劭等品覈人物，其實不止行於汝南一郡耳，漢魏之際，許劭的品評聲價極高，尚有頗多故事可觀；同書同卷：

> 曹操微時，常卑辭厚禮，求為己目。（許）劭鄙其人而不肯對。操乃伺隙脅劭，劭不得已曰：「君清平之姦賊，亂世之英雄。」操大悅而去。

曹操一世之雄，竟欲借許劭的品題以提高聲譽，許劭尚鄙其人不肯對。又同書同卷：

> 同郡袁紹，公族豪俠，去濮陽令歸，車徒甚盛；將入郡界，乃謝遣賓客，曰：「吾輿服豈可使許子將見。」遂以單車歸家。

袁紹公族豪俠，畏遭許劭貶議而減損令名，寧可謝客獨歸。又《三國・吳志》卷四：

> 或勸（劉）繇可以（太史）慈為大將軍，繇曰：「我若用子義，許子將不當笑我耶？」但使慈偵視輕重。

劉繇用人，絲毫不敢輕率，以免為許劭笑其不識評量人物。又同書卷一三：

> 太子書報（鍾）繇，……曰：「……若（孫）權復黠，當折以汝南許劭月旦之評。」（注引《魏略》）

魏太子曹丕意圖折服江東孫權，竟欲使用許劭月旦之評作為利器。許劭一介名士，能使名公巨卿歆動如此，蓋完全由於其人物品鑒轟傳遐邇，不可輕視故。許劭恰為時代潮流的領導人物，導引風氣，遂覺清貴非常。諸大人先生豈畏區區一許劭，不過不敢逆忤時代潮流耳。許劭的聲價，便是人物品鑒見重的明徵。

袁紹不敢使許劭見其輿服，確實並非多慮。當時名士品題固能使人高入

青雲，亦大有力量使人汙似塗泥。尤其知名之士若許劭、郭泰者流，其一言半語的褒貶，往往勢如風走，立即傳揚天下。人物品鑒的效力之大正足顯示其事之深入人心。於此姑亦舉證一二。《世說新語·規箴第十》：

> 陳元方遭父喪，哭泣哀慟，軀體骨立。其母憫之，竊以錦被蒙上。郭林宗弔而見之，謂曰：「卿海內之儁才，四方是則，如何當喪錦被蒙上？孔子曰：『衣夫錦也，食夫稻也，於汝安乎？』吾不取也！」奮衣而去。自後賓客絕百所日。

陳元方乃陳寔長子，名紀。當陳寔之喪，郭泰往弔，一見陳紀蒙錦被以取暖，以爲守喪不誠，有違孝道，立即嗔怒而去。此事一經流傳，士人皆不屑陳紀，不肯再相往來，於是百餘日間賓客斷絕。郭泰區區一語，未加考實（其母竊爲蒙上錦被），竟有如是之影響，足見人物品鑒早已流通於社會，並不止爲少數人之事。案：陳紀向有德名，物望甚佳，《先賢行狀》云：「陳紀……至德絕俗，與寔高名並著，而弟諶又配之。每宰府辟召，羔鴈成群。世號『三君』，百城皆圖畫。」（見《世說新語·德行第一》注引）如此人物，仍然無法承當一言之貶，他人更不必論。郭泰廁身清流，或者其舉足輕重，部分乃由於清流之意氣相激，並不全賴品鑒之力；但人物品鑒正因早先獲得清流大力推動，方能迅即深入人心、播爲風氣；故欲談人物品鑒的盛況，絕不應忽略清流之參與。漢末以長於論人著稱者，除去許、郭，尚有符融；《後漢書》將三人合傳，即以此故。符融有一故事亦頗有意趣，本傳：

> 時漢中晉文經、梁國黃子艾並恃其才智，炫曜上京，臥託養疾，無所通接；洛中士大夫好事者承其聲名，坐門問疾，猶不得見。三公所辟召者，輒以詢訪之，隨所臧否，以爲與奪。（符）融察其非眞，乃到太學，並見李膺曰：「二子行業無聞，以豪桀自置，遂使公卿問疾，王臣坐門。融恐其小道破義，空譽違實，特宜察焉。」膺然之。
>
> 二人自是名論漸衰，賓徒稍省，旬日之間，慚歎逃去。（卷六八）

晉文經、黃子艾高名震動京師，至使「公卿問疾，王臣坐門」，然而符融與李膺一加貶議，二人隨即位譽並失，旬日之間無法立足。本傳下文謂二人「後果爲輕薄子，並以罪廢棄」，則符融所鑒果然不差，衆人重其評品，亦非無故；但晉、黃二人所虛託之高名又是何如之名？赫然亦是人物品鑒之名。世人不識其僞，甚至三公辟召人物，猶多詢訪於二人之臧否。將此事與上述一例合觀，可見漢末人物品鑒已極爲風靡，成爲時尚，社會一般人士追隨風氣，即

使虛實真偽尚未能分，亦不肯落於人後，爭以有名之士的臧否為臧否，景附唯恐不及。人物品鑒的效力如此強烈，舍風氣已成亦將無從解釋。

最足以顯示人物品鑒之蔚然成風者，莫過於漢晉之間號為「知人」及「好人倫」的人士之多。以《後漢書》、《三國志》、《晉書》列傳觀之，凡當時知名之士，似乎多有人物品鑒之能。並非當時之人特別長於觀人品人，而是風氣所及人人從事不輟有以致之。就實而言，當時缺乏此項能事者，或即不足以稱為名士；人物品鑒其實已成名士風流的內容之一。東漢以下，歷經魏、晉，其風始終不衰。所謂「知人」，最早《尚書》中已有「知人則哲」之語，原義本指選擇適宜之人擔任適宜之職以參贊政事，完全係政治分上事；《後漢書》中所用「知人」一詞，有時仍屬如此用法；但自東漢中期以降，見稱為「知人」者便漸無銓衡之實而多帶鑒賞之趣，「知人」漸漸成為風流分上事。能予人物以中肯品題而助成風雅者方稱「知人」。許、郭之知人尚有若干政治實用色彩，以後則愈少。無論如何，自漢至晉之一段時期中，有「知人」之稱者為數實夥，確然成為人物品鑒成風的一大旁證。且羅舉以觀其盛況。《後漢書》中所載東漢後期名為知人之人已甚多，如：

（宋）則……拔同郡韋著、扶風法真，稱為知人。（卷二六）

太守法雄之子真，……真頗知人，……雄因大會諸吏，真乃指（胡）廣以白雄，遂察孝廉。（卷四四）

縣令隴西牛述好士知人，乃禮請（爰）延為廷掾，范丹為功曹，濮陽潛為主簿，常共言談而已。（卷四八）

河南尹田歆外甥王諶名知人，歆謂之曰：「……欲自用一名士以報國家，爾助我求之。」（卷五六）

郡將范津名知人，舉（傅）燮孝廉。（卷五八）

荀淑……少有高行，博學而不好章句，多為俗儒所非，而州里稱其知人。（卷六二）

郭泰……性明知人，好獎訓士類。……其獎拔士人，皆如所鑒。（卷六八）

田盛字仲嚮，與郭林宗同好，亦名知人，優遊不仕，並以壽終。（仝上）

南陽何顒名知人，見（荀）彧而異之，曰：「王佐才也。」（卷七〇）

此處所舉多爲某人知賞某人之例，但彼等既有「知人」之名，自不止知賞一二人而已，而必是長於高下人物，素有績效。又如郭泰、田盛、荀淑、何顒之類皆不握用人之柄而名知人，足見人物品鑒愈後愈與政治上之選舉分離，而所謂「知人」之實質亦已大變。《三國志》中所載知人之人如：

太尉橋玄世名知人。（卷一注引魏書）

（傅）巽字公悌，瓖偉博達，有知人鑒。（卷六注引《傅子》）

（夏侯）玄世名知人，爲中護軍，拔用武官，參戟牙門，無非俊傑。（卷九注引《世語》）

先是，（荀）彧言策謀士，進戲志才。志才卒，又進郭嘉。太祖以彧爲知人，諸所進達皆稱職。（卷一〇）

初，（王）脩識高柔于弱冠，異王基於幼童，終皆遠至，世稱其知人。（卷一一）

（杜）畿爲尚書僕射，……世乃服畿知人。（卷一六注引《傅子》）

（陳）羣荐廣陵陳矯、丹陽戴乾，太祖皆用之。後吳人叛，乾忠義死難，矯遂爲名臣，世以羣爲知人。（卷二二）

潁川司馬徽清雅有知人鑒。（〈蜀志〉卷七）

三國政局紛擾，仍不害人物品鑒之繼續盛行，陳羣、荀彧等固然務於拔舉匡濟時艱之英才，傅巽、司馬徽等則頗具清流名士氣味，甚以鑒賞人物自負。漢末諸帝抑清流任濁流，三國領袖如曹操、劉備、諸葛亮、孫權等則均有知人善任之稱，可見亂世尤須注意人物以收輔翼之效。《晉書》中所載知人之人如：

沛國趙元儒名知人。（卷三三）

（裴）楷有知人之鑒。（卷三五）

劉公榮有知人之鑒。（卷四五）

（胡母）輔之少擅高名，有知人之鑒。（卷四九）

（賀）循……雅有知人之鑒，拔同郡楊方於卑陋，卒成名於世。（卷六八）

謝安……常疑劉牢之既不可獨任；又知王味之不宜專城，……由是識者服其知人。（卷七九）

太守王胡之名知人。（卷八三）

> （王）雅以（王）恭等無當世之才，不可大任，……有識之士稱其
>
> 知人。（卷八三）
>
> 州黨稱（嵇）紹有知人之明。（卷八九）
>
> （王）蘊……時以爲知人。（卷九三）
>
> 安北將軍張華雅有知人之鑒。（卷一○八）
>
> 高平徐統有知人之鑒。（卷一一三）

晉世，名士風流孳衍更盛，人人附和風雅而耻近流俗，社會風尚益趨虛浮，然而人物品鑒却隨人物風氣之變化而續獲生機，益趨發達。當時號爲知人者，賞鑒人物多有雋妙之語，能曲曲傳出人物氣韻，於是雋語遂與人物相輔以傳；宋劉義慶《世說新語》中輯錄此等品鑒極多。總之人物品鑒之風起自漢末，掩蓋魏晉，雖迭經世變而無大屈折，單從史書所見名爲知人者之多即可看出。與「知人」同義而出現亦多的另一詞爲「人倫」。「人倫」本指人與人之間相互的道義，但倫又有類別之義，〔註21〕荀子書中已有將「人倫」用爲人之類別之例，〔註22〕至漢晉之際，「人倫」一詞特見通行，遂已完全用以指稱人物高下品類，完全成爲人物品鑒風氣下的新詞語。此一新詞語盛見於史籍，《後漢書》中所見如下：

> 郭泰……性明知人，……雖善人倫，而不爲危言覈論，故宦官擅政
>
> 而不能傷也。（卷六八）
>
> 許劭……少峻名節，好人倫，多所賞識。（仝上）
>
> 許靖……少與從弟劭俱知名，並有人倫臧否之稱。（仝上注引〈蜀志〉）

《三國志》中所見如下：

> 司馬朗……雅好人倫典籍，……時人服焉。（卷一五）
>
> 楊俊……自少及長，以人倫自任，同郡審固、陳留衞恂本皆出自兵
>
> 伍，俊資拔獎致，咸作佳士。（卷二三）
>
> 龐統……性好人倫，勤於長養。（〈蜀志〉卷七）
>
> 顧劭……好樂人倫，……風聲流聞，遠近稱之。（〈吳志〉卷七）

《晉書》中所見如下：

> （王）戎有人倫鑒識，嘗目山濤如璞玉渾金，……。（卷四三）

〔註21〕此義甚古，若《禮記·曲禮下》：「儗人必於其倫。」注云：「倫猶類也。」
〔註22〕見《荀子·富國篇》「人倫並處」注。

（王）衍有重名於世，時人許以人倫之鑒。（仝上）

（武）陔少好人倫。（卷四五）

周浚……以才理見知，有人倫鑒識。（卷六一）

（陶）侃性聰敏，勤於吏職，恭而近禮，愛好人倫。（卷六六）

（劉）隗伯父訥，字令言，有人倫鑒識。（卷六九）

桓彝……有人倫識鑒，拔才取士，或出於無聞，或得之孩抱，時人方之許、郭。（卷七四）

虞悝，長沙人也，弟望，字子都，……俱好臧否，以人倫爲己任。（卷八九）

（王）澄通朗好人倫，情無所繫。（《世說》注引王隱《晉書》）

所謂善人倫、好人倫、愛樂人倫、有人倫鑒識，皆是長於品鑒人物或喜好品鑒人物之意。當時品鑒人物正如善於清談、有才藻理思、美姿容、大音聲之類，成爲名士的身分表徵，不能談人物者，便不易躋身上流名士之列。而各色人等亦競求名士一語之品鑒以成名出身。人物品鑒在當時並不只是虛聲浮影，而確與人物進退大有關係，無怪其能風靡若是。除「知人」「人倫」二詞外，此一段時期的史籍中，「長於鑒識」或「愛好人物」之類文句亦出現甚多，亦全與人物品鑒之風密切相關，暫不一一贅述。

相應於人物品鑒之風而起的現象，尚有品鑒理論的出現與人物傳記的大興。以人物爲主題之討論既多，自然漸漸形諸文字。記錄漢晉之間品鑒人物的故事與詞語最多之作厥爲《世說新語》一書，但此書已至宋世，姑先不論。推展整套品鑒人物之理論的作品，則魏劉卲所作《人物志》可爲代表。依《隋志》子部名家類所載，出於魏晉人之手，大抵屬於人物品鑒理論一類著作者〔註23〕有以下七種：

《士操》一卷　　　　魏文帝撰

《人物志》三卷　　　魏散騎侍郎劉卲撰

《刑聲論》一卷　　　撰者不明

〔註23〕人物品鑒專書，所以收於「名家類」中，蓋因才性名理本可與名家之學相通。《人物志》今傳，其他書若《士緯》仍有佚文可考，依其內容及題名以觀，當皆是人倫識鑒一類著作。可參近人湯用彤氏〈讀人物志〉一文，收《魏晉玄學論稿》中。

　　　《士緯新書》十卷　　　　吳選部尙書姚信撰

　　　《姚氏新書》二卷　　　　仝上

　　　《九州人士論》一卷　　　魏司空盧毓撰

　　　《通古人論》一卷　　　　撰者不明

人物品鑒之發展至於產生多種理論專書，則品鑒之盛極一時豈非可以推知。《士操》等諸書今並亡佚，惟存《人物志》一種；由《人物志》以觀，當時品鑒人物確已建立完密的思想系統，絕非泛泛道來；設非經由無數實際品鑒的經驗，亦無法憑空組成如此理論。本文下章將專章述之。至於人物傳記之大盛，乃魏晉史學上一甚大特色，而顯然與人物品鑒之風亦大有關係。正因人物成爲觀察思辨賞鑒的對象，傳記一類著作乃相應大量產生。依《隋志》史部雜傳類所載，漢晉南朝一段時期中，人物傳記（已括少數不相干之志怪作品）〔註24〕共有二百一十七部、一千二百八十六卷，爲數已不可謂不多，清章宗源《隋志考證》又依《世說》注等補列別傳一百八十四部，〔註25〕則總數更高達四百部以上。其中大部分出於魏晉之世。除志怪之作外，此等傳記包括以下數類作品：

　　個人專傳：如《管輅傳》、《虞翻別傳》等。其數最多，幾乎人人有之，
　　　　　　　不勝枚舉。

　　先賢傳：如《海內先賢傳》、《兗州先賢傳》、《徐州先賢傳》、《交州先賢
　　　　　　傳》、《汝南先賢傳》、《陳留先賢傳》、《魯國先賢傳》、《楚國先
　　　　　　賢傳》、《會稽先賢傳》、《吳先賢傳》、《零陵先賢傳》、《桂陽先
　　　　　　賢傳》、《武昌先賢傳》等。

　　耆舊傳：如《四海耆舊傳》、《益部耆舊傳》、《陳留耆舊傳》、《東萊耆舊
　　　　　　傳》、《襄陽耆舊傳》等。

　　集　傳：如《高士傳》、《逸士傳》、《逸民傳》、《高隱傳》、《孝子傳》、《良
　　　　　　吏傳》、《海內名士傳》、《正始名士傳》、《江左名士傳》、《文士
　　　　　　傳》等。

　　家　傳：如《王朗王肅家傳》、《薛常侍家傳》、《何顒使君家傳》、《王氏
　　　　　　江左世家傳》、《漢南家傳》等。

〔註24〕若《列仙傳》、《列異傳》、《搜神記》、《靈鬼志》之類作品，亦收「雜傳類」
　　　　中，約占全部二百一十七部之五分之一。

〔註25〕見《廿五史補編》第四冊考證，內有詳目。

其　他：如《列女傳》、《美婦人傳》、《名僧傳》、《江東名德傳》、《法師傳》、《尼傳》等。

諸如此類的傳記，雖然廁居史部，但與其認作是史學發達的表現，不如仍視之爲人物品鑒之風影響下陸續衍申而出的人物傳記爲更妥當。以人物爲主題的專書已經如此之多，則其他單篇撰作更可不論。人物之分愈細，人物愈見重視，恰應是品鑒之學愈精愈盛之後的必然結果。

人物品鑒既有新趣又復清雅不俗，雅人名士咸樂從事，漸漸品鑒遂成爲當時士人風雅生活中不可少的一環；換言之，士人的理想人生多包括清談人物一項內容。此但觀察漢晉人的一生事迹便可曉然。於此姑亦舉一早期最著之例，即漢末仲長統的〈樂志論〉。〈樂志論〉自述其理想人生曰：

> 使居有良田廣宅，背山臨流，……安神閨房，思老氏之玄虛；呼吸
> 精和，求至人之彷彿。與達者數子，論道講書，俯仰二儀，錯綜人
> 物。彈南風之雅操，發清商之妙曲。消搖一世之上，睥睨天地之間，
> 不受當時之責，永保性命之期。如是則可以陵霄漢、出宇宙之外矣！
> 豈羨夫入帝王之門哉！（《後漢書》卷四九）

仲長統所述的人生，是一種道家人生，亦是一種名士人生。消搖自在，遊山玩水，吟味老莊，沉潛藝術，俯仰二儀，「錯綜人物」，便是此種人生的內容。魏晉人即使出仕在位——所謂「隱於朝市」，〔註26〕其基本的人生形態亦大抵若是。當時人所感覺興味之事，不在著書立說，不在修身養德，而在風流談論；所談論者，則包括玄學、文學、藝術、人物等等不涉實務的各方面。達者數子一同「錯綜人物」成爲魏晉理想人生中的一項雅事，則人物品鑒當然附麗於新士風的流趨中而同極於大盛。

魏晉清談，在中國學術思想史上向受注意。清談早期以才性名理爲主，人物品鑒盛見談坐，後期則轉較偏重玄學與佛學。今即略以《三國志》中所見談事來徵見當時的人物品鑒之風。卷七：

> 許汜與劉備並在荆州牧劉表坐，表與備共論天下人。汜曰：「陳元龍
> 湖海之士，豪氣不除。」備謂表曰：「許君論是非？」表曰：「欲言
> 非，此君爲善士；欲言是，元龍名重天下。」……備因言曰：「若元
> 龍文武膽志當求之於古耳，造次難得比也。」

〔註26〕魏晉人頗有此種觀念，譬如《晉書》卷八二引鄧粲之語曰：「隱之爲道，朝亦
可隱，市亦可隱。隱初在我，不在於物。」

劉表坐上，諸士共論天下人短長，此不唯富含英雄用世氣概，並且又具名士風流韻味，十足顯示人物品鑒的早期面目。劉表、劉備等皆爲當時仰望的天下英雄，而皆好談人物，無怪天下馳鶩不已。卷四：

> 二月丙辰，帝宴羣臣於太極東堂，與侍中荀顗、尚書崔贊、袁亮、鍾毓、給事中中書令虞松等並講述禮典，遂及帝王優劣之差。帝慕夏少康，因問顗等曰：「……少康收集夏眾，復禹之績；高祖拔起隴畝，驅帥豪傑，芟夷秦、項，包舉寰內；斯二主可謂殊才異略，命世大賢者也。考其功德，誰宜爲先？」顗等對曰：「……至如高祖，臣等以爲優。」帝曰：「……宜高夏康而下漢祖矣。……」（注引《魏氏春秋》）

魏少帝高貴鄉公與臺臣集宴東堂，大論少康、漢祖優劣，彼此往復，頗見盛況。此種人物清談，正如人倫品鑒最常見之形態，乃以人物優劣比較之形式出之；且所論人物不限當時，亦正是人倫品鑒後期的自然發展。〈吳志〉卷八：

> （裴）玄……問子欽齊桓、晉文、夷、惠四人優劣，欽答所見，與玄相反覆，各有文理。

裴玄父子之間，也以桓、文、夷、惠四人優劣爲題對談，再三「反覆」，樂此不疲。卷二一：

> （曹）植初得（邯鄲）淳甚喜，延入坐，不先與談，……乃更著衣幘，整儀容，與淳評說混元造化之端，品物區別之意，然後論羲皇以來賢聖名臣烈士優劣之差，次頌古今文章賦誄及當官政事宜所先後，又論用武行兵倚伏之勢。（注引《魏略》）

曹植與邯鄲淳對談，詞鋒無窮，談題數變，其中如造化品物、政治、兵法、文學等皆是清談常見之內容，而「古今賢聖名臣烈士優劣之差」亦赫然在焉。人物早已成爲清談家的口實，豈是虛語。人物品鑒無論爲實在的優劣品評或虛玄的才性探究，俱係清談的重要主題之一，因之自清談既盛，品鑒亦乘運而大興。

　　最後再引阮籍一事來反觀當時人物臧否在士人之中流通的程度。阮籍佯狂無賴，無所不爲，單於人物絕口不加臧否；《世說新語‧德行第一》：

> 晉文王稱阮嗣宗至愼，每與之言，言皆玄遠，未嘗臧否人物。

阮籍竹林名士，卻並不委隨時風好論人物，反而口中絕無臧否，大與時風不同。晉文王因此稱道阮籍「至愼」。臧否本易招致忌憾，嗣宗之默默，殆爲保身全命計。然而嗣宗見稱「至愼」，則當時人士大約極少能避免評議人物者。至愼之人能逆風氣，其他人便不易企及。評議人物之成爲風氣，由阮籍至愼

之稱當可反求得之。

以上從漢末清流盛相標榜，許氏兄弟汝南月旦評、郭泰、符融之品題故事、史書中所見「知人」及長於「人倫」的士人之眾、品鑒理論及人物傳記專著之多、士人的人生理想、清談的盛談人物以及阮籍的至慎等各種角度加以觀察，在在可以見出漢晉之間人物品鑒的盛況。人物品鑒既然大盛，其時對於人物之看法究竟如何？重心何在？高下何由而分？種種問題自皆有探討之必要。此則詳於下節。

第三節　新風氣下人物品鑒的形式與標準

人物品鑒自漢末清流名士首倡新風之後，歷經魏、晉，風氣大體未變，傳布頗為普及，儼然成為中古文化史上一大特色。所以然者，兩漢鄉舉里選的制度既經破壞，魏、晉九品中正制度徒知護持門第，未能再建立一種嚴正的評選人物的標準，〔註27〕則清流名士以單言片語之標榜品題建構的人物高下議論遂乘間而起，由小宗蔚為大國，花繁葉茂，完全攝合當時的人物風氣，而自成格局，充分發揮寄託人心、抒導性向的作用，對於魏晉名士風流大有附益之功。本節擬就整個人物品鑒新風尚作一詳細之探究，就品鑒者、品鑒的形式、品鑒的標準、品鑒的內容等多方面加以檢討，以期了解當時士人的心情意趣，從而進窺整個魏晉時代之人文特質。

人倫品題之風既然起自漢末清流，如本章第一節所述，而清流的種種作為皆以對立戚宦而生，故其揚清激濁、結黨題拂的意態，對於人物品鑒的本質自始即產生極為深遠的影響，亦可謂自始便已主宰了品鑒的形式與內容。今試分述於下：

第一，新的人物品鑒，並不由當權的天子公卿為之，反而操之於社會仰望的名士之手。案漢代制度，人物高下得失固然多詢訪於街談巷議，所謂「鄉舉里選」，但實際握有銓衡人物之權者，仍為郡守以上的高級官員，而厚寓為國求賢之意。清流則正為選舉失實、鄙薄朝廷而奮起自立，本身雖未能以爵

〔註27〕趙翼《廿二史劄記》卷八「九品中正」條論此甚詳，略謂：「進退人才之權，寄之於下，豈能日久無弊！晉武為公子時，以相國子當品，鄉里莫敢與為輩，十二郡中正共舉鄭默以輩之。……故段灼疏言：『九品訪人，惟問中正，據上品者，非公侯之子孫，即當途之昆弟。』……真所謂『上品無寒門，下品無世族。』高門華閥有世及之榮，庶姓寒人無寸進之路，選舉之弊，至此而極。」

賞榮人，却自負能以風聲顯揚人物，故「高名善士」〔註28〕往往極爲雋傲，主司風裁，卓然自負人物品鑒之任。清流並不堅持排斥以同志自附之朝官，李膺等人亦不拒出仕朝廷，〔註29〕故清流中仍不乏具有政治地位者；然而李膺主持清議，則絕不以其「司隸校尉」之身分爲之，而特以其名士之身分從事。自此而後，名士之具有清望者多好裁奪人物，彼此品題，蔚然成風，人物品鑒遂完全由朝廷選司轉入名士之手。

　　第二，新的人物品鑒，因先有標榜相高之性質，故大抵多言人長處勝處，少言人短處闕處，換言之，即賞鑒的意義大於褒貶的意義。清流本有議政貶人之實，但自朋黨意態日盛，名士風範漸張，譏刺當道早已轉成標榜題拂，一則得以滿足清流對於品論人物日增的興趣，一則仍可兼顧揚清激濁之初心。既云標榜，當然旨在提高清流名士的聲名，故此種人物品鑒多半極言某人之佳勝，抉幽顯微，稱譽惟恐不及。如此風氣，導致其後的品鑒亦習於發掘人物長處，或有德、或有才、或有藝等等，沒口揄揚，而頗少疾言厲色以非詆人者。專意賞鑒實爲此一新風的主要特徵之一。

　　第三，新的人物品鑒，全以簡潔的單言片語出之，既不瑣舉德目，又具涵融之美。本來兩漢人觀人，注重人物的學行積養，亦即是各人在學問、道德、行事、文章等方面的實際成就；兩漢察舉徵辟，便往往標舉「經爲人師，行爲儀表」、「才兼四科，行包九德」〔註30〕等語；但漢末清流既亟於廣通聲氣、建立名望，又只能以流言輩語標榜題拂之方式譽賞人物，則爲播傳迅速普遍計，勿寧採取極其簡明之語句，點明重心，強調特色，以便深入人心。嗣後品鑒成風，仍然承繼此種精神，注重以少數字句點明人物精神所在，而絕不辭費。

　　第四，新的人物品鑒，重清重雅，斥濁斥俗，能多方呈現人物資質，而突破以往舊矩範。兩漢極重德行，敦厲名教，士人惟此是務，黽勉終身；然

〔註28〕《後漢書‧黨錮傳》中謂清流人物皆「海內人譽」、「天下善士」。

〔註29〕清流黨人亦多出仕居官者，《後漢書》記載甚詳。譬如「三君」中之陳蕃，桓帝延熹八年升任太尉，讓曰：「不愆不忘，率由舊章，臣不如太常胡廣；齊七政、訓五典，臣不如議郎王暢；聰明亮達，文武兼姿，臣不如弛刑徒李膺。」王、李亦皆居高位。又九年黨事起，陳蕃上疏爭之，曰：「伏見前司隸校尉李膺、太僕杜密、太尉掾范滂等，正心無玷，死心社稷。」杜、范亦皆有位。見《後漢書》卷六六〈陳蕃傳〉。

〔註30〕前爲東漢光武帝時杜詩薦伏湛之語，後爲明、章之際班固薦謝夷吾之語，分見《後漢書》卷二六、卷八二上。當時此等語甚常見。

而戚宦當道，貪濁非法，遂致政治大壞，風俗大壞。清流崛起，刻意矯挽頹風，欲以絜行清尚自高，並與濁流分涇渭，故其人倫品題，既執守德行甚堅，又甚關注人物之風格，絕不願人沾一絲一毫俗氣濁習而與戚宦有所雷同。同時政衰時亂，清流亦頗看重人物之政治才幹。由此而往，一般自許清高之名士亦競立雅操，尤尚風流，其人物品鑒之標準，亦由德而擴及才、氣、器、識、度、量等各方面，因使人物品鑒的境宇大爲開拓，內容更形豐富。

關於人物品鑒之新形式與新標準，其實大綱大節皆已在風氣方開之初便已大體成立，以上四項說明應已十分明白。但風旨雖不異，因人因時畸重畸輕則仍有之，並非一成不變。況且行之既久，若干枝節上自又有進步與發展，亦不能全爲當初的格局所限。比如漢末三國頗重人物之政治才幹，晉世則已不在意。又如早先只求品鑒之簡明扼要易於流播，稍後則更注重其文字之優美精緻。凡此種種，當在後文隨文申析，暫不細予分辨。

（一）

今先探討當時參與人物品鑒之人究爲何如之人？其身分位望如何？有無何種條件限制？姑以前節所舉長於「知人」「人倫」之人爲例考之。

東漢後期以鑒識人物著稱之人當中，除宋則以鄢陵令身分識韋著、牛述以縣令身分識爰延、范津以郡將身分識傅燮，此三例仍然屬於政治上用人得人，並不與於新品鑒之列；其他若荀淑、郭泰、許劭、許靖、田盛、王謙、法眞、何顒諸人，皆無何政治勢力，亦不爲用人得人，乃純以名士身分及個人興趣進行人物品鑒。荀淑仕不過當塗長，卻爲當時物望所歸，可稱典型名士。郭泰終身不仕，更與政治無關，而曾經李膺等大加揄揚，早負清名。田盛亦終身未仕。何顒列名〈黨錮傳〉，亦是清流中人。許劭、法眞、王謙皆早在少年未仕之時便以天才知人而成名。許劭在汝南立月旦評時，尚爲青年名士，尚未入仕。法眞爲太守法雄之子，入郡省父，遂能爲父識胡廣。王謙爲河南尹田歆外甥，亦藉送客之便爲舅識种暠。當時頗多長於識鑒之人年輩與其名望不成比例，亦可證明人物品鑒不是官方高層之事，而是名士才人之事。

三國時期以鑒識人物著稱之人，若橋玄官至太尉，賞接曹操，似乎有爲國求賢之實；然觀《三國志》注引《世語》曰：「（橋）玄謂太祖（曹操）曰：『君未有名，可交許子將（劭）。』」（卷一）可見橋玄的品鑒仍然無異於許劭的名士雅鑒，初不關其爵位如何。荀彧、陳羣皆確實位當機要，進用不少政治人才，但二人亦有清高之望，荀彧爲荀淑之孫、荀緄之子，陳羣爲陳寔之

孫、陳紀之子，皆承名士門風。王脩、杜畿皆有孝子之名，爲官亦皆敦謹清正；至於二人之識高柔、王基以及李豐、郭冲，則純粹爲私下的雅興，與進用人才毫無牽繫。傅巽、夏侯玄、司馬徽、龐統、顧劭、司馬朗等人位勢各不相同，而爲名士則一。傅巽瓌偉博達，客居荊州時便好品目人物。夏侯玄雖與魏主曹氏世親至好，仕至散騎常侍、中護軍，而嚮慕風流，與鄧颺等號「四聰」「八達」，深自託附名士之流。司馬徽流寓荊州，久依劉備，〔註31〕不仕而名高一時。龐統先被傅巽、司馬徽等賞鑒，遂大用於蜀，後使吳有功，復評品陸績、顧劭、全琮等人，深相結納而還；佳士互相題表，不出雅流之外。顧劭爲江東孫策之壻，少年即與舅陸績同負高名清望。司馬朗嘗任兗州刺史，但立名尤在與鍾繇、王粲辯聖人是否可致太平，清談不倦。

　　晉代以鑒識人物著稱之人，大多有名兼有位；但其時爲官正以風流爲上、勤恪爲下，即使彼輩識拔一人，將之引入仕途，亦不過在官場中聊增一清虛名士而已，爲品鑒者與被品鑒者實皆不純是政治人物。若謝安，官高極品，而見稱爲「江左風流宰相」。〔註32〕張華仕至司空，而賞遇陸機兄弟，以博物能文稱於世（《晉書》卷三六）。王衍雖仕至太尉，終日清談。王戎竹林七賢之一，嵇紹竹林嵇康之子；皆標準名士。裴楷與王戎齊名，風神俊邁，時稱「玉人」，亦是風流人物。王澄少獲王衍賞識，目爲天下人士第一，深與衍等相狎（卷四三）。胡母輔之、武陔、周浚、桓彝皆自少年便有人倫鑒識之才。虞悝、虞望兄弟雅好人倫，高蹈不仕，只在末年一應州命，旋卒。趙元儒仕僅至鄴市長。王胡之官會稽太守、劉昶（公榮）官兗州刺史（卷九四）、劉訥仕終司隸校尉、徐統爲侍中（卷一○七），四人生平不可詳考，但諸所品鑒則仍是風流一脈，顯然與其爵秩無關。賀循以儒學名，王蘊以外戚顯，雖有位勢，而皆寬仁不好政務。

　　綜而言之，自東漢至晉世，以「知人」「人倫」見稱之人，絕大多數具有名士身分，縱然出仕爲官，亦並不有意銓選；其品鑒人物，縱然言及政治才具或繼以引薦登用，亦並不以適人適任爲目的，而大抵只爲對此一人物賞識的表現。當時參與品鑒之人，位可以不高，名則不得不大。有名之人方可以

〔註31〕司馬徽《三國志》無傳，其事略見〈蜀書〉卷五〈諸葛亮傳〉注引《襄陽記》、卷七〈龐統傳〉、卷一一〈向朗傳〉注引《襄陽記》、卷一二〈李譔傳〉、〈吳書〉卷三〈三嗣主傳〉注引《江表傳》。
〔註32〕齊王儉之語，見《南齊書》卷二三本傳。

聳動觀聽而行其鑒譽。以往品鑒人物重在起用賢良，發其功效，被品鑒者成爲注目的重心；如今則名士一語自成風流，品鑒者似乎更是注目的重心。參與品鑒者當然對於人物須有判別之能，換言之即最好精於才性名理，具有此一方面的天才，〔註33〕但富有清談之才、精嫻辭令亦甚關重要，否則所爲品目不切要領或粗陋不文，便不足以揚人，甚至反而毀己。能知人又知言者，即使年事極輕，亦可能成爲人物品鑒的名家。

　　（二）

　　其次當探討人物品鑒的場合與作法。品鑒由名士主持，不干任用，但能以雋語美言傳播於口耳、推揚於風聲，因之文人雅士的談坐應是品鑒最宜施行之場合。前節所舉，如仲長統願與達者數子錯綜人物、劉備與許汜在荊州劉表坐大論天下人、魏帝與羣臣在太極東堂宴集講論，皆是典型的例證。就實而言，人物品鑒本是名士清談的內容，清談的場合亦即是品鑒的場合。至於以文章書表稱道人物者，當時爲量甚少，只能算是此種風氣之衍申而非正格。

　　其時品鑒之術最突出的特徵厥爲瞻形知人：既不考行叩學，亦不多方觀察久加試驗，只相見一面相交數語，便能以其人之風神氣度爲憑而加以品鑒。此種品鑒清新簡至，本身便富有風流韻味，頗合魏晉士人一貫作風。至於何以能爾，何以如此鑒識便能分人高下，自然與時人品量人物著眼於其天才大有關聯。倘如兩漢選舉人物注重通經修行，則豈能在須臾之間得知其人所造所至。關於瞻形即能知人，由東漢中葉以下有不少事例可供舉證；《後漢書》卷四四：

　　　　太守法雄之子（法）眞，從家來省其父。眞頗知人。會歲終應舉，
　　　　雄勅眞助其求才。雄因大會諸吏，眞自於牖間密占察之，乃指（胡）
　　　　廣以白雄，遂察孝廉。既到京師，試以章奏，安帝以廣爲天下第一，
　　　　旬月拜尚書郎，五遷尚書僕射。

法眞少年未經人事，亦並不早諳其父掾吏，不過因大會之頃，避在牖間遠遠觀察，即能當場鑒識胡廣。又同書卷五六：

　　　　時河南尹田歆外甥王諶，名知人。歆謂之曰：「今當舉六孝廉，……

爾助我求之。」明日，諶送客於大陽郭，遙見（种）暠，異之，還
白歆曰：「爲尹得孝廉矣，近洛陽門下吏也。」歆笑曰：「當得山澤
隱滯，乃洛陽吏邪？」……歆即召暠於庭，辯詰職事；暠辭對有序，
歆甚知之，召署主簿，遂舉孝廉，辟太尉府，舉高第。

王諶亦少年名士，今日受託舉人，明日即在送客之際遙見門下吏种暠而知其
不凡。如此鑒識，幾乎可謂神乎其技。正因當時人物品鑒習於瞻形知人，故
稍後復多有後進新人求見品鑒名家以訪得失的故事，而各人亦皆能獲得合宜
的品裁。漢末郭泰鑒速識精，最具特色；同書卷六八：

王柔字叔優，弟澤字季道，林宗同郡晉陽縣人也。兄弟總角共候林
宗，以訪才行所宜。林宗曰：「叔優當以仕進顯，季道當以經術通。
然違方改務亦不能至也。」後果如所言，柔爲護匈奴中郎將，澤爲
代郡太守。

王柔兄弟以同郡鄉人身分求見郭泰，郭泰初見初與言，便當時能知兄弟二人
短長宜適，數十年後果然應驗。三國時，杜畿亦有同類之能；《三國志》卷一
六注引《傅子》：

（杜）畿與太僕李恢、東安太守郭智有好。恢子豐交結英儁，以才
智顯於天下。智子沖有内實而無外觀，州里弗稱也。畿爲尚書僕射，
二人各脩子孫禮見畿。既退，畿歎曰：「孝懿（李恢）無子；非徒無
子，殆將無家。君謀（郭智）爲不死也，其子足繼其業。」時人皆
以畿爲誤。恢死後，豐爲中書令，父子兄弟皆誅；沖爲代郡太守，
卒繼父業。世乃服畿知人。

李豐、郭沖求見杜畿，李原有聲稱，郭則平庸無名；杜畿一談之下，即斷言
李氏滅門，郭家無虞；後皆竟如所言。杜畿所斷頗已超出人物才性之外，或
者出於後人的附會增益，但當時品鑒人物自有如此作風，後人方能就此加以
渲染。稍後，劉昶觀人亦不遜郭、杜；《晉書》卷四五〈武陔傳〉：

（武）陔沈敏有器量，早獲時譽，與二弟韶叔夏、茂季夏並總角知
名，雖諸父兄弟及鄉閭宿望莫能覺其優劣。同郡劉公榮有知人之鑒，
常造（武）周，周見其三子焉。公榮曰：「皆國士也。元夏最優，有
輔佐之才，陳力就列，可爲亞公。叔夏、季夏不減常伯、納言也。」

武陔兄弟之高下，即其諸父鄉老亦難以判分，劉昶一見則片言而決，終亦無
誤。觀人察物有此妙道，允爲人物品鑒的甚大轉變。

　　王柔兄弟及武陔兄弟皆在總角之年便經名家法眼鑒識，當時的人物品鑒，非惟品鑒者往往甚為年少，被品鑒的對象更經常只在童齡；其時的觀念大抵以為人物秀異與否出自天生，由小可以知大，故可不甚顧及後天的長養。童齔孩提已蒙鑒譽的事例，比比皆是，下引一條尤有名；《三國志》卷二一：

　　　　獻帝西遷，（王）粲徙長安，左中郎將蔡邕見而奇之。時邕才學顯著，
　　　　貴重朝廷，常車騎填巷，賓客盈坐；聞粲在門，倒屣迎之。粲至，年
　　　　既幼弱，容狀短小，一坐盡驚。邕曰：「此王公孫也，有異才，吾不
　　　　如也。吾家書籍文章當盡與之。」年十七，司徒辟，詔除黃門侍郎。

蔡邕以漢末名儒倒屣以迎幼弱短小之王粲，滿座盡驚。邕蓋先已一見王粲，奇其異才，因有如此舉措。王粲經此揄揚，名聲大著，十七歲便幾乎邁登朝廊。〔註34〕類似之例，後世尚多，若同書卷一一：

　　　　初，（王）脩識高柔于弱冠，異王基於幼童，終皆遠至，世稱其知人。

三國王脩亦在高柔、王基少時已知其必能有成。《晉書》卷七四：

　　　　桓彝……性通朗，早獲盛名，有人倫識鑒，拔才取士，或出於無聞，
　　　　或得之孩抱，時人方之許、郭。

晉代桓彝更以能得人於孩抱著稱。漢末許劭年方十歲，已為謝甄所賞鑒，稱為「希世偉人」，推尊之重，幾乎不似可施之於十齡小童之身；《世說‧賞譽第八》：

　　　　許劭字子將，虔弟也。山峙淵停，行應規表。召陵謝子微高才遠識，
　　　　見劭十歲時，歎曰：「此乃希世之偉人也！」（注引《海內先賢傳》）

晉世胡豪苻堅，年方七歲，已為徐統所賞鑒，稱有「霸王之相」，嗣後苻堅立國僭號，雄霸一方，完全應驗當初徐統之言；《晉書》卷一一三：

　　　　苻堅……年七歲，聰敏好施，舉止不踰規矩。……（苻）洪每曰：「此
　　　　兒姿貌瓌偉，質性過人，非常相也。」高平徐統有知人之鑒，遇堅
　　　　於路，異之，執其手曰：「苻郎，此官之御街，小兒敢戲於此，不畏
　　　　司隸縛邪？」堅曰：「司隸縛罪人，不縛小兒戲也。」統謂左右曰：
　　　　「此兒有霸王之相。」左右怪之，統曰：「非爾所及也。」

此類事例，其實正可印證當時品鑒瞻形知人的基本觀點：當時以為人物本身——包括外在的儀狀言語及內在的精神——即可作為品鑒的絕對根據，不待

────────────────

〔註34〕傳云十七歲，司徒辟，詔除黃門侍郎，以西京擾亂故，皆不就，隨後即至荊
　　　　州依劉表。

綜觀詳考其人的行爲處事；並且今日品鑒即可作爲定論，不須考慮其人他日進益變化之可能。所以蔡邕賞鑒王粲之類事方能在漢晉之間盛行一時。

（三）

繼此當類析人物品鑒的數種基本形式。當時品鑒既只是口耳相傳，風流談論，則人物定品只在單言片語間。以今日所見記載觀之，所有既成的品鑒，皆以極簡單的語句表現。或有數人看法不盡相同，辯爭久之，但當其達成公議，仍然只是一二語。不過此一二語表出的形式可有若干變化而已。於此即當先行解釋兩個名詞，即「標榜」與「題目」。兩詞皆出於漢末。「標榜」見《後漢書・黨錮傳序》，「題目」見〈許劭傳〉。《後漢書集解》引《通鑑》胡注曰：「立表以示人曰標，揭書以示人曰榜。標榜猶言表揭也。」「標榜」在漢末正係以極明確數字標舉某人之意。曹操見許劭「求爲己目」，《後漢書》李注曰：「令品藻爲題目。」「題目」亦猶爲文命題、畫龍點睛，乃以精簡之語詞勾畫某人之意。新的人物品鑒初起之時，便常以「標榜」、「題目」的形式出之。但觀此兩詞，也可知當時的品鑒之必簡明不煩。黨錮諸賢互相標榜的用語，除「三君」「八俊」等共號外，主要尤在個人的美稱，見諸〈黨錮傳〉的如：

> 天下模楷李元禮
>
> 不畏強禦陳仲舉
>
> 天下俊秀王叔茂

類此稱號在漢末盛極一時，幾可謂人人有之，可算是早期的主要品鑒形式。《後書・許劭傳》載曹操求許劭爲之題目，許劭不得已而目曰：

> 君清平之姦賊，亂世之英雄。

此種明快的詞語，刻劃人物既顯，播諸口中又通順曉暢，易於傳佈，更成爲當代人物品鑒的典型模式。漢末至東晉同一風氣下人物品鑒的形式，基本上都由「標榜」與「題目」孳衍而生，並且都保有其簡潔明朗的特性。

漢末清流的標榜，前節已經詳列。爲便說明，此處再以「八俊」及「八及」爲例。除《後漢書・黨錮傳》所載三例外，據清儒侯康、惠棟、王先謙搜羅所得，當時三君、八俊、八顧、八及、八廚各有一美稱，如八俊爲：

> 天下模楷李元禮（李膺）
>
> 天下好交荀伯條（荀翌）
>
> 天下良輔杜周甫（杜密）
>
> 天下英秀王叔茂（王暢）

天下稽古劉伯祖（劉祐）

天下忠平魏少英（魏朗）

天下才英趙仲經（趙典）

天下冰凌朱季陵（朱㝢）

八顧之稱號全與此同類。八及則為：

海內忠實張元節（張儉）

海內珍好岑公孝（岑晊）

海內所稱劉景升（劉表）

海內貴珍陳子麟（陳翔）

海內才珍孔梁人（孔昱）

海內彬彬苑仲真（苑康）

海內通士檀文有（檀敷）

海內□□翟□□（翟超）〔註35〕

八廚之稱號全與此同類。〔註36〕細審此等稱號，可發現其形式極為一律，皆為七言句，上四字係稱譽語，以「天下」或「海內」起首，下三字人名則稱字不稱名，上四字之末一字與下三字之末一字叶韻。一律的形式與應和的音節，顯然為求其琅琅上口，易於流傳。以後來的品鑒相較，如此形式過於拘泥，內涵亦嫌浮泛，並不足以具體表彰人物之真貌，若「海內所稱劉景升」，其實未能針對人物作實際的評品；而「海內貴珍陳子麟」與「海內才珍孔梁人」有何異同，亦殊難明確判分；故後來的品鑒雖然大體採取清流標榜之簡明扼要，却少再沿用其固定拘束之句法。然而七字韻語之響亮可誦，誠為他法所難及，是故直至晉世，類似品題亦未完全絕迹，比如：

後進領袖有裴秀（《晉書》卷三五）

洛中英英荀道明（荀閶，全上卷三九）

嶷然稀言江應元（江統，全上卷五六）

盛德絕倫郗嘉賓（郗超，全上卷七五）

江東獨步王文度（王坦之，全上）

〔註35〕翟超之稱號今已不見，但依「八及」固定稱號形式，可知其形式當係「海內□□翟□□」。

〔註36〕「八廚」之中，劉儒之稱號今亦已不見。案：《後漢書・黨錮傳序》所引劉儒恐有誤。疑當作劉翊。王氏《集解》引惠棟語，謂《三君八俊錄》中無劉儒有劉翊。劉翊有稱號，曰「海內光光劉子相」。

此五例，顯然與八俊、八及的標榜口號相類，可知此種形式尚爲後人沿用不輟。
裴秀字季彥，該句爲強調「後進領袖」而寧用裴秀本名，不稱其字，則是隨宜
而小加變化。七字韻語小加變化成爲六字、八字者，《晉書》中亦可得其例：

> 石仲容，姣無雙。（石苞，卷三三）

> 渤海赫赫，歐陽堅石。（歐陽建，仝上）

無論六字、八字，讀來仍舊鏗鏘有力，以之品題人物，效果仍舊鮮明。漢晉
之間人物品鑒的形式，此爲最早的一種，亦爲最簡單最響亮的一種。

漢末清流名士結黨題拂，自立三君、八俊等目，當時及後世師法此等共
號者亦頗不少。此等名目，一方面可以同時推譽若干人物，再則又能並舉迹
近品同的人物以收比較之功，又且文字簡潔清空不勞多語，更易深入人心建
立印象，因之爲品鑒者所好採用。漢末若平輿二龍、陳氏三君、賈氏三虎、
涼州三明、荀氏八龍等名稱已是層出不窮：

> 許劭……有高名，……兄虔亦知名，汝南人稱平輿淵有二龍焉。（《後
> 漢書》卷六八）

> 陳寔……有六子，紀、諶最賢，……父子並著高名，時號三君，每
> 宰府辟召，常同時旌命，羔雁成羣。（仝上卷六二）

> 賈彪……兄弟三人，並有高名，而彪最優，故天下稱曰：「賈氏三虎，
> 偉節最怒。」（仝上卷六七）

> 初，（段）頴與皇甫威明、張然明並知名顯達，京師稱爲「涼州三明」
> 云。（仝上卷六五）

> 荀淑……有子八人，儉、緄、靖、燾、汪、爽、肅、專，並有名稱，
> 時人謂之八龍。（仝上卷六二）

三國時代，諸葛誕等亦自立「四聰」、「八達」、「三豫」之目，以相標榜；另
蜀地有所謂「馬氏五常」：

> 是時當世俊士散騎常侍夏侯玄、尚書諸葛誕、鄧颺之徒，共相題表，
> 以玄、疇四人爲「四聰」，誕、備八人爲「八達」，中書監劉放子熙、
> 孫資子密、吏部尚書衞臻子烈三人咸不及此，……容之爲「三豫」；
> 凡十五人。（《三國·魏志》卷二八注引《世語》）

> 馬良字季常，……兄弟五人，並有才名，鄉里爲之諺曰：「馬氏五常，
> 白眉最良。」良眉中有白毛，故以稱之。（《三國·蜀志》卷九）

至於晉世，此類稱號更屬常見，譬如「八達」，東晉又復有之：

> 初至，屬（胡母）輔之與謝鯤、阮放、畢卓、羊曼、桓彝、阮孚散
> 髮裸裎，閉室酣飲已累日，（光）逸將排戶入，……遽呼入，遂與飲，
> 不舍晝夜。時人謂之八達。（《晉書》卷四九）

當時以「八」為數之稱號尚有八裴、八王、八達、八伯等等：

> 初，裴、王二族盛於魏晉之世，時人以為八裴方八王：（裴）徽比王
> 祥、楷比王衍、康比王綏、綽比王澄、瓚比王敦、遐比王導、頠比
> 王戎、邈比王玄云。（《晉書》卷三五）

> 安平獻王（司馬）孚字叔達，宣帝次弟也。初，孚長兄朗字伯達，
> 宣帝字仲達，孚弟馗字季達，恂字顯達，進字惠達，通字雅達，敏
> 字幼達，俱知名，故時號為八達焉。（仝上卷三七）

> 溫嶠、庾亮、阮放、桓彝同志友善，並為中興名士。時州里稱陳留
> 阮放為宏伯、高平郗鑒為方伯、泰山胡母輔之為達伯、濟陰卞壼為
> 裁伯、陳留蔡謨為朗伯、阮孚為誕伯、高平劉綏為委伯，而（羊）
> 曼為䶍伯，凡八人，號「兗州八伯」。（仝上卷四九）

以「三」為數之稱號則更多，如三張、三俊、越府三才、洛中三嘏、中興三
明、會稽三康、王氏三少等等：

> （張）亢字季陽，才藻不逮二昆，……時人謂載、協、亢……曰三
> 張。（《晉書》卷五五）

> 顧榮字彥先，吳國吳人也，……吳平，與陸機兄弟同入洛，時人號
> 為三俊。（仝上卷六八）

> 時稱（東海王）越府有三才：潘滔大才、劉輿長才、裴邈清才。（仝
> 上卷六二）

> 劉恢……祖宏，字終嘏，光祿勳；宏兄粹，字純嘏，侍中；宏弟潢，
> 字沖嘏，吏部尚書；並有名中朝。時人語曰：「洛中雅雅有三嘏。」
> （仝上卷七五）

> 諸葛恢字道明，……于時潁川荀闓字道明，陳留蔡謨字道明，與恢
> 俱有名譽，號曰「中興三明」。（仝上卷七七）

> 孔愉字敬康，……與同郡張茂字偉康、丁潭字世康齊名，時人號曰
> 「會稽三康」。（仝上卷七八）

（阮）裕亦目（王）羲之與王承、王悅爲王氏三少。（全上卷八〇）

「三」數、「八」數以外，用其他數目之同類稱號亦偶有之，如二陸、四友、五儁、五龍、六龍等等：

時人謂……陸機、雲曰「二陸」。（《晉書》卷五五）

胡母輔之……與王澄、王敦、庾敳俱爲太尉王衍所昵，號曰四友。（全上卷四九）

（薛）兼清素有器宇，少與同郡紀瞻、廣陵閔鴻、吳郡顧榮、會稽賀循齊名，號爲五儁。（全上卷六八）

（索）靖少有逸羣之量，與鄉人汜衷、張甝、索紾、索永俱詣太學，馳名海内，號稱「敦煌五龍」。（全上卷六〇）

溫羨字長卿，……兄弟六人並知名於世，號曰六龍。（全上卷四四）

卞壼字望之，……父粹，……兄弟六人並登宰府，世稱「卞氏六龍，玄仁無雙。」玄仁，粹字也。（全上卷七〇）

另竹林七賢、建安七子，則皆用七數。當時建立此類稱號，頗以「八」與「三」爲常數，而少用二、四、五、六其他諸數，顯係深受漢末「三君」、「八俊」名稱的影響。

　　由上引許多例子考察，自漢末以迄魏晉，人物品鑒慣用的一大形式便是將數人賦予一共同稱號。如此，則所譽賞者即數人一齊，不止一人。其實此種形式不過汎舉數人，配以佳字，未曾觸及各人的眞實佳處，而且仍然具有極濃重的標榜意味，並不足爲一種精細的品鑒。所謂用佳字，比如三君、三才、三俊、五儁、八達，一字之褒已十分醒目；又如二龍、六龍、八龍、三虎，用龍字虎字等於美言比喻；亦有字面本無稱美意義，但以並舉而示其並美之意，如用姓爲稱之二陸、三張、八裴、八王，用字爲稱之涼州三明、中興三明、洛中三駵、會稽三康、馬氏五常及司馬氏八達。此種稱號偶亦混雜以叶韻的形式而有比較的性質，如：

荀氏八龍，慈明無雙。〔註37〕

卞氏六龍，玄仁無雙。

賈氏三虎，偉節最怒。

馬氏五常，白眉最良。

〔註37〕見《後漢書》卷六二〈荀淑傳〉。

各句上下兩段末字皆叶，而在荀氏八子、卞氏六子、賈氏三子、馬氏五子中則顯然突出荀爽、卞粹、賈彪、馬良特加稱道。比較本係當時人物品鑒的最重要的形式之一。下引二條亦是共稱而帶比較性質者：

> 京都三明並有名，蔡氏儒雅荀葛清。〔註38〕

> 時稱越府有三才：潘滔大才，劉輿長才，裴邈清才。

要之，人物品鑒的形式本來有限，在有限的方法中尋求變化，乃自然而不可免者。人物品鑒即因此而更爲多采多姿。

今論人物品鑒的另一最主要形式，即以人物與人物相比較而分其高下。如此方式，亦能製造鮮明的印象，不須多言已可達到品鑒的目的。自古論人本有比較一法，如孔門弟子有「柴愚、參魯、師辟、由喭」之辨，顏淵與子貢有聞一知十、聞一知二之差等等；迨漢晉之世，人物品鑒開始大量使用此法，成爲當代新風潮中的顯著特色，並且在細節運用上亦饒富變化，頗有可觀，自然不應忽視。

前文曾經提及，王柔、王澤兄弟曾求見郭泰以訪才行所宜，武周亦曾請劉昶鑒其三子高下；郭泰、劉昶之所鑒，其實已是一種人物比較。上節所云魏少帝高貴鄉公君臣論夏少康、漢高祖優劣、以及裴玄父子論桓、文、夷、惠四人優劣，此類清談，分明亦是一種人物比較，不過其所牽及的人物不限於今人而已。人物比較最基本的形態，即以某甲方某乙。某甲既可與某乙相提並論，則其人如何豈不已大體可知？若嫌意義不顯，可略再加一詞形容。普初以八裴「方」八王，已見上引；此種品鑒之例，猶尚多有，如：

> 正始中，人士比論，以五荀方五陳：荀淑方陳寔，荀靖方陳諶，荀爽方陳紀，荀或方陳羣，荀顗方陳泰。(《世說·品藻第九》)

> 文立，……蜀時游太學，專《毛詩》、《三禮》，師事譙周，門人以（文）立爲顏回，陳壽、李虔爲游、夏，羅憲爲子貢。(《晉書》卷九一)

荀、陳以及裴、王門風既美，子弟復多，譙周弟子亦盛，因而被人一一舉以爲比；一般情形則多只就一、二人作比，如：

> （王導）二弟穎、敞，少與導俱知名，時人以穎方溫太眞，以敞比鄧伯道。(《晉書》卷六五)

> 王濛……與沛國劉惔齊名友善，……時人以惔方荀奉倩，濛比袁曜

〔註38〕此「京都三明」即上引之「中興三明」，即蔡謨道明、荀闓道明、諸葛恢道明。見《晉書》卷七七。「越府三才」見《晉書》卷六二。

卿，凡稱風流者舉漾、悵爲宗焉。（全上卷九三）

庾亮嘗謂（周）顗曰：「諸人咸以君方樂廣。」（全上卷六九）

謝尚，……司徒王導深器之，比之王戎，常呼爲「小安豐」。（全上
卷七九）

北海邴春少立志操，寒苦自居，負笈遊學，鄉邑咸以爲邴原復出。（全
上卷八八）

就品鑒之本質言，若周顗能方樂廣、謝尚能方王戎，樂、王皆是先已著稱的
名士，則周顗、謝尚的才品風格如何應已可想而知。但有時兩人相比的問題
並不如是單純，譬如人物的才能質性不止一種，可分別與不同的人物相對應；
如此則品鑒之語尚須附帶有解釋。如：

（高貴鄉）公神明爽儁，德音宣朗，罷朝，（司馬）景王私曰：「上
如何主也？」鍾會對曰：「才同陳思，武類太祖。」（《三國志》卷四
注引《魏氏春秋》）

成公簡……性朴素，不求榮利，潛心味道，罔有干其志者。默識過
人。張茂先每言：「闇清靜比楊子雲，默識擬張安世。」（《晉書》卷
六一）

尚書梅陶與親人曹識書曰：「陶公（陶侃）機神明鑒似魏武，忠順勤
勞似孔明。」（全上卷六六）

此三例皆是以一人比二人，並在某方面同此、某方面同彼之中再綴一語加以
說明。此類品鑒的形式後來應用極盛，士人皆甚重視自身與何人爲比，倘自
認有所不倫，則百般不受，以免影響個人的聲望；如劉惔不肯方袁羊，又不
肯方范汪，終於得方荀粲；又如桓溫不肯方王敦，必欲得方劉琨：

（劉）惔少清遠，有標奇，……人未之識，惟王導深器之。後稍知
名，論者比之袁羊。惔喜，還告其母。其母……謂之曰：「此非汝比，
勿受之。」又有方之范汪者。惔復喜，母又不聽。及惔年德轉升，
論者遂比之荀粲。（《晉書》卷七五）

初，（桓）溫自以雄姿風氣是宣帝、劉琨之儔，有以其比王敦者，意
甚不平。及是征還，於北方得一巧作老婢，……一見溫，便澘然而
泣；溫問其故，答曰：「公甚似劉司空。」溫大悅。……又呼婢問，
婢云：「面甚似，恨薄；眼甚似，恨小；……。」溫於是褫冠解帶昏

然而睡，不怡者數日。（仝上卷九八）

如此故事，顯然可以作爲有力的旁證，以見比較之一法確實爲當時人物品鑒的重要形式，確可表示褒貶。若非如此，劉惔、桓溫又何必爭之太亟？由是而再進，品鑒人物更有以無可與比爲言者：

> 陳羣與孔融論汝、潁人物，羣曰：「荀文若、公達、仲若、友若、仲豫，當今並無對。」（《三國志》卷一○注引《荀氏家傳》）

> （王）衍……衆咸異之，……武帝聞其名，問（王）戎曰：「夷甫當世誰比？」戎曰：「未見其比，當從古人中求之。」（《晉書》卷四三）

陳羣謂荀彧諸人「當今並無對」，王戎謂王衍「當世未見其比」，此種品鑒，乃是自以此方彼的形式稍加變化而來，褒賞的意味則更重。

不同人物既可兩相比較，自然又生人物優劣之品論。漢晉人物品鑒其實較少直接序次當代人物高下，議論古人優劣則較多，緣於當時的品鑒注重賞析人物的特質尤在於臧否褒貶之上，故寧可用心在分析各人的短長，而不甚斷言其人之高下。但微婉的人物高下之論仍偶有之，如：

> （王）衍有重名於世，時人許以人倫之鑒，尤重（王）澄及王敦、庾敳，嘗爲天下人士目曰：「阿平第一，子嵩第二，處仲第三。」（《晉書》卷四三）

> （王）濟曰：「臣叔殊不癡。」因稱其美，帝曰：「誰比？」濟曰：「山濤以下，魏舒以上。」（仝上卷七五）

> 初，孝武帝爲晉陵公主求壻，……（王）珣對曰：「謝混雖不及眞長，不減子敬。」（仝上卷七九）

> 或問林公：「司州何如二謝？」林公曰：「故當攀安提萬。」（《世說·品藻》第九）

以上四例，王衍之語最爲直接，其餘即使已分高下，用語仍然加以修飾，如謂王湛在某以下、某以上，謝混不及某、不減某，王胡之上攀某、下提某。其時議論人物優劣的品鑒語句多附帶有若干解說，劣於此者優乎彼，各人的長處特色恒皆並提，次第的用意淡，比析的趣味深。姑先列舉最常見之形式，即甲某方面「不如」乙、某方面又「過之」：

> 顧劭嘗與龐士元宿語，問曰：「聞子名知人，吾與足下孰愈？」曰：「陶冶世俗，與時浮沈，吾不如子；論王霸之餘策，覽倚伏之要害，

吾似有一日之長。」（《世說・品藻第九》）

（孫）權問諸葛恪曰：「樊建何如宗預也？」恪對曰：「才識不及預，而雅性過之。」（《三國・蜀志》卷五）

司馬文王問武陔：「陳玄伯何如其父司空？」陔曰：「通雅博暢，能以天下聲教爲己任者，不如也；明練簡至，立功立事，過之。」（《世說・品藻第九》）

問曰：「論者以君方庾亮，自謂何如？」答曰：「端委廟堂，使百僚準則，（謝）鯤不如亮；一丘一壑，自謂過之。」（《晉書》卷四九）

（戴）邈字望之，……才不逮若思，儒博過之。（仝上卷六九）

明帝嘗從容問王廙曰：「二荀兄弟孰賢？」廙答以（荀）闓才明過（荀）邃；帝以語庾亮，亮曰：「邃眞粹之地，亦闓所不及。」由是議者莫能定其兄弟優劣。（仝上卷三九）

王中郎嘗問劉長沙曰：「我何如苟子？」劉答曰：「卿才乃當不勝苟子，然會名處多。」（《世說・品藻第九》）

支道林問孫興公：「君何如許掾？」孫曰：「高情遠致，弟子早已服膺；一吟一詠，許將北面。」（《世說・品藻第九》）

亦有某方面可相當，某方面則或「不如」或「過之」者：

（王）導改容謝之，謂庾亮曰：「懷祖（王述）清貞簡貴，不減祖父，但曠淡微不及耳。」（仝上卷七五）

陳郡謝鯤、潁川陳敳皆儁朗士也，……相謂曰：「裴憲鯉亮弘達，通機識命，不知其何以如父然？至於深弘保素，不以世務嬰心者，其殆過之。」（《御覽》卷四四五引王隱〈晉書〉）

此類形式變化多有，若謝安，人云大體皆同王導，但文雅「過之」：

（謝）安每鎭以和靖，御以長算，德政既行，文武用命，……人皆比之王導，謂文雅過之。（仝上卷七九）

又若胡威父子，皆以清名，但胡威自云其清「不如」乃父：

武帝語及平生，因歎其父清，謂威曰：「卿孰與父清？」對曰：「臣不如也。……臣父清恐人知，臣清恐人不知，是臣不及遠也。」（仝上卷九〇）

又若荀崧，王濟稱其名理「不及」乃父，德性則同於乃祖：

> 荀崧，……太原王濟甚相器重，以方其外祖陳郡袁侃，謂侃弟奧曰：
> 「近見荀監子，清虛名理，當不及父；德性純粹，是賢兄輩人也。」
> （全上卷七五）

上舉各例，形式雖有若干變化，其實仍不出人物相比論的基本形態；雖稍有優劣之意，而評定人物但就某方面比其高下，分明可見賞析的意味較重，臧否的意味較輕。循此又稍變化，品鑒的形式又有所謂「兼之」者，先列舉數人長處，再以某人總兼其長，如：

> 人云：（阮）裕骨氣不及逸少，簡秀不如眞長，韶潤不如仲祖，思致不如殷浩，而兼有諸人之美。（全上卷四九）

> 王導嘗謂（虞）騑曰：「孔愉有公才而無公望，丁潭有公望而無公才，兼之者，其在卿乎！」（全上卷七六）

此種句法，等於稱譽阮裕骨氣、簡秀、韶潤、思致俱佳，虞騑才、望俱佳，在此一系列的品鑒形式中當爲稱譽意味最濃厚的一種。

此外又有另一類品鑒，仍是採用人物比論的形式，而高下優劣之意極淡，用意不過求能昭顯各人才性、行迹、風格之不同而已。此種形式，必須把握立言的基準，協調雙方的輕重，力求銖兩悉稱，各得其所。其事並不容易，然而甚有趣味。漢末許劭、蔡邕、郭泰已用如此形式作品鑒：

> （許）劭曰：「太丘道廣，廣則難周；仲舉性峻，峻則少通。」（《後漢書》卷六八）

> 汝南陳仲舉、潁川李元禮二人，共論其功德，不得定先後。蔡伯喈評之曰：「陳仲舉彊於犯上，李元禮嚴於攝下；犯上難，攝下易。」（《世說·品藻第九》）

> 郭林宗少游汝南，先過袁閬，不宿而退；進往從（黃）憲，累日方還。或以問林宗，林宗曰：「奉高之器，譬諸汎濫，雖清而易挹。叔度汪汪若千頃陂，澄之不清，淆之不濁，不可量也。」（《後漢書》卷五三）

許劭謂陳寔廣、陳蕃峻，蔡邕謂陳蕃犯上、李膺攝下，郭泰謂袁閬汎濫、黃憲千頃陂，雙方的不同昭然可見。蔡、郭之用語仍有高下意味，但並不強調，愈後而此種意味愈趨淡薄。三國此類品鑒亦精：

> 蜀丞相諸葛亮問廣漢秦密：董扶及任安所長？密曰：「董扶褒秋毫之善，貶纖介之惡；任安記人之善，忘人之過。」（《後漢書》卷八二下）

初，夏侯玄、何晏等名盛於時，司馬景王亦預焉。晏嘗曰：「唯深也，故能通天下之志，夏侯泰初是也；唯幾也，故能成天下之務，司馬子元是也；唯神也，不疾而速，不行而至，吾聞其語，未見其人。」蓋欲以神況諸己也。（《三國志》卷九注引《魏氏春秋》）

或問許子將，（荀）靖與（荀）爽孰賢？子將曰：「二人皆玉也，慈明外朗，叔慈內潤。」（仝上卷一〇注引皇甫謐《逸士傳》）

孔融與（韋）康父端書曰：「前日元將來，淵才亮茂，雅度弘毅，偉世之器也；昨日仲將又來，懿性貞實，文敏篤誠，保家之主也。不意雙珠近出老蚌，甚珍貴之。」（仝上卷一〇注）

敢問今之君子？曰：「袁郎中積德行儉，華太尉積德居順。其智可及也，其清不可及也。」（仝上卷一三注引《傅子》）

（周）瑜卒，（龐）統送喪至吳，……及當西還，並會昌門，陸績、顧劭、全琮皆往。統曰：「陸子可謂駑馬有逸足之力，顧子可謂駑牛能負重致遠也。」（仝上〈蜀志〉卷七）

秦密謂董扶褒善貶惡、任安記善忘過，何晏謂夏侯玄深、司馬師幾、己神，許劭謂荀爽外朗、荀靖內潤，孔融謂韋康偉世之器、韋誕保家之主，或人謂袁渙積德行儉、華歆積德居順，龐統謂陸績駑馬逸足、顧劭駑牛負重，諸所衡鑒，皆能點明各人特色，又明辨兩者不同。何晏以《易傳》成語論三人，許劭以玉之外朗、內潤論二人，用意尤爲深美。晉代論人同類之例亦不少，如：

吏部郎缺，文帝問其人於鍾會，會曰：「裴楷清通，王戎簡要，皆其選也。」（《晉書》卷三五）

衛玠……風神秀異，……玠妻父樂廣，有海內重名，議者以爲「婦公冰清，女壻玉潤。」（仝上卷三六）

武帝問（周）浚：「卿宗後生，稱誰爲可？」答曰：「臣叔父子恢，稱重臣宗；從父子馥，稱清臣宗。」（仝上卷六一）

或問江左羣士優劣，（顏含）答曰：「周伯仁之正，鄧伯道之清，卞望之之節，餘則吾不知也。」（仝上卷八八）

初，同郡張玄妹亦有才質，適於顧氏，玄每稱之，以敵（謝）道韞。有濟尼者，游於二家，或問之，濟尼答曰：「王夫人神情散朗，故有林下風氣；顧家婦清心玉映，自是閨房之秀。」（仝上卷九六）

《世說新語》〈賞譽〉、〈品藻〉兩篇亦收不少：

> 吳四姓舊目云：「張文、朱武、陸忠、顧厚。」（〈賞譽第八〉）

> 簡文云：「何平叔巧累於理，嵇叔夜儁傷其道。」（〈品藻第九〉）

> 劉丹陽、王長史在瓦官寺集，桓護軍亦在坐，共商略西朝及江左人物。或問：「杜弘治何如衛虎？」桓答曰：「弘治膚清，衛虎奕奕神令。」王、劉善其言。劉眞長曰：「吾請評之：弘治膚清，叔寶神清。」（〈品藻第九〉、又注引《江左名士傳》）

> 王孝伯道謝公「濃至」，又曰：「長史虛，劉尹秀，謝公融。」（〈品藻第九〉）

鍾會謂裴楷清通、王戎簡要，或人謂樂廣冰清、衛玠玉潤，周浚謂周恢重、周馥清，顏含謂周顗正、鄧攸清、卞壼節，濟尼謂王夫人林下風氣、顧家婦閨房之秀，舊謂吳四姓張文、朱武、陸忠、顧厚，晉簡文帝謂何晏巧累理、嵇康儁傷道，劉惔謂杜乂膚清、衛玠神清，王恭謂王濛虛、劉惔秀、謝安融，其品狀各人，不過寥寥數字，甚至只用一字，而各人之異同與特色已明白可知。由漢末以降，此種兩兩對舉的人物品鑒大抵有愈後愈簡略、愈後愈涵融的趨向，形式雖一，意趣則饒有變化。

當時人物品鑒使用極多且意象最突出的另一主要形式爲比喻，以一物喻一人。此種形式，遠源於《詩經》的比興，用以論人，更覺含蓄而優美。其實孔子論人，謂子貢爲瑚璉，謂仲弓犁牛之子騂且角，亦早已開此一路。漢末以下的人物品鑒，一貫追求簡至，又富含賞鑒之情調，雅不欲出一斷語而寧用虛靈品題，於是自然而然即將比喻一法採入人物品題之中，並且大量應用。前文引及漢末郭泰評袁閬「譬若汜濫，雖清而易挹」、黃憲「汪汪若千頃陂，澄之不清、淆之不濁」，以及三國龐統謂陸績「駑馬而有逸足之力」、顧劭「駑牛能負重致遠」，二例實皆在人物比較之中混用比喻。另所謂荀爽兄弟「皆玉也」，衛玠翁壻「冰清、玉潤」，以及「荀氏八龍」、「賈氏三虎」之號，亦等於已用冰、玉、龍、虎等物喻人。其時的品鑒，有直接用一物作喻，不煩多言而意已解者，如：

> 陳仲舉嘗歎曰：「若周子居者，眞治國之器！譬諸寶劍，則世之干將。」（《世說‧賞譽第八》）

> 公孫度目邴原：所謂「雲中白鶴」，非燕雀之網所能羅也。（仝上）

　（王）戎有人倫鑒識，嘗目山濤如「璞玉渾金」，人皆欽其寶，莫知
名其器；王衍神姿高徹，如「瑤林瓊樹」，自是風塵表物。（《晉書》
卷四三）

武帝……問（郤）詵曰：「卿自以爲何如？」詵對曰：「臣舉賢良對
策，爲天下第一，猶桂林之一枝，崑山之片玉。」（仝上卷五二）

武帝……因曰：「吾未見（劉）宣，謂（王）廣言虛耳。今見其進止
風儀，眞所謂如珪如璋。」（仝上卷一○一）

陳蕃稱譽周乘，用寶劍干將爲喻；公孫度稱譽邴原，用雲中白鶴爲喻；皆鮮
明有力。其他用金玉樹石等作喻則較平常。《世說新語》中另有若干比喻的勝
語，亦頗爲突出：

張華見褚陶，語陸平原曰：「君兄弟龍躍雲津，顧彥先鳳鳴朝陽，謂
東南之寶已盡，不意復見褚生！」（〈賞譽第八〉）

有問秀才，吳舊姓何如？答曰：「吳府君，聖王之老成，明時之雋義；
朱永長，理物之至德，清選之高望；嚴仲弼，九皐之鳴鶴，空谷之
白駒；顧彥先，八音之琴瑟，五色之龍章；張威伯，歲寒之茂松，
幽夜之逸光；陸士衡士龍，鴻鵠之裴回，懸鼓之待槌。」（仝上）

若龍、鳳、鶴、駒之喻尚非希見，而「歲寒之茂松，幽夜之逸光」云云則極
深美。此種品鑒形式，又常配用叠字狀詞，加意形容，以使品鑒之意更顯，
如下舉諸例：

李　膺：頴頴如玉山

陳　蕃：軒軒如千里馬〔註39〕

夏侯玄：朗朗如日月之入懷

李　豐：頹唐如玉山之將崩〔註40〕

和　嶠：森森如千丈松〔註41〕

王　恭：濯濯如春月柳〔註42〕

嵇　紹：昂昂然如野鶴之在雞群〔註43〕

〔註39〕見《世說新語‧賞譽第八》「世目李元禮」條注引《李氏家傳》。
〔註40〕見《世說新語‧容止第十四》「時人目夏侯太初」條。
〔註41〕見《晉書》卷四五本傳。
〔註42〕見《晉書》卷八四本傳。
〔註43〕見《晉書》卷八九〈忠義傳〉。

　　周　顗：嶷如斷山〔註44〕

如此句法，與押韻七言標榜式句法一樣鮮明，而意象則更見突出。顗顗，頭大貌，以說明李膺有如「玉山」，峻大貴重；〔註45〕軒軒，高舉貌，以說明陳蕃有如「千里馬」，超然高邁；朗朗，明亮貌，以說明夏侯玄如「日月入懷」，光采煥發；頹唐，隤墜貌，以說明李豐如「玉山將崩」，意興閑散；森森，茂盛長密貌，以說明和嶠有如「千丈松」，清嚴雅正；濯濯，肥澤貌，以說明王恭有如「春月柳」，和柔悅美；昂昂，高出羣貌，以說明嵇紹如「野鶴在雞群」，俊傑挺特；嶷，山高貌，以說明周顗如「斷山」，高峻剛斷。其中如馬行千里，鶴在雞群，屬於比喻之較通俗者；千丈松、春月柳則用樹木質性爲喻，頗有《詩經》比興之意趣；而日月入懷、玉山將崩則語帶動態，更將比喻點活，倍見精神。以如此佳辭美語品鑒人物，言者既具清韻，聞者又可生美感，人物品鑒至此，分明已從實用層面更演變成爲雅人深致，文士美事。

　　品鑒人物借物爲喻，除了前舉的形式，更有若干例子，化單純爲巧妙，形容甚盡，氣象甚張；如：

　　世目李元禮：「謖謖如勁松下風。」（《世說·賞譽第八》）

　　華夏稱曰：「……南陽朱公叔，飂飂如行松柏之下。」（仝上注引《李氏家傳》）

　　客有問陳季方：足下家君太丘，有何功德而荷天下重名？季方曰：「吾家君譬如桂樹生泰山之阿，上有萬仞之高，下有不測之深，上爲甘露所霑，下爲淵泉所潤；當斯之時，桂樹焉知泰山之高、淵泉之深，不知有功德與無也。」（《世說·德行第一》）

　　（裴）顗……弘雅有遠識，博學稽古，自少知名。御史中丞周弼見而歎曰：「顗若武庫，五兵縱橫，一時之傑也。」（《晉書》卷三五）

　　（裴）楷風神高邁，容儀俊爽，……時人謂之玉人，又稱「見裴叔則如近玉山，映照人也。」（仝上）

　　（裴）楷有知人之鑒，……嘗目夏侯玄云：「肅肅如入宗廟中，但見禮樂器。」鍾會「如觀武庫森森，但見矛戟在前。」傅嘏「汪翔靡

〔註44〕見《世說新語·賞譽第八》「世目周侯」條。
〔註45〕此義不易明。《李氏家傳》曰（仝上註 39 所引）：「膺嶽峙淵清，峻貌貴重，華夏稱曰：『潁川李府君，顗顗如玉山。』」

　　所不見。」山濤「若登山臨下，幽然深遠。」（仝上）

　　顧愷之作〈畫贊〉，亦稱（王）衍巖巖清峙，壁立千仞。（仝上卷四
　　三）

　　尚書令衛瓘，……見（樂）廣而奇之，……命諸子造焉，曰：「此人
　　之水鏡，見之瑩然，若披雲霧而觀青天也。」（仝上）

此類比喻，實已不止但用一物為喻，而勿寧可謂更近於用一種情景為喻，如
詩如畫，意境高雅。若李膺，世目其人「謖謖如勁松下風」；朱穆，世目其人
「颼颼如行松柏之下」；謖謖，風起貌；颼颼，風高吹貌；二語意謂二人勁潔
清肅，有若風中松柏，人行其下，但覺肅然凜然。陳寔，陳諶喻其人為「桂
樹生泰山之阿」，質美基固，又受天地陰陽之氣陶養，以故高風至德為世所共
尊。裴楷見喻為「如見玉山映照人」，蓋謂其人高聳如山，光澤如玉，與之相
交若在玉山之旁，但覺光采氣魄逼人。山濤見喻為「若登山臨下，幽然深遠」，
蓋謂其人宇度深廣，神思清幽。王衍見喻為「巖巖清峙，壁立千仞」，蓋謂其
人清俊挺立，仰之彌高。他若裴頠、鍾會皆被喻為「武庫」；裴頠「五兵縱橫」，
見其鋒芒閃閃；鍾會「森森但見矛戟」，見其殺氣騰騰。夏侯玄則被喻為「宗
廟」，氣象端肅，講禮重文。樂廣被喻為「水鏡」，瑩然昭晰，纖塵不染。此
等人物品鑒，牟皆優美精緻，而尤能顯現人物的風神氣度，極為高明。

　　關於漢晉之間人物品鑒的形式，上文已論析不少。要之，當時的人物品鑒，
詞句皆極簡潔鮮明，始終帶有漢末清流名士彼此「標榜」、「題目」的性質，絕
不辭費；即使不用共稱、比較、比喻之類一般常用形式，亦皆只用精緻的一二
語表出；其例繁多，難以盡述。另外若論一人在平世與亂世之異用〔註46〕、論
一人才用之宜大宜小，〔註47〕在漢末三國之交亦曾經成為品鑒的固定方式，一
時通行；但當魏代後期此類品鑒即已消失，不復再見，故亦略去不論。

（四）

　　以下當再進一步探究漢晉之間人物品鑒的標準。當時人物的高下究竟何
由而分？此非三言兩語可盡。一方面自漢末以來人物品鑒的形式多是簡潔空

〔註46〕如許劭謂曹操「清平之姦賊，亂世之英雄。」（《後漢書》卷六八）、賈詡謂劉
　　　表「平世三公才，不見事變，多疑無決，無能為也。」（《三國志》卷一○注引
　　　《傅子》）
〔註47〕如或人謂劉卞「君才簡略，堪大不堪小。」（《晉書》卷三六）。《人物志·材
　　　理篇第四》亦曾特別討論此一問題。

靈的短句，不易掌握其旨要；一方面當時品鑒觀入的角度既多，臧否的意味又淡，頗難看出衡量高下的基準何在。同時，自漢末至晉末，雖然士人嚮慕名士風流已成共同的大趨，〔註48〕但各代士風仍次第有所轉變，觀人論人的著眼前後亦多少有所不同；倘不能在同中見異，異中求同，恐仍無法呈現整個時期中人物品鑒的眞貌。下文擬就此一問題稍加歸納分析。

　　兩漢選舉人物，本以修身務學爲惟一的標準，故漢代士人出身揚名，本不外「經明行修」一道。東漢中葉以後，清流士人爲與戚宦濁流抗爭，奮起自強，意氣極盛，士風爲之一變；經生迂儒文懦之輩不再見重，能矯然自清以與濁流判分涇渭的名士方爲一代所仰慕。此輩清流名士的風尙，一方面剛強不屈，以與戚宦對敵；一方面力持名教，以與戚宦的貪殘不法樹異幟；一方面追求風雅，以與戚宦的庸濁分壁壘。其中關於力持名教方面，清流名士的表現頗爲積極，譬如范滂「嚴整疾惡，其有行違孝悌、不軌仁義者，皆掃迹斥逐不與共朝。」李膺亦「以天下名教是非爲己任」（皆見前引）。雖然歷經漢末一番波蕩，漢代之看重德行，魏晉之時已經無以爲繼，但清流名士的大力揭揚，仍然使德行一項在人物品鑒風氣始盛之初占有地位，成爲其中重要的品鑒標準。李膺嘗稱鍾皓有至德：

　　　　時（鍾）皓及荀淑並爲士大夫所歸慕，李膺常歎曰：「荀君清識難尙，
　　　　鍾君至德可師。」（《後漢書》卷六二）
陳紀亦嘗稱其父陳寔以仁德而爲遠近所歸：

　　　　陳元方年十一時，候袁公，袁公問曰：「賢家君在太丘遠近稱之，何
　　　　所履行？」元方曰：「老父在太丘，彊者綏之以德，弱者撫之以仁，
　　　　恣其所安，久而益敬。」（《世說·政事第三》）
陳紀本人亦見稱爲有至德名行。後陳紀當父喪，偶寐，其母爲之蒙上錦被，恰爲郭泰所見，怒加貶斥，以爲不孝，因而險被士林所共擯棄；已見前引。由此一端，亦可略窺漢末清流持守道德的態度。鄭玄亦嘗稱任嘏有道德：

　　　　樂安國淵、任嘏，時並童幼，（鄭）玄稱淵爲國器，嘏有道德。其餘
　　　　亦多所鑒拔，皆如其言。（《後漢書》卷三五）
於此須加說明者，漢末人物品鑒雖仍看重道德，對道德的認定實已有所不同。當時品鑒，絕未再如漢人選舉進薦之故習，瑣瑣列舉忠、孝、節、廉等德目。

〔註48〕詳見本節下文。《世說新語》一書皆記名士雋語逸事，其所取才，正自漢末至
　　　　於晉末；蓋數百年間道一風同，劉義慶亦深知之。

兩漢選舉漸使名教成爲德目，道德爲之僵化，至是士人轉慕至德之眞粹和厚，無得而名，却毫不帶虛矯外驚意味。陳寔另一子陳諶對客論乃父功德，即不加形容，只作比喻，表達時人對道德的看法極爲深至：

> 客有問陳季方：「足下家君太丘，有何功德，而荷天下重名？」季方曰：「吾家君譬如桂樹生泰山之阿，上有萬仞之高，下有不測之深，上爲甘露所霑，下爲淵泉所潤；當斯之時，桂樹焉知泰山之高、淵泉之深，不知有功德與無也。」（《世說・德行第一》）

所謂「不知有功德與無」，正是至德無迹亦無可名之意。《後漢書》卷六二荀、韓、鍾、陳列傳，所記荀淑、韓韶、鍾皓、陳寔四人，皆是漢末負有至德之望的賢人。但道德成爲品鑒人物的標準，其事大抵只至漢末魏初而止。三國至晉，雖道德名教字樣仍偶或出現於人物品鑒之中，孝子賢孫，亦仍爲社會羣眾所嘉許，然而核以魏晉士風，則知至曹操執政以後，德行實已不復見重，人物品鑒之重心亦早已不在此處。晉樂廣之名言曰：「名教內自有樂地。」（見《晉書》卷四三）然而時風終究無以扭轉，樂廣本人亦以風流領袖見稱而不以操行著聞。

　　漢、魏之交，時衰政亂，社會人心普遍要求明哲雄霸之人出而安定大局，因而此一段時期的人物品鑒，最明顯的趨勢厥在偏重人物之政治才具；「英雄」一格，亦在此時成爲人物形象之最高理想。曹操屢被鑒譽爲天下英雄：

> （李）膺子瓚。……初，曹操微時，瓚異其才，將沒，謂子宣等曰：「時將亂矣，天下英雄無過曹操。張孟卓與吾善，袁本初汝外親，雖爾勿依，必歸曹氏。」（《後漢書》卷六七）

> 曹操微時，嘗卑辭厚禮求爲己目，……（許）劭不得已，曰：「君清平之姦賊，亂世之英雄。」（仝上卷六八）

> （董）昭說（張）楊曰：「袁、曹雖爲一家，勢不久群。曹（操）今雖弱，而實天下之英雄也，當故結之。」（《三國志》卷一四）

曹操本人亦以英雄自命，以爲惟劉備足以方己：

> 曹公從容謂先主（劉備）曰：「天下英雄，唯使君與操耳。本初之徒，不足數也。」（《三國志・蜀書》卷二）

其次，龐統亦有「半英雄」之目：

> （傅）巽在荆州，目龐統爲半英雄，……統遂附劉備，見待次于諸葛亮，……有名德。（《三國志》卷六注引《傅子》）

英雄不可多見，非可輕許，一般上等人才則常被品目爲「幹國器」「王佐才」

之類，如：

> 樂安國淵、任嘏，時並童幼，（鄭）玄稱淵爲國器。（見前引）

> （岑）晊有高才，郭林宗、朱公叔等皆爲友，李膺、王暢稱其有幹國器，雖在閭里，慨然有董正天下之志。（《後漢書》卷六七）

> 前越嶲太守李文德素善於（延）篤，時在京師，謂公卿曰：「延叔堅有王佐之才，奈何屈千里之足乎！」（全上卷六四）

> 同郡郭林宗嘗見（王）允而奇之，曰：「王生一日千里，王佐才也。」遂與定交。（全上卷六六）

> 南陽何顒名知人，見（荀）彧而異之曰：「王佐才也。」（全上卷七〇）

> 汝南許劭名知人，避地揚州，稱（劉）曄有佐世之才。（《三國志》卷一四）

所謂「幹國器」、「王佐才」，一望可知皆是就其人之政治才具而作品鑒。另外，用「器」字、「才」字，又可顯示當時觀人頗從實用方面著眼，一器有一器之用，一材一材之能，而亂世正需各種有用能之人。涼州孟達、蜀相諸葛亮皆以才、器著稱：

> （孟）達以延康元年率部曲四千餘家歸魏，文帝……令貴臣有識者往觀之，還曰：「將帥之才也。」或曰：「卿相之器也。」王益欽達。（《三國志》卷三注引《魏略》）

> （諸葛）亮少有逸羣之才，英霸之器，身長八尺，容貌甚偉，時人異焉。（全上〈蜀書〉卷五）

此種人品，正係當代所最看重者，無怪其能引人欽異。案：孔、孟以下，觀人向來重「性」而輕「才」，直至此際，人物之「才」方才正式引起注目與探討，而有關才、性離、合、同、異的問題——即所謂「才性四本論」——亦成爲魏晉清談的重要主題。「才」在稍後分辨愈精，籠罩愈廣，其在時人心目中的地位，幾乎完全掩蓋了德行。晉世以後論人，仍不乏用才器字樣者，但著眼則多已不在政治實用方面，非復漢末魏初使用此諸字的命意。至若王導、索綝、桓溫、劉曜、慕容廆見稱爲有從政才、器，〔註49〕只可算是極少數特

〔註49〕如王導見謂爲「將相之器」（《晉書》卷六五）、索綝見謂爲「廊廟之才」（卷六〇）、桓溫見謂爲「英雄之才」（卷七三）、劉曜見謂爲「命世之才」（卷一〇三）、慕容廆見謂爲「命世之器」（卷一〇八）。

例，晉人其實已全不在意於此。此猶如英雄一詞，自魏正始大暢玄風以後，便漸漸少被提及，最後幾乎完全消失。

然則晉世的人物品鑒，究竟根據何種標準來判分人物高下？漢末所重的名教，三國所重的政治才具，至此都已退居末次；則當代所看重於人物者究何在？此可先引一事爲說；《晉書·卞壼傳》：

> （卞）壼幹實當官，以褒貶爲己任，勤於吏事，欲軌正督世，不肯苟同時好。然性不弘裕，才不副意，故爲諸名士所少，而無卓爾優譽。明帝深器之，於諸大臣而最任職。阮孚每謂之曰：「卿恒無閑泰，常如含瓦石，不亦勞乎？」壼曰：「諸君以道德恢弘，風流相尚；執鄙吝者，非壼而誰？」（卷七〇）

此事最可看出當代品鑒的風氣所向。卞壼「性不弘裕，才不副意」，故「爲諸名士所少」；名士所務，要在「道德恢弘，風流相尚」，自然視卞壼之幹實任事爲「鄙吝」。所謂「性」，意指人物內涵的深厚器度，與老莊所言「道德」之涵養相關聯；所謂「才」，意指人物外顯於事的雋妙資質，英才外發，即成「風流」。卞壼缺乏名士的「道德」與「風流」，不得與於名士之林，亦無法成爲當代品鑒所尙的上選人物。於是可知當代所看重的人物即是「名士」，當代所看重的人品即是內弘裕而外風流，既有器度，又有才華。若再混括言之，亦可謂當代人物品鑒的標準即是後人常言的「魏晉風度」「名士風流」。

茲再引一事，以見當代人物品鑒的一般內容。陸機嘗上書薦賀循、郭訥曰：

> 伏見武康令賀循德量邃茂，才鑒清遠，服膺道素，風操凝峻；……前蒸陽令郭訥風度簡曠，器識朗拔，通濟敏悟，才足幹事。……謹條資品，乞蒙簡察。（《晉書》卷六八）

此處陸機所用詞語，若德量、才鑒、道素、風操、風度、器識、悟、才，皆爲晉世人物品鑒所經常運用者，極可顯示當時論人的普遍觀點。而凡此詞語的代換，其眞實意義，實仍不出於上文所舉的道德、風流二者之外、性與才二者之外。譬如「德量」，有用器量、識量、局量、才量者，或曰雅量、大量、遠量。又「風度」，有用器度、識度者，或曰大度、奇度。又「器識」，有用才器、才識者，或曰令器、佳器、奇器、遠識、高識、深識、明識、清識。又「悟」，有用才悟者，或曰明悟、清悟、神悟、警悟、幾悟。又「才」，或曰才鑒，或曰才藻、才思、才理、才辯、才姿、才觀。又如「風度」、「風操」

之「風」字，亦有特定意義，或曰風神、風氣、風格、風標、風概、風表。若能將此類字詞歸納整理，推求其所顯示的人品特色，當能由此了解當代人物品鑒的標準所在。

　　卞壼所謂「道德恢弘」，乃就人物器度局量的寬泰沈深而說。自漢末以來，道家思想大興，當時士人，大抵深慕老莊之通達，而不樂儒家名教之拘檢；通達的最高表現，厥爲打破小器小量小度而求大器大量大度；大而至於深廣難測，更爲時人推慕不已。漢末郭泰評品袁閬、黃憲二人，即以此意高下之：

　　　　林宗曰：「奉高之器，譬諸氾濫，雖清而易挹；叔度汪汪若千頃陂，

　　　　澄之不清，淆之不濁，不可量也。」（《後漢書》卷五三）

奉高之器小，叔度之器則大，「汪汪若千頃陂」，至於無可測量。器度諸字，匪易說明，無怪郭泰用比喻爲言。其後蔡邕爲郭泰作碑，亦稱其人器量難測：

　　　　先生誕應天衷，……夫其器量弘深，姿度廣大，浩浩焉，汪汪焉，

　　　　奧乎不可測已。〔註50〕

此類品鑒，蓋極可顯示漢末名士對道家理想人品的欽仰。器量、姿度二詞，意義亦相通，乃有度量而自成風姿者。度、量、局等字或單用，或與器字連用，用於形容人品，意義皆無大異。自漢末直至晉世，諸字的使用極普遍，皆用以摹狀人物的器度深厚，成爲道家標準下人物品鑒的一大重心。下文當分述之。

　　晉代品鑒人物，有用「器度」一詞者，如：

　　　　慕容垂……少岐嶷有器度，……皝甚寵之，常目而謂諸弟曰：「此兒

　　　　濶達好奇，終能破人家，或能成人家。」（《晉書》卷一二三）

亦有用「器量」一詞者，其例更多：

　　　　（王）渾沈雅有器量。（仝上卷四二）

　　　　（山）濤早孤，居貧，少有器量，介然不羣。（仝上卷四三）

　　　　（陸）玩字士瑤，器量淹雅，弱冠有美名。（仝上卷七七）

亦有用「器局」者：

　　　　（魏）舒雖以弘量寬簡爲稱，時以（任）愷有佐世器局。（仝上卷四五）

亦有用「器宇」者：

〔註50〕見《全後漢文》卷七六〈郭有道碑〉。

（薛）兼清素有器宇，少與同郡紀瞻……齊名。（仝上卷六八）

詔曰：「魏詠之器宇弘劭，識局貞隱，同獎之誠，實銘王府。」（仝
上卷八五）

凡此諸詞，所指陳的人品，皆與卞壼所謂「道德恢弘」相類。器、度、量、
局、宇等字，本來用法皆指一定之分量、一定之範圍；〔註51〕但當時既要求
通達，自然要求破除此分量、範圍，故諸字之上恒加廣大深遠等字以作形容。
各例中所見形容詞如「潤達」、「沈雅」、「淹雅」、「弘劭」等，皆是同一用意。
即使未加一字形容，單言「有器度」、「有器量」、「有器局」、「有器宇」，其言
下之意，亦猶謂器度、器量、器局、器宇廣大。諸詞亦可拆開單用一字，若
用量字：

崔洪……父讚，魏吏部尚書、左僕射，以雅量見稱。（《晉書》卷四
五）

郭奕……少有重名，山濤稱其高簡有雅量。（仝上）

郭琦……少方直，有雅量。（仝上卷九四）

以上用「雅量」。

沛國趙元儒名知人，見（石）苞，異之，因與結交，歎苞遠量，當
至公輔。由是知名。（仝上卷三三）

（索）靖有先識、遠量。（仝上卷六〇）

桑虞……父沖，有深識、遠量。（仝上卷八八）

（孟）君諱嘉，……沖默有遠量，弱冠，儔類咸敬之。〔註52〕

以上用「遠量」。

車濟字萬度，敦煌人也，果毅有大量。（仝上卷八九）

呂光……沈毅凝重，寬簡有大量，喜怒不形于色。（仝上卷一二二）

以上用「大量」。遠、大之形容，用意同前；雅字之見用，則適足以見出當代
雅、俗觀念之強烈；而「大雅」一詞之常用，亦可見褊小不開展絕不能認作
雅。又有單用度字者：

唐彬……有經國大度，而不拘行檢。（《晉書》卷四二）

〔註51〕若局字，本爲一部、一分之意，見《爾雅・釋言》。又若宇字，本義爲屋宇，
　　　　有一定界域範圍。器有一定之容量。度、量皆爲計數單位，有一定之分數。
〔註52〕此陶潛〈晉故征西大將軍長史孟府君傳〉之文。見《全晉文》卷一一二。

曹志……少好學，以才行稱，夷簡有大度，兼善騎射。（全上卷五○）

（慕容）廆幼而魁岸，美姿貌，身長八尺，雄傑有大度。（全上卷一
○八）

以上用「大度」。

劉曜……幼而聰慧，有奇度，年八歲，從元海獵于西山，……旁人
莫不顛仆，曜神色自若。（全上卷一○三）

此用「奇度」。

（郗）超……少卓犖不羈，有曠世之度。（全上卷六七）

此用「曠世之度」。「奇度」與「曠世之度」，以少見難得為言，而其用意自仍
在形容人物之度大。要之，大器大度大量是當代品鑒人物的一主要著眼點，
由如此眾多詞例，當明白可見。

前文嘗引陸機鑒譽郭訥之語，曰「器識朗拔」。在器度、器量、器局、器
宇之外，器字又經常與識字連用。同時識字亦常與度、量諸字連用，而成識
度、識量、識局諸詞。此一識字，由何而來？命意如何？亦須加以探討。先
儒多言知，少言識。道家亦少言識。佛家則好言識。識之一字，佛家另有用
意，此不細辨；但《大乘義章》卷三曰：

識者，乃是神知之別名也。〔註53〕

神知二字，則頗可顯示「識」之性質，以及「識」與「知」（智）的關係。識
自是才智一邊事。漢末李膺已曾經用識字品鑒人物：

時（鍾）皓及荀淑並為士大夫所歸慕，李膺常歎曰：「荀君清識難尚，
鍾君至德可師。」（《後漢書》卷六二）

清識難尚一語究何所指，頗不易明；但荀以識著、鍾以德顯，清識應即指才
智方面的表現，以與至德為對。漢末以下，觀人論人，才智的地位日重，德
行的地位日輕，徐幹《中論·智行篇》已明揭智先仁後之見：

或問曰：「士或明哲窮理，或志行純篤；二者不可兼，聖人將何取？」

對曰：「其明哲乎！」（卷上第九）

劉劭《人物志·序》首句即曰：

夫聖賢之所美，莫美乎聰明。

聰明亦即是明哲，即是智。因知晉代人物品鑒好用識字，適足以反映當時看

〔註53〕《大乘義章》二十卷，隋慧遠撰。

重才智的思想趨向；又自佛學盛行以來，佛家屢言識，亦可能對好道好佛的當代名士造成若干影響。

「器識」連用，意謂其人有器有識，其例如下：

> 張華……器識弘曠，時人罕能測之。(《晉書》卷三六)

> 褚裒時爲豫章太守，……有器識。(仝上卷九八)

> 楊朗有器識才量，善能當世，仕至雍州刺史。(《世說》注引王隱《晉書》)

「器識」仍用弘曠形容，可見當時不僅要求人物具有大器，亦要求有遠大高明之識。從識字獨用之例中，更可明白見出此意：

> 謝安字安石，……及總角，神識沈敏，風宇條暢。(《晉書》卷七九)

此處用「神識」。

> (樂)廣孤貧，……性沖約，有遠識，寡嗜慾，與物無競。(仝上卷四三)

> (盧)欽清澹有遠識。(仝上卷四四)

> 及曹爽輔政，召爲參軍，(阮)籍因以疾辭，屏於田里；歲餘而爽誅，時人服其遠識。(仝上卷四九)

> 向秀字子期，……清悟有遠識，少爲山濤所知，雅好老莊之學。(仝上卷四九)

此處用「遠識」。

> (謝)鯤少知名，通簡有高識。不修威儀，好《老》《易》。(仝上)

此處用「高識」。

> 桑虞字子深，……父沖，有深識遠量，惠帝時爲黃門郎。(仝上卷八八)

此處用「深識」。

> 衛瓘……性貞靜有名理，以明識清允稱。(仝上卷三六)

此處用「明識」。

> (支)遁神心警悟，清識玄遠，嘗至京師，王仲祖稱其造微之功不異王弼。(《世說》注引《晉諸公別傳》)

此處用「清識」。神、遠、高、深、明、清等字，字異旨同，皆在形容識之不短淺。除「器識」連用外，意義與此相類之連詞尚有識度、識量、識局：

王湛字處沖，司徒渾之弟也，少有識度。(《晉書》卷七五)

(殷) 浩識度清遠，弱冠有美名。(仝上卷七七)

何琦……性沈敏有識度，好古博學。(仝上卷八八)

以上爲用「識度」評人之例。

(任) 愷少有識量。(仝上卷四五)

秦獻王 (司馬) 柬字弘度，沈敏有識量。(仝上卷六四)

(王) 導少有風鑒，識量清遠。(仝上卷六五)

(和) 嶠性聰敏，有識量，博學能屬文。(仝上卷六七)

慕容鍾……少有識量，喜怒不形于色。(仝上卷一二八)

以上爲用「識量」評人之例。

詔曰：「魏詠之器宇弘劭，識局貞隱。」(仝上卷八五)

以上爲用「識局」評人之例。「識度」等於有識有度，「識量」等於有識有量，「識局」等於有識有局。識字使用如此之廣，正係當代人物品鑒以此爲一大重心所致。

當代人物品鑒又好用一「悟」字。悟亦爲才智一邊事，而比「識」更爲當下直接。《論》《孟》書中未見悟字。儒家只重積學厚養，自能明辨，而不獎勵聰悟。佛家則好言悟，尤重頓悟。〔註54〕悟之頓漸問題，係晉宋佛學一大爭議中心，名士學者蓋無不與聞；人物品鑒受其影響，好用此一觀點，應極可能。當時人物品鑒以悟字稱人者如：

(王) 衍既有盛才美貌，明悟若神，常自比子貢。(《晉書》卷四三)

(傅) 咸……風格峻整，識性明悟。(仝上卷四七)

桓玄答道子牋云：「王珣明悟疏徹，風流之美，雖逼于同異，才用不盡，然君子在朝，所益自多也。」(《御覽》卷二一一引何法盛《晉中興書》)

以上用「明悟」。

〔註54〕 頓悟之說，向來以爲乃竺道生之孤明獨發。但支遁更早已有頓悟之說，《世說》注引《晉諸公別傳》：「法師研十地則知頓悟于七住，尋莊周則辯聖人之逍遙，當時名勝，咸味其音旨。」湯用彤氏《漢魏兩晉南北朝佛教史》第二分第十六章「頓漸分別之由來」一節辨此甚詳。支遁之頓悟，可謂小頓悟；竺道生之頓悟，始是大頓悟。

桓玄與會稽王道子書曰：「珣神情朗悟，經史明徹，風流之美，公私所寄。雖嫌逼謗，才用不盡，然君子在朝，弘益自多。」（《晉書》卷六五）

（顧）榮機神朗悟，弱冠仕吳。（仝上卷六八）

以上用「朗悟」。

向秀字子期，……清悟有遠識，少爲山濤所知。（仝上卷四九）

此用「清悟」。

（王）胡之少有風尚，才器率舉，有秀悟之稱。（《世說》注引《晉諸公別傳》）

此用「秀悟」。明、朗、清、秀等字，皆在形容人物智悟之高明。亦有用「機悟」、「幾悟」、「神悟」、「警悟」者：

車胤……及長，風姿美劭，機悟敏速，甚有鄉曲之譽。（《晉書》卷八三）

（王）戎少清明幾悟。（《世說》注引王隱《晉書》）

（支）遁神心警悟，清識玄遠。（《世說》注引《晉諸公別傳》）

（支）遁神悟機發，風期所得，自然超邁也。（仝上）

此更極稱人物睿智精解，入於神妙。另外用「聰悟」、「穎悟」者亦多：

（徐）君諱邈字仙民，……岐嶷即明惠聰悟。（《御覽》三八五引《晉諸公別傳》）

（石）崇穎悟有才氣，而任俠無行檢。（《晉書》卷三三）

（王）戎幼而穎悟，神彩秀徹。（仝上卷四三）

（裴）憲……少而穎悟，好交輕俠。（仝上卷三五）

亦有用「識悟」、「辨悟」者，更表出「悟」的性質近乎深識、明辨：

（馮）紞少博涉經史，識悟機辯。（仝上卷三九）

謝尚……及長，開率穎秀，辨悟絕倫，脫略細行，不爲流俗之事。（仝上卷七九）

從此諸例以觀，智悟確爲當代品鑒人物的一項要目；而與悟字連用的字詞之孳衍窮變，亦是當代品藻題目重視用字，精心雕琢之最好例證。

晉代所謂「名士風流」的本質則應在人物之「才」。當時人對於「才」之一字，極其看重，既以才爲人物一切技藝能力的基礎，又以才爲人物外在風

采的根源。名士而多才，既富技藝，又具風采，方是當時所重的理想人品。漢末三國之際，由於對名教選舉的失望，以及對挽救危亡之實用人才的需要，「才」已經取代了「德」而爲當時觀人之重點；曹操頒布三令，明言用人棄德取才，更加速了此種轉變之進行；曹操所求者在人物的才能功用，一般人則更注意及人物的才藝。亦緣於漢末清流名士已經開啓了後人對於名士風流的想慕，風氣已成，士人自然並驅而追逐。漢末三國之時，形容人物，已常用「文才」、「才藻」、「才藝」、「才數技藝」、「才說」、「才論」、「才辯」、「辭才逸辯」、「才姿」、「才觀」等詞，〔註 55〕可見當時頗要求人物有文學、有伎藝、長於談論，且有美姿貌；而諸如此類的藝能，當時顯然以爲壹皆出於人物之才。晉代仍有不少同類用例，見於論人之語中，如：

（王）濟二弟，澄字道深，汶字茂深，皆辯慧有才藻，並歷清顯。（《晉書》卷四二）

（孫）楚才藻卓絕，爽邁不羣，多所陵傲。（仝上卷五六）

殷仲文，……少有才藻，美容貌。（仝上卷九九）

高陽許詢……有才藻，善屬文，能清言，于時士人皆欽愛之。（《文選》江淹〈雜體詩〉注引何法盛《晉中興書》）

此仍用「才藻」一詞。

（諸葛）玫浮躁有才辯，臨漳人士無不詣之。（《晉書》卷七〇）

王凝之妻謝氏字道韞，……聰識有才辯。（仝上卷九六）

此仍用「才辯」一詞。

（陸）雲字士龍，六歲能屬文，性清正，有才理。少與兄機齊名，雖文章不及機，而持論過之；號曰「二陸」。（仝上卷五四）

此用「才理」一詞。

（繆）播才思清辯，有意義。（仝上卷六〇）

此用「才思」一詞。

戴淵……才義辯濟，有風標鋒穎。（《世說》注引虞預《晉書》）

此用「才義」一詞。才理、才思、才義三者義近，大抵即指人物有思理、有意義。魏晉以下清談名理大盛，因有此類詞語出現。又有曰「才鑒」者：

武康令賀循德量邃茂，才鑒清遠。（《晉書》卷六八）

〔註55〕詳見拙著《東漢士風及其轉變》第四章第二節。台大碩士論文。

羊耽妻辛氏，……魏侍中（辛）毗之女也，聰朗有才鑒。（全上卷九
六）

此則指人物有人倫品鑒之才。由此一詞語也可想見人倫品鑒在當代之盛行與
見重。其他泛指人物資質而加「才」字形容的用例亦偶有之，若才地、才具、
才情之類。〔註 56〕甚至前文提及的人物之器度識悟，偶而亦加「才」字以作
形容，如云才量、才器、才識、才悟之類。〔註 57〕「才」在晉代蓋幾乎被視
爲人物一切優美質素的根源。

關於人物的風流品質，當時亦以爲主要出於人物之「才」。無才即成庸愚，
豈復能有生機活力而如風之吹、水之流，確然可以引人欣賞？卞壼正因「才
不副意」，故當時人不許以「風流」。其時品鑒好用「才氣」一詞，如：

（石）崇穎悟有才氣，而任俠無行檢。（《晉書》卷三三）

（周）嵩字仲智，狷直果俠，每以才氣陵物。（全上卷六一）

（袁）耽字彥道，少有才氣，俶儻不羈，爲士類所稱。（全上卷八三）

（殷）顗性通率，有才氣，少與從弟仲堪俱知名。（全上）

（顧）愷之博學有才氣。（全上卷九二）

「才氣」云者，正謂人物有才有氣，氣能動人，故人物呈現爲英華發露。「風
流」雖亦是「才」之發露，蘊蓄卻更爲深美，表徵也更爲可觀。「風流」在當
代人物品鑒中所佔分量極重，幾乎成爲人物的冠冕。其時見稱爲風流之人如：

（王）珣神情朗悟，經史明徹，風流之美，公私所寄。（《晉書》卷
六五）

（王）濛……晚節始克己勵行，有風流美譽。（全上卷九三）

簡文帝之爲會稽王也，嘗與孫綽商略諸風流人；綽言曰：「劉惔清蔚
簡令，王濛溫潤恬和，桓溫高爽邁出，謝尚清易令達，而濛性和暢，

〔註 56〕才地，若《晉書》卷八四王恭「自負才地高華」。才具，若《三國志》卷三〈明
帝紀〉注引《世語》引劉曄稱明帝之言曰：「秦始皇、漢孝武之儔，才具微不及
耳。」才情，見《世說新語・賞譽第八》「許玄度送母始出都」條引劉惔稱許詢
之言曰：「才情過於所聞。」

〔註 57〕盧志、辛恭靖、楊朗等，皆以「才量」見稱；分見《晉書》卷四四、八九，
以及《世說》注引王隱《晉書》。華譚、陶瞻、王恭與殷仲堪、謝萬、王羲之、
干寶等，皆以「才器」見稱；分見《晉書》卷五二、六六、七五、七九、八○、
八二。荀組、韋弘、孫惠、江灌等，皆以「才識」見稱；分見《晉書》卷三
九、七○、七一、八三。侯史光以「才悟」見稱，見《晉書》卷四五。

能言理，辭簡而有會。」（仝上）

符朗……既至揚州，風流邁于一時。（仝上卷一一四）

簡文與孫綽商略風流人，劉、王、桓、謝品性各不相同，而皆獲風流之目，由此可知風流不主於品性，而是一種更爲超脫靈動的特質。暫不論此，且先單言「風」。當時亦有以「風韻」見稱者如：

（桓）石秀幼有令名，風韻秀徹，博涉羣書，尤善老莊。（《晉書》卷七四）

（何）充風韻淹雅，文義見稱。（仝上卷七七）

和尚胡名尸黎密，……天姿高朗，風韻遒邁。（《世說》注引《晉諸公別傳》）

風韻即是風流韻致。風韻之美，亦非出一端，或見爲秀徹，或見爲淹雅，或見爲遒邁。「風」字在晉世人物品鑒詞語中出現極多，應用極廣；其與他字連接而成的新詞，大抵仍全在表現人物的風流，不過風流的方面各有不同而已。當時形容人物，用「風」字之多，僅次於用「才」字；而「才」字通常用以形容人物的技藝專長，「風」字通常用以形容人物的格調韻味。例如：

（衛）玠字叔寶，年五歲，風神秀異。（《晉書》卷三六）

謝安……年四歲時，譙郡桓彝見而歎曰：「此兒風神秀徹，後當不減王東海。」（仝上卷七九）

王平子與人書，稱其兒「風氣日上，足散人懷。」（《世說·賞譽第八》）

此用「風神」、「風氣」，以見人物的風流神采。

趙至……遇嵇康於學寫石經，徘徊視之不能去，而請問姓名。……曰：「觀君風器非常，所以問耳。」（《晉書》卷九二）

謝安……及總角，神識沈敏，風宇調暢，善行書。（仝上卷七九）

前蒸陽令郭訥風度簡曠，器識朗拔。（仝上卷六八）

此用「風器」、「風宇」、「風度」，以見人物的風流體度。

（桓）溫豪爽有風概，姿貌甚偉。（仝上卷九八）

王大將軍與元皇表云：「（王）舒風概簡正，允作雅人。」（《世說·賞譽第八》）

此用「風概」。

戴淵……才義辯濟，有風標鋒穎。（《世說》注引虞預《晉書》）

此用「風標」。

（和）嶠少有風格，慕舅夏侯玄之爲人，厚自崇重。（《晉書》卷四五）

（傅）咸……剛簡有大節，風格峻整，識性明悟。（全上卷四七）

（王）坦之有風格，尤非時俗放蕩。（全上卷七五）

此用「風格」。此數者字異義同，皆在指稱人物的風流標格。

（裴）秀少好學，有風操，八歲能屬文。（全上卷三五）

此用「風操」，以見人物的風流操持。

庾亮……美姿容，善談論，性好莊老，風格峻整，……元帝……辟
西曹掾。及引見，風情都雅，過於所望，甚器重之。（全上卷七三）

此用「風情」，以見人物的風流情調。

（姚興）謂（韓）範曰：「燕王在此，朕亦見之，風表乃可，機辯則
未也。」（全上卷一二八）

此用「風表」。

（王）衍字夷甫，神情明秀，風姿詳雅。（全上卷四三）

驃騎將軍王濟，（衞）玠之舅也，儁爽有風姿。（全上卷三六）

（謝）琰…弱冠，以貞幹稱，美風姿。（全上卷七九）

此用「風姿」。

溫嶠，風儀秀整，美於談論，見者皆愛悅之。（全上卷六七）

（庾）翼……風儀秀偉，少有經綸大略。（全上卷七三）

此用「風儀」。

（庾）亮……及見（陶）侃，引咎自責，風止可觀，侃不覺釋然。（全
上）

此用「風止」。此數者皆在指稱人物的風流儀態。凡「風」字在晉代人物品鑒
中的用例悉如上舉。「風」字與「才」字，實爲當代人物品鑒的核心，亦是品
鑒人物的主要標準所在。

　　前文曾經提及所謂「風神」。精神雋朗、神氣靈活，亦是當世觀人的另一重
點。忽視形骸，看重精神，此本道家之所恒言。〔註58〕魏晉思想以道家爲主流，
無怪精神亦成爲人物品鑒的一項內容。魏劉邵《人物志・九徵篇》列舉觀人的

─────────────

〔註58〕詳見錢賓四先生〈釋道家精神義〉一文，收《莊老通辨》一書中。

九種徵質，其中之二即是「平陂之質在於神」、「明暗之實在於精」。同篇又曰：

> 物生有形，形有神精，能知精神，則窮理盡性。

此更明言把握精神是爲觀人的至道。劉邵以後，晉人品鑒人物亦莫不持此觀點。若錢鳳、高坐和尚，皆見稱爲飽有精神：

> （和）嶠……深結錢鳳，爲之聲譽，每曰：「錢世儀精神滿腹。」（《晉書》卷六七）

> 時人欲題目高坐而未能。桓廷尉以問周侯，周侯曰：「卓朗。」桓公曰：「精神淵著。」（《世說・賞譽第八》）

魏詠之雖儀形頗偉，但精神不雋，既庸且儉，便遭輕視：

> 魏詠之……嘗見桓玄，既出，玄鄙其精神不雋，謂坐客曰：「庸神而宅偉幹，不成令器。」竟不調而遣之。（《晉書》卷八五）

王羲之則嘗歎賞於支道林之神雋：

> 王右軍歎林公：「器朗神雋。」（《世說・賞譽第八》）

神字亦有添字作「神鋒」、「神候」者，意義亦無不同：

> 王平子目太尉：「阿兄形似道，而神鋒太雋。」（《世說・賞譽第八》）

> 王大將軍稱其兒云：「其神候似欲可。」（仝上）

另外「精彩」、「神彩」、「神姿」諸詞，則以人物外在姿采爲言，強調精神的力量之大，至能使人物外觀爲之光彩煥發：

> 清河康王遐字深度，美容儀，有精彩。（《晉書》卷六四）

> （慕容）超身長八尺，腰帶九圍，精彩秀發，容止可觀。（仝上卷一二八）

> （王）戎幼而穎悟，神彩秀徹。（仝上卷四三）

> （夏侯）玄……還謂（樂）方曰：「向見（樂）廣神姿朗徹，當爲名士。」（仝上）

至於「風神」，即是人物有風流神采之謂。其用例已見前引。精神一類詞語盛見於晉代人物品鑒之中，亦是時代思潮的顯明反映。

關於自漢末至晉末人物品鑒的內容與標準，茲已大致析論如上。至此回溯漢末許、郭之輩的品鑒詞語，則昭然可見晉代觀人的若干觀點其實皆早在漢末三國已現端倪。故知漢晉之間年代雖長，人物品鑒的風氣則大體未嘗改變。譬如郭泰論袁閬、黃憲，便謂「奉高之器，譬諸汎濫」，黃叔度「汪汪若

千頃陂，……不可量也」；明用器量觀點。李膺稱荀淑「清識難尚」，魏諸葛恪謂樊建「才識不及（宗）預」；明用識字。孔融稱韋康「雅度弘毅」，明用度字。其他若才藻、才藝之類詞語，亦早已大量出現在漢末三國的人物品鑒之中。即使「名士」一詞，亦在漢末漸漸常用以指稱清流士人。漢魏名士雖不若兩晉名士之風流藉甚，但若無漢魏名士的一番醞釀，名士風流亦不能在兩晉之世有如此輝煌的盛況。

　　自漢末至晉世，人物品鑒多著眼在人物的器度、器識、才氣、風流、精神上；若再加注意，又可發現當時用以形容上述諸字詞的字眼亦有相當程度的共通性。大抵而言，當時人好用高、深、大、雅、清、潤、秀、朗、令、雋諸字；字面既美，意態亦甚雅逸不俗。由此種種字詞的活用與代換，實可想像當時人「品藻」的精細用心，即使一字亦不輕易放過。而將此許多品鑒用語綜合歸納其內容要點的結果，魏晉風流名士雖不如漢儒的謹飭端正，畢竟深具雅才雅趣，仍不愧為老莊後起的高人逸士。

第四章 《人物志》與曹魏初期的人物品鑒

第一節 《人物志》的時代背景

　　曹魏一代風氣，與兩漢大有不同。顧炎武《日知錄》「兩漢風俗」條先盛
讚兩漢風俗之美，繼曰：

> 三代以下，風俗之美，無尚於東京者。……使後代之主循而弗革，
> 即流風至今，亦何不可？而孟德既有冀州，崇獎跅弛之士，觀其下
> 令再三，至於求負汙辱之名，見笑之行，不仁不孝而有治國用兵之
> 術者；於是權詐迭進，姦逆萌生。故董昭太和之疏已謂：「當今年少
> 不復以學問為本，專更以交游為業；國士不以孝悌清修為首，乃以
> 趨勢求利為先。」至正始之際，而一二浮誕之徒騁其智識，蔑周孔
> 之書，習老莊之教，風俗又為之一變。夫以經術之治，節義之防，
> 光武明章數世為之而未足；毀方敗常之俗，孟德一人變之而有餘；
> 後之人君，將樹之風聲、納之軌物以善俗而作人，不可不察乎此矣。
>
> 〔註1〕

顧氏以為東漢以來經術之治、節義之防，本可長流于後；皆因曹操獎引失當，
毀方敗常，以致魏初風氣一變而為「權詐迭起，姦逆萌生」。王夫之《讀通鑑
論》亦對漢、魏之交風氣的變化提出痛切的批評，「國政之因革」條曰：

> 東漢之中葉，士以名節相尚，而交遊品題，互相持以成乎黨論，天下
> 奔走如鶩而莫之能止。桓、靈側聽奄豎，極致其罪罟以摧折之，而天

〔註 1〕 《日知錄》卷一三「兩漢風俗」條。

下固慕其風而不以爲忌。曹孟德心知摧折者之固爲亂政、而標榜者之亦非善俗也，於是進崔琰、毛玠、陳羣、鍾繇之徒，任法課能，矯之以趨於刑名，而漢末之風暫息者數十年。琰、玠歿，孟德歿，持之之力窮，而前之激者適以揚矣。太和之世，諸葛誕、鄧颺浸起而矯孟德綜實之習，結納互相題表，未嘗師漢末之爲而若或師之，且刑方向圓，崇虛墮實，尤不能如李、杜、范、張之崇名節以勵俗矣。乃遂以終魏之世，迄於晉而不爲衰止。然則孟德之綜核名實也，適以壅已決之水於須臾，而助其流溢已耳。故曰抑之而愈以流也。〔註2〕

王氏謂漢末奄豎與清流相激相盪，奄豎之狂恣與清流之標榜原已對善良風俗造成傷害，曹操志在矯革，任法課能趨於刑名，而但收效於一時，「抑之而愈以流」，風氣之壞更加無可挽回。兩家之論，同時指出曹操之所作所爲對於漢、魏兩代之間風氣之轉變有決定性的影響。案：曹魏之施政，一變而趨於刑名法術，此不待言而早有定論者。如此作風，當然影響及其品人、用人的標準，人物風氣亦當然隨之而有所不同。故從人物品鑒的觀點而言，此數十年間，由於上層政府的獎引方向有變，社會風氣與人心亦皆有變，因而判別人物高下的看法亦發生相當的轉向，而與兩漢、兩晉的典型人品觀皆大不相同。雖然正始以下虛誕之習盈於朝野，曹魏父子數十年法家治術的影響不旋踵而消散，無復殘留；但兩漢名儒君子所代表的正統儒風亦自此掃地以盡，不能再復。一代的政風，在歷史上仍然有其相當的作用力量。此一段時期的人物品鑒，則適能反映出當時政風民情的大趨。劉劭《人物志》三卷，尤爲其中唯一完整傳世的代表作品。

曹操「任法課能，趨於刑名」，獨爲後世責難之所歸；其實除曹魏外，蜀漢、東吳之施政亦皆傾向刑名法術。而三國之行法，又係承接漢末意見而來，並非三國自開新徑。故任法課能在當時可謂已成時代的新潮流。曹操施政用人特別勇於開新，屢下明令，三令五申，標揭著明，故爲後人所獨罪；其實彼不過是時代潮流中一健將而已。今略發其端緒，以見當時一般風氣的大趨，而《人物志》一書撰作的時代背景當更可昭然。

東漢後期，戚宦姦黨爲害於朝廷及地方，清流士人則清孤自獎、標榜相高，國勢日益敗壞；有識之士，固早已引以爲憂，因思有以變通。而變通之道，當時意見趨向行法。崔寔《政論》有言曰：

────────────────
〔註2〕《讀通鑑論》卷一○、三國、「國政之因革」條。

　　量力度德，《春秋》之義。今既不能純法八代，故宜參以霸政。則
　　宜重賞深罰以御之，明察法術以檢之。自非上德，嚴之則理，寬之
　　則亂。……蓋爲國之法，有似理身，平則致養，疾則攻焉。夫刑罰
　　者，治亂之藥石也；德教者，興平之梁肉也。夫以德教除殘，是以
　　梁肉理疾也；以刑罰理平，是以藥石供養也。方今承百王之敝，值
　　厄運之會，自數世以來政多恩貸，馭委其轡，馬駘其銜，四牡橫奔，
　　皇路險傾；方將箝勒鍵輈以救之，豈暇鳴和鑾、清節奏哉？〔註3〕

崔寔謂以「德教除殘」譬若以「梁肉理疾」，非所相宜；國政既亂，自宜投以
藥石；「夫刑罰者，治亂之藥石也」。案：漢文帝時賈誼上疏，嘗力陳當廢刑
罰法令而用德教；孰知東漢後期，竟有完全相反的意見產生；則世運之變與
風氣之移，可想而知。王符《潛夫論》亦言：

　　議者必將以爲刑殺當不用而德化可獨任；此非變通者之論也，非叔
　　世者之言也。夫上聖不過堯舜，而放四子；盛德不過文武，而赫斯
　　怒；……故有以誅止殺，以刑禦殘。〔註4〕

王符亦謂「德化」不可獨任以叔世，必須兼用「刑殺」，以作變通。仲長統《昌
言》亦曰：

　　德教者，人君之常任也；而刑罰爲之佐助焉。古之聖帝明王，……
　　實德是爲，而非刑之攸致也；至于革命之期運，非征伐用兵則不能
　　定其業；姦宄之成羣，非嚴刑峻法則不能破其黨；時勢不同，所用
　　之數亦宜異也。〔註5〕

仲長統亦主張時勢不同、作法亦異，「征伐用兵」乃所以定大業，「嚴刑峻法」
乃所以破姦黨，「德教」須以「刑罰」爲之佐助。三家的意見，雖下語輕重略
有差異，卻不約而同趨向看輕道德教化、許可刑罰法術，認爲後者才足以應
變。然則曹操並非當代的異軍突起，豈非不待細辨而可知？要之，東漢政治
至於後期已呈潰決之勢，非可安然以濟，故較消極者隱身靜退而走近道家，
較積極者則志在理亂而偏向法家。曹操及孫、劉俱以英雄之姿崛起亂世之中，
爲求控御局勢，故不期而同趨於重法求功。三國之中，惟孫吳政制較少法家
色彩，但張昭、顧雍仍自言「法令太稠，刑罰微重」：

〔註3〕《後漢書》卷五二本傳。
〔註4〕〈衰制第四〉。
〔註5〕《全後漢文》卷八八引自《羣書治要》。

> （孫）權嘗咨問得失，張昭因陳聽采聞，頗以法令太稠，刑罰微重，
> 宜有所蠲損。權默然，顧問（顧）雍曰：「君以爲何如？」雍對曰：
> 「臣之所聞，亦如昭所陳。」〔註6〕

蜀漢相國諸葛亮雖見稱爲「用心平而勸戒明」，但其施政仍以「循名責實」爲綱，而亦被指爲刑政嚴峻；陳壽論其人曰：

> 諸葛亮之爲相國也，……盡忠益時者雖讎必賞，犯法怠慢者雖親必
> 罰，服罪輸情者雖重必釋，游辭巧飾者雖輕必戮，善無微而不賞，
> 惡無纖而不貶，……循名責實，虛僞不齒，終於邦域之內咸畏而愛
> 之；刑政雖峻而無怨者，以其用心平而勸戒明也。〔註7〕

曹魏行法，更分明見諸種種制度之中：譬如建安八年，曹操令諸將出征敗軍者抵罪，失利者免官爵；又重士亡之法，罪及妻子；〔註8〕建安十年正月，明令禁止厚葬及復私仇；同年九月，明令禁止結黨毀譽；〔註9〕又黃初三年九月，文帝曹丕明令禁止外戚與政；四年正月，嚴復私仇之罪，皆族之；五年，令謀反大逆乃得相告，其餘妄相告，皆以所告者罪罪之。〔註10〕雖曹魏制法之意，未必盡非，但其科條之繁苛，確爲三國之尤。由三國之不約而同採行法術，即可推見一代的風氣。

明法術本所以治亂世，當時施政既不循德教而思變通，則主政者的觀人用人之道自必與往昔不同，而改從人物的有智有力、能立功立業等方面著眼。換言之即注重人物的切實有用。關於此點，曹操之所言最爲明確，所行最爲徹底。曹操頗以用人自負，嘗自言曰：

> 任天下之智力，以道御之，無所不可。〔註11〕

治亂世任法課能，重用才智勇力之士本無不可，但曹操屢次明令求才，卻再三鄙棄德行爲不足重，甚至明言盜嫂受金，不仁不孝亦無礙進用；建安八年五月庚申，令曰：

> 議者或以爲軍吏雖有功能，德行不足堪任郡國之選，所謂「可與適
> 道，未可與權」。……未聞無能之人、不鬥之士並受祿賞而可以立功

〔註6〕 《三國志・吳書》卷七。
〔註7〕 《三國志・蜀書》卷五。
〔註8〕 敗軍抵罪之令，見《三國志・魏書》卷一。士亡之法，見卷二二〈盧毓傳〉。
〔註9〕 皆見《三國志・魏書》卷一。
〔註10〕 皆見《三國志・魏書》卷二。
〔註11〕 《三國志・魏書》卷一。

興國者也。故明君不官無功之臣，不賞不戰之士。治平尚德行，有
事賞功能。〔註12〕

建安十五年春，又令：

今天下尚未定，此特求賢之急時也。「孟公綽爲趙、魏老則優，不可
以爲滕、薛大夫。」若必廉士而後可用，則齊桓其何以霸世？今天
下……得無有盜嫂受金而未遇無知者乎？二三子其佐我明揚仄陋，
唯才是舉，吾得而用之。〔註13〕

建安十九年十二月乙未，又令：

夫有行之士未必能進取，進取之士未必能有行也。陳平豈篤行、蘇
秦豈守信邪？而陳平定漢業，蘇秦濟弱燕。由此言之，士有偏短，
庸可廢乎？有司明思此義，則士無遺滯、官無廢業矣。〔註14〕

建安二十二年秋八月，又令：

昔……韓信、陳平負汙辱之名，有見笑之恥，卒能成就王業，聲著
千載；吳起貪將，殺妻自信，散金求官，母死不歸；然在魏，秦人
不敢東向，在楚，則三晉不敢南謀。今天下得無有……負汙辱之名，
見笑之行，或不仁不孝，而有治國用兵之術？其各舉所知，勿有所
遺。〔註15〕

前後四令，主張皆一，即強調士有偏短，有才未必有德，今當賞功能而美進
取，寧取有治國用兵之術，而其人是否負有汙辱之名，見笑之行，則可不計。
如此態度，與兩漢數百年選舉人才的基本立場，不啻正相反對。才智見重，
道德見輕，則兩漢清議名教所許可的正統士人，至此難免因一無所用而見廢
棄。故四令既下，天下人心大受震撼，影響無可言喻。本來東漢士人好尚名
節太過，已引起若干士人之反動，而戚宦之大力摧殘，更使名教之防已隱有
難乎爲繼之勢；今曹操用人方針如此，正似撼枯木、鑿危隄，遂致一發無可
收拾。曹操嘗設「校事」之官以司刺舉，設心既已不光明，復選小人以充之：

時置校事盧洪、趙達等使察群下，（高）柔諫曰：「設官分職，各有
所司。今置校事，既非居上信下之旨，又達等數以憎愛擅作威福，

〔註12〕　《三國志・魏書》卷一注引《魏書》。
〔註13〕　《三國志・魏書》卷一。
〔註14〕　《三國志・魏書》卷一。
〔註15〕　《三國志・魏書》卷一注引《魏書》。

宜檢治之。」太祖曰：「卿知達等恐不如吾也。要能刺擧而辦眾事，
使賢人君子爲之則不能也。昔叔孫通用羣盜，良有以也。」〔註16〕

觀乎盧洪、趙達之見用，益知曹操用人確能言行一致，果於自信。故曹氏當
權數十年間，名德君子少能得志，才智法術之士皆獲大用。曹操之主要謀士
荀彧，用人亦全同曹操：

（荀彧）前後所擧命世大才，邦邑則荀攸、鍾繇、陳羣，海內則司
馬宣王；及引致當世知名郗慮、華歆、王朗、荀悅、杜襲、辛毗、
趙儼之儔，終爲卿相，以十數人。取士不以一揆：戲志才、郭嘉等
有負俗之譏，杜畿簡傲少文，皆以智策擧之，終各顯名。〔註17〕

戲志才、郭嘉、杜畿等或簡傲少文，或有負俗之譏，而荀彧仍以智策擧之；
曹魏君臣，所行若桴鼓相應。如此政策，影響所及，天下風氣爲之丕變。其
實當時用人重視才智，本爲紓救亂局而發，亦可謂基於政治實用之觀點有以
致之，並非一無可取；尤其東漢中期以來茂才、孝廉之選擧訛濫失實，所謂
人才早已不切實用，亦難怪有識之士意欲改弦更張；但曹魏君臣行之失中，
遂致風氣與人心皆不期然而敗壞。

與曹操同時，當漢、魏之交，才智與德行先後輕重之問題，因事勢之變
化，一時頗引起討論；而一般之意見，則已顯然傾向重才輕德；此可擧徐幹
《中論》爲例。〈智行第九〉：

或問曰：「士或明哲窮理，或志行純篤，二者不可兼，聖人將何取？」
對曰：「其明哲乎！」……或曰：「苟有才智而行不善，則可取乎？」
對曰：「……管仲背君事仇，奢而失禮，使桓公有九合諸侯一匡天下
之功，仲尼稱之曰『微管仲吾其被髮左衽矣』；召忽伏節死難，人臣
之美義也，仲尼比爲『匹夫匹婦之爲諒』矣；是故聖人貴才智之特
能立功立事益於世矣。」〔註18〕

志行純篤不如明哲窮理之能知時見機，有才智而行不善，亦可因其特能立功
立事而棄瑕錄用；當時持此看法者固不獨曹操一人爲然。然則建安、黃初數
十年間曹操父子君臣之施政用人，大抵可謂爲時代的反影，風氣的先鋒，不
過手段特見嚴急，因而弊害特鉅而已。而當時的人物，既暗遷轉於時代風氣，

〔註16〕《三國志・魏書》卷二四。
〔註17〕《三國志・魏書》卷一○注引《魏氏春秋》。
〔註18〕《中論》卷上、〈智行第九〉。

又明驅迫於雄鷙之主，非羣趨於逞才使智，便競慕於無行放達。晉世傅玄曰：
「昔者魏武好法術，而天下貴刑名；魏文慕通達，而天下賤守節。」〔註 19〕
此二語便是當代士風的最佳寫照。

劉劭生於漢末，卒於正始年間，黃初至景初間仕魏至散騎常侍。所作《人
物志》一書，凡三卷十二篇，首尾該洽，甚有可觀，可稱當代人物品鑒的代
表作。《人物志》的出現，自與東漢後期許、郭以下人物品鑒之風大盛有密切
關係；而其書之品鑒角度與人物觀，則深受時風的影響，富含名法色彩及政
治實用色彩，析鑒人物亦全從才性、才智著眼，與漢晉二百年間人物品鑒的
主流頗有不同。下節當先分析其品鑒理論，再專節論其品鑒特色。

第二節 《人物志》的品鑒理論

《人物志》全書共十二篇，三卷，篇幅雖不大，所言却甚周密有系統，
堪稱為繼班固《漢書・古今人表》後有關人物品鑒最可重視的作品。此書與
〈古今人表〉作意不同：劉劭不以品第人物高下為目的，而志在敷陳一套辨
析人物品類的理論；故其書與班〈表〉重心各異。《四庫提要》曰：

> 其書主於論辨人才，以外見之符，驗內藏之器，分別流品，研析疑
> 似，……所言究悉物情，而精覈近理。〔註20〕

所謂「論辨人才」，蓋已指出此書的理論性質與政治實用立場；所謂「以外見
之符，驗內藏之器」，更將劉劭觀人的基本原理一語道破；而「究悉物情，精
覈近理」二語，又見該書議論之深細周備，入情入理。今即將劉氏的理論加
以歸納分析，以見其品鑒人物的基本觀點，從而確認其書的價值所在。

劉劭《人物志・自序》曰：

> 夫聖賢之所美，莫美乎聰明；聰明之所貴，莫貴乎知人；知人誠智，
> 則眾材得其序，而庶績之業興矣。是以聖人……躬南面，則援俊逸
> 輔相之材，皆所以達眾善而成天功也。天功既成，則並受名譽。……
> 由此論之，聖人興德，孰不勞聰明於求人、獲安逸於任使者哉！是
> 故仲尼不試，無所援升，猶序門人以為四科，泛論眾材以辨三等，
> 又歎中庸以殊聖人之德，尚德以勸庶幾之論，訓六蔽以戒偏材之失，

〔註19〕《全晉文》卷四六引《御覽》，〈掌諫職上疏〉。
〔註20〕《四庫全書總目提要》卷一一七、子部雜家類。

思狂狷以通拘抗之材，疾悾悾而無信以明爲似之難保，又曰察其所
安、觀其所由以知居止之行；人物之察也，如此其詳，是以敢依聖
訓，志序人物，庶以補綴遺忘。惟博識君子裁覽其意焉。

此序大抵可分爲兩部分，前半在申說聖君貴乎知人以興大業而成天功，後半在
援引孔子之言以自證其觀人理論。所謂「知人誠智，則眾材得其序，而庶績之
業興矣」云云，分明顯示劉劭論析人物的目的乃爲政治上實際用人而發，故《人
物志》書中若〈體別〉、〈流業〉、〈材能〉等篇皆明白指言何類之人可充任何類
職位，大有爲人君借箸代籌的意味。而〈序〉中援引孔子的人物論，隱以自比，
則未免嫌於牽強；因孔子觀人與劉氏各是一套，實不相同。不過由其意存比附
之處，亦可看出劉氏理論的若干重點；茲順序稍加說明。「序門人以爲四科，論
眾材以辨三等」——孔子觀人四科以辨類別，三等以分高下；劉氏則分人之流
業爲十二，又辨人材有偏材、兼材、兼德三度之異。「中庸以殊聖人之德，尚德
以勸庶幾之論」——孔子稱美中庸之爲德，又曰顏氏之子其殆庶幾乎，三月不
違仁；劉氏亦曰兼德而至謂之「中庸」，具體而微謂之「德行」；然其所謂中庸、
德行的意義其實皆與孔子意不同。「訓六蔽以戒偏材之失」——孔子曰仁、知、
信、直、勇、剛六德苟不佐之以學，皆易有蔽；劉氏則謂偏材十二體各有所失，
然非教學所能移轉。「思狂狷以通拘抗之材」——孔子曰不得中行，必也狂狷，
狂者進取，狷者有所不爲；劉氏亦曰至德中庸，抗者過之，拘者不逮，乃成種
種偏材。「疾悾悾而無信以明爲似之難保」——孔子曰無知之人空空如也；劉氏
則謂依訐似直、依宕似通，須辨其依似而實非。「察其所安，觀其所由，以知居
止之行」——孔子觀人視其所以、觀其所由、察其所安；劉氏則謂居止之行未
必人人可得而觀察之，且安知其不隨物而化？故知人有二難，其一即爲居止變
化之謬。要之，劉劭雖自言「敢依聖訓，志序人物」，其實《人物志》之品鑒標
準、方式、類分皆與孔子不同；〈序〉文援引孔子，不過略相比附以爲依傍而已。

今試將劉劭的人物品鑒理論略加分析。劉氏以爲觀人可由外在的形質而
知內在的情性，〈九徵第一〉：

蓋人物之本，出乎情性，……凡有血氣者，莫不含元一以爲質，稟
陰陽以立性，體五行而著形；苟有形質，猶可即而求之。

所以能然，正因人物的形質與情性皆受元一、陰陽、五行之天賦所命定，根
本既同，故內外如一。如此觀點，顯然直接承自董仲舒以下漢儒的宇宙氣化

之論，〔註21〕而用之以說人物形成。其實東漢初年王充《論衡》一書中有〈骨相〉一篇，所論類似相士相人之法，而其觀人之基本原理亦係從外在形質觀入。〈骨相篇〉曰：

> 人命稟於天，則有表候於體；察表候以知命，猶察斗斛以知容矣。
> 表候者，骨法之謂也。……非徒富貴貧賤有骨體也，而操行清濁亦
> 有法理。貴賤貧富，命也；操行清濁，性也；非徒命有骨法，性亦
> 有骨法。〔註22〕

可見此種觀點導源甚早，並非劉氏新創；但詳細辨析人物所稟各類成分分劑多寡以及其間之異同者，則劉氏所論較王充遠爲精密。元一之氣爲生人所必稟有，至於陰陽二性，各人所稟多少不同，表現於外，則人物情性大體便有二種分別，一動一靜；〈九徵第一〉：

> 故明白之士，達動之機，而暗於玄慮；玄慮之人，識靜之原，而困
> 於速捷。猶火日外照，不能內見；金水內暎，不能外光。二者之義，
> 蓋陰陽之別也。

陰多之人，玄慮而靜，不能速捷；陽多之人，明白而動，不能玄慮；此爲人物本質的二分。陰陽清和得中之人則成聖人。至於五行之質，則相通於木、金、火、土、水五物，而反映於人身之骨、筋、氣、肌、血之上；因五質多少各有不同，遂生成人物各種不同的性格。大體木骨植者近仁，金筋勁者近義，火氣清者近禮，土肌實者近信，水血平者近智。五質恒性，謂之五常；五常之別，列爲五德；雖人物體變無窮，而其根源不出於此五行之質之外。爲求眉目清晰，茲將劉氏此一理論整理表列如左：

> 木──骨──骨植而柔──弘毅──仁──溫直而擾毅，木之德也。
> 金──筋──筋勁而精──勇敢──義──剛塞而弘毅，金之德也。
> 火──氣──氣清而朗──文理──禮──簡暢而明砭，火之德也。
> 土──肌──體端而實──貞固──信──寬栗而柔立，土之德也。
> 水──血──色平而暢──通微──智──愿恭而理敬，水之德也。

人物情性因五行之質各有偏至而有此種種不同，若中庸之質則「五常既備，包以澹味，五質內充，五精外章」，渾然而成一聰明平淡的聖人。若勝質不精，

〔註21〕詳見徐復觀先生《兩漢思想史》卷二董仲舒之部、第八節、第三小節、〈天的構造〉。

〔註22〕王充《論衡·骨相第十一》。

則情性更有蔽障，再列一簡表以示其意：

　　木──骨──直而不柔則木
　　金──筋──勁而不精則力
　　火──氣──氣而不清則越
　　土──肌──固而不端則愚
　　水──血──暢而不平則蕩

依其說，則上自聖人、下至愚、蕩，蓋無不因天賦材質之不同而成其為不同的人物。內質不同，外徵必異，劉氏故謂人物情性皆可由外徵而見，「著乎形容，見乎聲色，發乎情味，各如其象。」換言之，人物因內質不同，而其儀容聲色等等皆可有所不同。凡此外在徵象，皆可以作為觀人察質的憑據。此種外徵又可總括為九項，即所謂九徵：

　　平陂之質在於神
　　明暗之實在於精
　　勇怯之勢在於筋
　　彊弱之植在於骨
　　躁靜之決在於氣
　　慘懌之情在於色
　　衰正之形在於儀
　　態度之動在於容
　　緩急之狀在於言

據劉卲的理論，倘能從九徵觀人，則品鑒人物可以達到「窮理盡性」的境界。九徵有至有違，憑之則可分出人品之不同層級。以上為〈九徵篇第一〉的大概內容。此一部分的品鑒理論，最突出之處即在以元一、陰陽、五行貫通人物內外情性形質，以致人物真若無所遁形；所謂「觀人察質」，似乎真可單從外在形質而觀知人物內在情性。《四庫提要》云「以外見之符，驗內藏之器」，所指便在於此。此一觀點，在魏晉之世極為流通；故當時品鑒人物，多好在一面之間便定高下，視為固然，不以為怪。

　　由是可以進而探究劉氏理論中對於人品層級的劃分。既然劉氏以元一、陰陽、五行之質素說人物形成，則天生質素分劑多寡之不同，便生成各種不同的人物。質素愈多愈備者，九徵皆至，人品最高；若質素有虧缺，則九徵有違，人品亦降。「至」與「違」之間，因分量多少而有三度之分。較此更下

者，又有二類末流。大致劉邵品第人物，有此五種高下的層級。表列如左：

兼德而至──中庸──聖人之目

具體而微（兼材）──德行──大雅之稱

一至──偏材──小雅之質

一徵──依似──亂德之類

一至一違──間雜──無恒之人

外徵內質能有一至，即成偏材；能兼眾材，始成德行；又能兼德而至，則可成聖人。聖人為人品之最高者，具體而微之大雅兼材則為人品之次，一般人物則但具某方面勝質而成小雅偏材。至於依似亂德與間雜無恒二者，或有徵而無實，或一至而一違，雖同居下流，亦當注意加以分辨，以免混淆。《人物志》中主要的人品層級即如上述。

　　《人物志》以分劑多寡之量判別人物高下，除上引〈九徵篇〉外，其意尚多見於他篇。此種理論，蓋深為劉氏所自喜，而亦確實深具特色。譬若〈流業篇〉，論人流之業十二，其中八業，劉氏謂皆以三材為本：有以一材顯者，有得一材之流者，又有「兼有三材，三材皆備」者，又有「兼有三材，三材皆微」者；此八業的區分，即在質素的兼偏與分劑的多寡。又若〈八觀篇〉，「觀其至質以知其名」一段，論偏材之「至質」各有不同，人物資質在「二至以上」者，因各種不同至質之相配相發，亦將生成各種不同的人品；故骨直加上氣清，則成「休名」；氣清加上力勁，則成「烈名」；勁智加上精理，則成「能名」；智直加上彊愨，則成「任名」。如此議論，亦顯然完全運用質素分劑多寡同異的觀念為說。

　　以下即以劉氏所分人品層級為主，抉取散見書中之言論，一一考其所謂聖人、偏材、依似、間雜各品的內涵。劉氏最重視的人品為聖人。聖人一詞，雖沿儒、道舊稱，而其命意則有不同。先錄其說：

兼德而至，謂之中庸。中庸也者，聖人之目也。（〈九徵〉）

凡人之質量，中和最貴矣。中和之質，必平淡無味，故能調成五材，變化應節。是故觀人察質，必先察其平淡，而後求其聰明。聰明者，陰陽之精；陰陽清和，則中叡外明。聖人淳耀，能兼二美，知微知章；自非聖人，莫能兩遂。（仝上）

中庸之質，異於此類；五常既備，包以澹味，五質內充，五精外章，是以目彩五暉之光也。（仝上）

夫中庸之德，其質無名，故鹹而不鹻，淡而不䪿，質而不縵，文而
不績，能威能懷，能辨能訥，變化無方，以達爲節。(〈體別〉)

主德者，聰明平淡，總達眾材，而不以事自任者也。(〈流業〉)

所謂聖人，必當「兼德而至」；若以質量而論，則必「五質內充」，而又能致
「中和」，以達「平淡無味」之境地；但平淡之外，仍必能兼陰陽之美而達「聰
明」之極；聰明故可「知微知章」，平淡故可「變化應節」。此一聖人之涵義，
兼德中庸，近乎儒家之所尚；平淡無名，近乎道家之所尚；〔註23〕但「聰明」
一義，則非特與道家所持適相反對，亦與《論語》九思、《尚書‧洪範》五事
之言「聰」言「明」大不相同。〈九徵篇〉曰：「聰明者，陰陽之精。」〈八觀
篇〉曰：「聖之爲稱，明智之極明也。」劉氏蓋以聖人爲天賦明智達於極點之
人。儒家之言聖人，與夫道家之言聖人，皆未有如此看法。此實足以反映當
代對於才智的重視。另外所謂中庸之質乃「五常既備，包以澹味，五質內充，
五精外章」云云，顯然仍是以劉氏特有的分劑質素之觀點論人，而將聖人推
爲質量最充備、最調和涵融者。綜合其說，劉氏所稱的聖人，既極聰明又極
平淡，能兼眾材、眾德而又中庸無名，實爲一種超卓高絕的人品。由是可悟
及漢晉之間議論人物極重視天賦的聰明，又不喜分立德目，好自才德之涵融
無可名狀處論人，其觀念想法與劉氏所持實無大異。

其次再論列劉氏所謂偏至之材。凡人所稟多不能兼全調和而達中庸之
境，或拘或抗，此少彼多；表現於外的人品則有長有短，而皆成偏至之材。《人
物志》雖看重聖人，但聖人畢竟是人中之極少數，故全書大部分篇幅仍將就
凡人而重在說明各種偏材的短長得失及其各自的所宜所適。偏材的分殊，自
體性分可有十二類，此〈體別篇〉之所論；自志業分亦可有十二類，此〈流
業篇〉之所論；自材能分可有八類，此〈材能篇〉之所論。大體而言，劉邵
論偏材，有三種特色：第一，《人物志》雖分立聖人兼德、大雅兼材、小雅偏
材之三度人品層級，但全書之中，從無輕鄙偏材的意味，仍能客觀分析各類
偏材的特長，以爲一材必有一材之用；第二，劉氏對於各類偏材，亦皆能自
其長處與短處兩方面加以認識，各取其長，各彰其短，無所偏嗜，亦並無明
顯的高下優劣觀念，與一般人物論頗不相同；第三，知長知短，乃所以知其

〔註23〕譬如老子曰「見素抱樸」(一九章)、曰「恬淡爲上」(三一章)、曰「道常無
名，樸」(三二章)、曰「復歸於樸」(二八章)、曰「鎮之以無名之樸」(三七
章)。

用，《人物志》論偏材，最重視各人的用處，尤其是在政治上的用處。茲一一敘下。

劉氏分偏材之體性爲十二，見〈體別第二〉；表列如下：

屬直剛毅——材在矯正，失在激訐——可以立法，難與入微

柔順安恕——每在寬容，失在少決——可與循常，難與權疑

雄悍傑健——任在膽烈，失在多忌——可以涉難，難與居約

精良畏愼——善在恭謹，失在多疑——可與保全，難與立節

彊楷堅勁——用在貞幹，失在專固——可以持正，難與附眾

論辨理繹——能在釋結，失在流宕——可與汎序，難與立約

普博周給——弘在覆裕，失在溷濁——可以撫眾，難與屬俗

清介廉潔——節在儉固，失在拘扃——可與守節，難以變通

休動磊落——業在攀躋，失在疏越——可以進趨，難與持後

沉靜機密——精在玄微，失在遲緩——可與深慮，難與捷速

樸露徑盡——質在中誠，失在不微——可與立信，難與消息

多智韜情——權在譎略，失在依違——可與讚善，難與矯違

此十二類人，皆其所稟各有偏至，拘抗違中，而有不同的情性特徵與得失表現。所謂「材在矯正，失在激訐」云云，一方面在形容人物的體性，一方面亦點明了人物的短長得失。偏材十二，各有得失，劉卲一視同仁，未分高下。又所謂「可以立法，難與入微」云云，則就各類偏材之體性與短長而分論其處事的宜適，換言之即論各類人物不同的用處。其實人物的體別細分何止十二，劉氏不過舉其顯者爲例以說而已。

就用處來分別人物，〈流業篇〉有更多申論，所論更見精細。〈流業篇〉分人流之業爲十二，表列如左：

清節家——延陵、晏嬰——師氏之任

　　　德行高妙，容止可法。

法　家——管仲、商鞅——司寇之任

　　　建法立制，彊國富人。

術　家——范蠡、張良——三孤之任

　　　思通道化，策謀奇妙。

國　體——伊尹、呂望——三公之任

　　　三材皆備，其德足以厲風俗，其法足以正天下，其術足以謀

　　　　廟勝。

器　能——子產、西門豹——冢宰之任

　　　　三材皆微，其德足以率一國，其法足以正鄉邑，其術足以權
　　　　事宜。

臧　否——子夏之徒——師氏之佐

　　　　清節之流，不能弘恕，好尚譏訶，分別是非。

伎　倆——張敞、趙廣漢——司空之任

　　　　法家之流，不能創思遠圖，而能受一官之任，錯意施巧。

智　意——陳平、韓安國——冢宰之佐

　　　　術家之流，不能創制垂則，而能遭變用權，權智有餘，公正
　　　　不足。

文　章——司馬遷、班固——國史之任

　　　　能屬文著述。

儒　學——毛公、貫公——安民之任

　　　　能傳聖人之業，而不能幹事施政。

口　辯——樂毅、曹丘生——行人之任

　　　　辯不入道，而應對資給。

驍　雄——白起、韓信——將帥之任

　　　　膽力絕眾，材略過人。

此十二類人，因天生特性特長有所不同，故其志業用處亦各不相同，所宜擔
任之官職因之亦不相同。劉氏並各舉二人為例說明。十二業之中，依劉氏所
分析，似乎「國體」應為最勝，因彼兼有德、法、術之三材，足以屬風俗、
正天下、謀廟勝；但篇中亦並未明言。德、法、術三者，劉氏以為係人材之
三種基本品質：以德為名者成「清節家」，流而為「臧否」；以法為名者成「法
家」，流而為「伎倆」；以術為名者成「術家」，流而為「智意」；三材皆備，
即成「國體」；三材皆微，則為「器能」。此種分析，雖無必然的根據，而甚
精密可觀。德、法、術三者並稱，亦可見劉氏於三者皆所重視，無分軒輊。
曹魏時代有此看法，固不足怪。尤可注意者，所謂「三公之任」、「司寇之任」
云云，甚至逕用國家官職以分論人物之用處，則劉劭議論人物，顯然不止是
閒談虛論，而志在建立一套政治上用人的辦法；無怪篇中有云：「主道得而臣
道序，官不易方而太平用成。」另外〈材能〉、〈利害〉、〈效難〉、〈接識〉各

篇所論，亦皆不出此義之外。

　　〈材能第五〉曰：「夫能出於材、材不同量，材能既殊，任政亦異。」繼〈流業篇〉之後，劉氏又自人物材殊能異的角度論人物任事施政之所宜。亦先表列如下：

自任之能──清節之材──冢宰之任──矯直之政
立法之能──治家之材──司寇之任──公正之政
計策之能──術家之材──三孤之任──變化之政
人事之能──智意之材──冢宰之佐──諧合之政
行事之能──譴讓之材──司寇之任──督責之政
權奇之能──伎倆之材──司空之任──藝事之政
司察之能──臧否之材──師氏之佐──刻削之政
威猛之能──豪傑之材──將帥之任──嚴厲之政

本篇立言，溯源於各人天生不同的才能，又推論及不同才能之人施政的特色，所言頗可與〈流業篇〉相參。當然國家官職之數不止八，亦不止十二，劉氏曰八曰十二，亦不過舉其大較而已。與〈流業篇〉比較，此處所謂自任之能、清節之材，宜當「冢宰之任」，與〈流業篇〉所謂清節家宜當「師氏之任」者有異，轉與彼篇之「器能」一流相同；所謂行事之能、譴讓之材，則〈流業篇〉未及此流，而曰宜當「司寇之任」，則與彼篇「法家」一流同。同篇下文又再分析各人施政特色不同，則用於政治實務又有不同的得失短長；茲再表列如左：

王化之政──宜於統大──以之治小則迂
辨護之政──宜於治煩──以之治易則無易
策術之政──宜於治難──以之治平則無奇
矯抗之政──宜於治侈──以之治弊則殘
諧和之政──宜於治新──以之治舊則虛
公刻之政──宜於糾姦──以之治邊則失眾
威猛之政──宜於討亂──以之治善則暴
伎倆之政──宜於治富──以之治貧則勞而下困

此種議論，實可謂已將人物品鑒躋登於政治藝術的高明層次之中。而劉氏之精於兩面立論，於此又可再獲一著例。

　　《人物志》在兼德、兼材、偏材三度的人品層級之外，嘗特別提及依似

與間雜二流。所謂「依似」，指其人似有其徵而實不至；所謂「間雜」，指其人之徵質一至一違相抵相失。二者須加以分辨，以免淆亂人物的品鑒。〈八觀篇〉中，對此二者又有更多說明。〈八觀第九〉，「觀其所由以辨依似」節：

> 夫純訐性違，不能公正；依訐似直，以訐訐善。純宕似流，不能通
> 道；依宕似通，行傲過節。故曰直者亦訐，訐者亦訐，其訐則同，
> 其所以爲訐則異。通者亦宕，宕者亦宕，其宕則同，其所以爲宕則
> 異。然則何以別之？直而能溫者，德也；直而好訐者，偏也；訐而
> 不直者，依也。道而能節者，通也；通而時過者，偏也；宕而不節
> 者，依也。偏之與依，志同質違，所謂似是而非也。是故輕諾似烈
> 而寡信，多易似能而無效，進銳似精而去速，訶者似察而事煩，訐
> 施似惠而無成，面從似忠而退違；此似是而非者也。

觀人賢否，最須就其表現之是非疑似處加以探察。既疑爲「是」，則當注意其與「是」之間是否尚有不同？是否似是而實非？是否只爲「依似」而非眞是？譬如訐之與直，相去絕遠，但依訐似直，直之偏又近訐，二者竟可混淆。又如宕之與通，一惡一善，但依宕似通，通之偏又近宕，二者亦竟可混淆。「偏」固爲似是而非，「依」尤爲似是而非。似是而非，內質必不眞同，詳加考辨，可以得知。除直與通可有依似外，烈、能、精、察、惠、忠種種善德，亦皆可有依似，不可不辨。同篇又有言似非而是者：

> 亦有似非而是者：大權似姦而有功，大智似愚而內明，博愛似虛而
> 實厚，正言似訐而情忠。

可見分辨依似確爲品鑒人物一大難題，無怪劉氏將之特別提出討論。〈八觀篇〉又提出分辨「間雜」一流，「觀其奪救以明間雜」條：

> 夫質有至有違，若至勝違，則惡情奪正，若然而不然。故仁出於慈，
> 有慈而不仁者；仁必有恤，有仁而不恤者；厲必有剛，有厲而不剛
> 者。……然則慈而不仁者，則愞奪之也；仁而不恤者，則懼奪之也；
> 厲而不剛者，則慾奪之也。故曰慈不能勝愞，無必其能仁也；仁不
> 能勝懼，無必其能恤也；厲不能勝慾，無必其能剛也。是故不仁之
> 質勝，則伎力爲害器；貪悖之性勝，則彊猛爲禍梯。

所謂「間雜」，與「依似」不同，其內質非無正的一面，是的一面，但又雜有反的一面，非的一面，以致面臨緊要關頭，或者有惡情奪正之虞。譬如有慈有愞，遂不能仁；有仁有懼，遂不能恤；有厲有慾，遂不能剛；愞、懼、慾

皆惡情而終於勝正奪正。欲辨人品是否間雜，須在緊要關頭觀其奪救。同篇下文云又有善情救惡者：

> 亦有善情救惡，不至爲害：愛惠分篤，雖傲狎不離；勸善著明，雖
> 疾惡無害也；救濟過厚，雖取人不貪也。

此種間雜，乃在惡中尚有其善的一面，劉氏特別指出，以與大惡分別，頗具智者之見、仁者之懷。依似與間雜在《人物志》的人品層級中皆屬下等，但劉氏仍運用分劑觀念與對照方式細加申析，期使人物品鑒能達到存眞去僞、精識入神的境界。

另有一類人品，雖不在三度之列，而劉邵嘗專篇加以論述；此即漢末魏初一時矚目的典型人物——英雄。《人物志》有〈英雄篇〉，顯然正爲當代人物有此一格、重此一格，故亦特別將之銓品比論；同時依《人物志》的理論系統，英雄亦係材能質量相當充備的一類人物，雖不及聖人的平淡，而文武茂異，亦卓然能成大業。何謂英雄？〈英雄第八〉：

> 聰明秀出謂之英，膽力過人謂之雄。

英之特長在聰明，雄之特長在膽力。聰明一詞，劉氏曾用以說聖人，乃人物一項貴重品質；膽力一詞，〈流業篇〉曾用以說偏材十二業中驍雄一業，亦爲武勇的最高表現。聰明爲文臣所宜具，膽力爲武臣所宜具；人主則必當兼有英之聰明與雄之膽力：

> 體分不同，以多爲目，故英雄異名；然皆偏至之材，人臣之任也。故
> 英可以爲相，雄可以爲將。若一人之身兼有英、雄，則能長世。……
> 故一人之身，兼有英雄，乃能役英與雄；能役英與雄，故能成大業也。

英、雄雖皆爲高尚之品，但在《人物志》的系統中，英、雄亦不過只以某一質勝、某一材名，仍只算是偏至之材；若能兼英與雄，則成兼材，雖不如聖人平淡，能致太平，亦可以統御文武而成大業。由此段文字可看出英雄當係《人物志》系統中僅次於聖人的上選人物。劉氏又用分劑觀念來析究英與雄的區別，謂英須得英智二分、雄膽一分乃成，雄須得雄膽二分、英智一分乃成，並不可獨以聰明或膽力而爲英、爲雄：

> 若校其分數，則牙則須，各以二分取彼一分，然後乃成。何以論其
> 然？夫聰明者，英之分也，不得雄之膽，則說不行；膽力者，雄之
> 分也，不得英之智，則事不立。是故英以其聰謀始，以其明見機，
> 待雄之膽行之；雄以其力服衆，以其勇排難，待英之智成之；然後

> 乃能各濟其所長也。……必聰能謀始，明能見機，膽能決之，然後
> 可以爲英；張良是也。氣力過人，勇能行之，智足斷事，然後可以
> 爲雄；韓信是也。

英雄二字連言多、分言少，劉氏先將二者分言，又將二者互相包含之處指出，分而不分，旨意精微。甚至一人之身兼有英、雄如漢高祖、楚項羽者，劉氏仍能析論二人之間的不同，謂英分多如高祖者爲勝，終能成功；雄分多如項羽者稍遜，終落下風：

> 若一人之身兼有英、雄，則能長世，高祖、項羽是也；然英之分以
> 多於雄，而英不可以少也。英分少，則智者去之。故項羽氣力蓋世，
> 明能合變，而不能聽采奇異，有一范增不用，是以陳平之徒皆亡歸
> 高祖。英分多，故群雄服之，英材歸之，兩得其用，故能吞秦破楚，
> 宅有天下。

同爲英雄人物，以英分與雄分之多寡仍可分出高下；雖漢魏之交好談英雄者多，似乎尚無人能有此種細密的辨別。劉邵之後，晉初嵇康嘗作〈明膽論〉一篇，見本集；明謂聰明，膽謂膽力；雖未用英雄之目，所論則與劉邵全相彷彿；〈明膽論〉曰：

> 夫元氣陶鑠，眾生稟焉；賦受有多少，故才性有昏明。惟至人特鍾
> 純美，兼周外內，無不畢備；降此以往，蓋闕如也。或明於見物，
> 或勇於決斷。……故吾謂明膽異氣，不能相生，明以見物，膽以決
> 斷；專明無膽，則雖見不斷，專膽無明，違理失機。〔註24〕

嵇康所謂明以見物、膽以決斷，與劉邵所謂聰能謀始、明能見機、膽能決之云云，皆可符合。不過劉邵旨在志序人物，嵇康作論則並不以品人爲目的，而專以討論明之與膽可否相生一點爲中心。要之，英雄一格，漢魏重之，《人物志》專篇爲論，可謂深受時代影響；而自來論英雄，亦未有能如此篇之精微者。

《人物志》在其主要人品架構之外，又因當時清談論難之風已盛，於是又從各人見理、論理之材性不同一端來論人。此即〈材理篇〉之所論。倘非魏世玄學清談已漸漸興起，劉邵未必便思及由此角度來論列人物。不過正始以下的玄學家專好言天地萬物起源變化，不論材性是否相宜，人人爭只往劉氏所謂「道之理」一途鑽研。劉氏分天下之理爲四類，各人材性不同，所明之理便不同；〈材理第四〉：

〔註24〕《嵇康集》卷六〈明膽論〉。

　　若夫天地氣化，盈虛損益，道之理也；法制正事，事之理也；禮教
　　宜適，義之理也；人情樞機，情之理也。四理不同，其於才也，須
　　明而章，明待質而行。是故質於理合，合而有明，明足見理，理足
　　成家。是故質性平淡，思心玄微，能通自然，道理之家也；質性警
　　徹，權略機捷，能理煩速，事理之家也；質性和平，能論禮教，辨
　　其得失，義理之家也；〔註25〕質性機解，推情原意，能適其變，
　　情理之家也。

有人材明道理，能通自然；有人材明事理，能理煩速；有人材明義理，能論
得失；有人材明情理，能適情變。依劉氏說，四家亦皆可算是偏至之材。再
若專以與人論辯之材能分人，又可分人為八類：

　　聰能聽序，謂之名物之材；思能造端，謂之構架之材；明能見機，
　　謂之達識之材；辭能辯意，謂之贍給之材；捷能攝失，謂之權捷之
　　材；守能待攻，謂之持論之材；攻能奪守，謂之推徹之材；奪能易
　　予，謂之貿說之材。

此八類人，在論辯技巧上固各有不同表現，依劉氏意，各人的材質本身亦即
有所不同。既分四家，劉氏進而又論及「四家之明」已各相異，而人又有「九
偏之情」，以致「以性犯明」，遂各有所得失：

　　剛略之人，不能理微，論大體則弘博而高遠，歷纖理則宕往而疏越。
　　抗厲之人，不能迴撓，論法直則括處而公正，說變通則否戾而不入。
　　堅勁之人，好攻事實，指機理則穎灼而徹盡，涉大道則徑露而單持。
　　辯給之人，辭煩意銳，推人事則精識而窮理，即大義則恢愕而不周。
　　浮沈之人，不能沈思，序疏數則豁達而傲博，立事要則熛炎而不定。
　　淺解之人，不能深難，聽辯說則擬鍔而愉悅，審精理則掉轉而無根。
　　寬恕之人，不能速捷，論仁義則弘詳而長雅，趨時務則遲緩而不及。
　　溫柔之人，力不休彊，味道理則順適而和暢，擬疑難則濡愞而不盡。
　　好奇之人，橫逸求異，造權譎則倜儻而瓌壯，案清道則詭常而恢迂。

從理之明不明而言，各人所明之理先已有不同，九偏之情又可致人人「各從其
心之所可以為理」，益使真理不明；從人材之類分言，因見理之明不同，而人物
先已有四類之別，再加先天情性的偏至，以致從見理、論理之得失短長來分，

〔註25〕義理之理字，《四部叢刊》影明本作「禮」，疑誤。《子學名著集成》第八二冊
　　　　《名家輯要》影明本《人物志》即作「理」字。

而人物竟可有九類之異。劉氏未曾言及是否可有兼明四理之人，但依其理論推衍，天生既有兼材、兼德，則兼明四理應非不可能。此篇下文所謂「通有八能」，即明言一人倘兼有名物、構架、達識、贍給、權捷、持論、推徹、貿說八材，便可以「通於天下之理」。以上為《人物志・材理篇》的大概內容。從材理分人物，從來論人物者皆未自如此角度立論，不可不謂又是劉氏的特詣。

劉邵作書敷演一套品鑒人物的理論，其中有相當篇幅在探討品鑒者本身的材質能力是否足以從事公正的品鑒。正因劉邵以天賦材質分劑調成的觀念解說人物的生成，故而在其意中，每一人物皆有天生的長處與短處，包括從事品鑒者在內；既如是，則其人所為品鑒應有天生的障蔽，理應絕難達到公正的地步。此種想法，與劉氏整套理論頗稱一貫。自古人物論皆向外論人，絕無反躬自求者；而《人物志》則獨能如此，足證劉氏論人態度的客觀。〈接識第七〉：

　　　　能識同體之善，而或失異量之美。

同篇又曰：

　　　　一流之人，能識一流之善；二流之人，能識二流之美；盡有諸流，
　　　　則亦能兼達眾材。

依劉氏說，此二者即是接物識人難以公正得當的主要關鍵：一因材之同異未必逢合，一因材之兼偏未必逢合。同體同類之材，彼此能相識，反之則不識；一偏之材不能識二至之才，二至之材又不能識兼材，反之兼材方可識偏材。如此議論，顯然仍源本於人物質素與分劑各異的觀念。劉氏列舉八種流業之人所識所不識的同異之體，表列如左：

　　　　清節——正直為度——能識性行之常——或疑法術之詭
　　　　法制——分數為度——能識較方直之量——不貴變化之術
　　　　術謀——思謨為度——能成策略之奇——不識遵法之良
　　　　器能——辨護為度——能識方略之規——不知制度之原
　　　　智意——原意為度——能識韜諝之權——不貴法教之常
　　　　伎倆——邀功為度——能識進趣之功——不通道德之化
　　　　臧否——伺察為度——能識訶砭之明——不暢倜儻之異
　　　　言語——辨析為度——能識捷給之惠——不知含章之美

清節家不能識法家、術家，法家不能識智意，術家不能識法家，凡此並不因諸人材有高下，而只以諸人體有同異。類似之見，在同書〈七繆篇〉中尚多言及；〈七繆第十〉，「變類有同體之嫌」條：

> 人無賢愚，皆欲使是得在己。能明己是，莫過同體。是以偏材之人，
> 交遊進趨之類，皆親愛同體而譽之，憎惡對反而毀之，序異雜而不
> 尚也。推而論之，無他故焉，夫譽同體、毀對反，所以證彼非而著
> 己是也；至于異雜之人，於彼無益，於己無害，則序而不尚。是故
> 同體之人，常患於過譽；及其名敵，則鮮能相下。……是故性同而
> 材傾，則相援而相賴也；性同而勢均，則相競而相害也；此又同體
> 之變也。

同體之人方相識相善，對反異雜則毀而不尚，凡偏材之人皆不免如此。此中
緣故，一則由於體質的不相逢合，一則亦因心理的相引相斥。譽同毀反等於
自證己是、證人之非。不過劉氏又指出同體雖能相識相善，及其名敵勢均，
同體反而更易相競相害。由於體質同異對於接物識人的影響如此之大，無怪
劉氏對於為品鑒者與被品鑒者之間的體質同異特加注意。〈七繆篇〉「接物有
愛惡之謬」條又有類是之論：

> 夫愛善疾惡，人情所常；苟不明質，或疎善善非。何以論之？夫善
> 非者，雖非猶有所是，以其所是順己所長，不自覺情通意親，忽忘
> 其惡；善人雖善，猶有所乏，以其所乏不明己長，以其所長輕己所
> 短，則不自知志乖氣違，忽忘其善。

人情愛善疾惡，但有時或竟忘善人之善而疾之、忘惡人之惡而愛之，其關鍵
便在惡人的一端或與己同體同是、善人的一端或與己異體異是。體質同異甚
至影響及善惡的判斷，可見接識人物何其不易！劉氏從體有同異、材有兼偏
二點說明品鑒之難以公正，以及為品鑒者之未必真可知人達材，所論頗為深
警，能發人之所未發。

　　《人物志》一書的主要品鑒理論已如上述。總匯以觀，劉卲所建立的理
論，本身甚為完密，處處兼顧名實，深具名理色彩，《隋志》、《唐志》將之收
入名家，並非無因。而劉氏作書，本來目的似亦不在討論如何品鑒人物，而
以建立一套主政者官人用人的辦法為重心，故其書論述的方向，偏重人物之
用，與一般人物論頗有不同。但《人物志》對於如何觀察人物，如何徵形察
質，仍提供了新穎的角度與精細的說明；而劉卲對人物高下的看法，重才重
智，亦恰為漢、魏之交數十年間風氣的典型代表；故從研究人物品鑒的立場
而言，此書的價值仍然不可忽視。

第三節　《人物志》的品鑒特色

　　劉邵《人物志》的主要品鑒理論，如人物如何生成，因而如何可以由外徵考見內質，人品層級如何劃分，人物何等爲高、何等爲下，何等人物可充何類之用，以及品鑒易有何類失謬等等，皆已在前節詳予敘述。至於從歷史與思想的觀點看，劉氏此書究竟有何地位與特色，亦當繼予探討。

　　《人物志》銓衡人物，最顯明的特色厥爲看重才智尤在道德之上。孔孟論人，以德行分高下，勇於行仁，斯爲君子；東漢班固作〈人表〉，仍然堅守儒家矩矱，九等分人，最上「聖人」，二等「仁人」，三等方爲「智人」；及至劉邵《人物志》，乃一反舊觀，以爲「明」重於「仁」、「智」爲「德之帥」。〈八觀第九〉：

> 夫仁者德之基也，義者德之節也，禮者德之文也，信者德之固也，智者德之帥也。夫智出於明，明之於人，猶晝之待白日，夜之待燭火；其明益盛者，所見及遠。……是故別而論之，各自獨行，則仁爲勝；合而俱用，則明爲將。以明將仁，則無不懷；以明將義，則無不勝；以明將理，則無不通。然則苟無聰明，無以能遂。……是故鈞材而好學，明者爲師；比力而爭，智者爲雄；等德而齊，達者稱聖。聖之爲稱，明智之極明也。

據此文以觀，劉邵蓋將明智推爲人物能否「達材逐務」的主要動力，守文好學不可無明智，比力爭雄亦不可無明智；甚至仁、義、理亦當與「明」合用，以明智爲之統帥，始可發揮最大的效果，所謂「以明將仁則無不懷，以明將義則無不勝，以明將理則無不通。」明智駕乎仁德之上，孔、孟以下，直至此時，始有人敢於如此立言。劉氏如此看重明智，無怪乎其釋「聖人」曰：「聖之爲稱，明智之極明也。」「聖人」一格正是劉氏人品觀中最高之品。當然劉氏亦並未貶低道德的價值，《人物志》書中亦屢言五常，不過五常之德在其理論中其實亦只成爲材質，天然生就，與修養無關；〈九徵第一〉：

> 若量其材質，稽諸五物，……五物之實，各有所濟：是故骨植而柔者，謂之弘毅，弘毅也者，仁之質也；氣清而朗者，謂之文理，文理也者，禮之本也；體端而實者，謂之貞固，貞固也者，信之基也；筋勁而精者，謂之勇敢，勇敢也者，義之決也；色平而暢者，謂之通微，通微也者，智之原也。五質恒性，故謂之五常矣。

木、金、火、水、土五物之實，各通於一體，而使人物情性有近仁、近義、

近禮、近智、近信之偏趨；如此之論，分明便將五常之德視爲天分內事，與五物分劑多寡有關；則五常亦等於是材質。既如是，則劉氏之看重道德雖同於昔儒，而其所以視道德者則與昔儒已頗有不同。其意雖亦獎許人物具備五常之德，但若爲天分所關，亦不甚以之責求於人。《人物志》書中，他處尚有使用「德行」字樣者，究其用詞之意，所謂「德行」亦近乎材質而遠於性情之修養。譬如〈流業篇〉中，「清節家」一流見稱爲「德行高妙，容止可法」，劉氏亦頗推重；但在人物十二流業中，「德行」只被視爲其中一流的特質，其他十一流亦各有特質，各成流品，並不以「德行」之有無高低分品類、論高下。並且篇中明言以德、法、術三者爲人物之三種基本特質，號爲「三材」，則德行更顯然只被視爲材質的一種，與法、術地位相同，而並不是人物必當具備的基本修養。即使〈九徵篇〉中，劉氏論列人物的高下，分人爲兼德、兼材、偏材三級，以「德行」稱兼材之人，又謂聖人乃「兼德而至」者，其命辭之意，仍然只是指稱材質之厚薄兼偏，仍非以德行高低分人高下；〈九徵第一〉：

> 三度不同，其德異稱。故偏至之材，以材自名；兼材之人，以德爲目；兼德之人，更爲美號。是故兼德而至，謂之中庸，中庸也者，聖人之目也。具體而微，謂之德行，德行也者，大雅之稱也。一至謂之偏材，偏材，小雅之質也。

「兼材之人，以德爲目」，此所謂「德行」，不過謂其人之天賦材質厚於他人，故能不止以一材顯，並不在強調品德之高。至於聖人「兼德而至」，即是比「兼材」又更上一層，其人的材質較兼材之人更充備、更精純。故《人物志》理論中雖有中庸「聖人」與大雅「德行」二類人品，其實二者仍皆是材性人格之目，而非德性人格之目。是故劉劭對於德行實無確切的理解，亦未能眞正加以重視，只視之爲材性的一部分，而不以之爲判別人物高下的依據。另一方面，劉氏對於「聖人」，乃自材質的角度與明智的角度加以認識，則明可見《人物志》觀人的基準即是才智；聖人才智最高，兼材、偏材以次而降。至於「聖人」仍必冠以「兼德」之目，蓋以見劉氏仍不輕視德行，特其理論不以此爲重心而已。

　　考仁明先後的問題，在漢、魏之交曾經一時興起，頗見談論。徐幹《中論‧智行篇》，已先有智重於行之說；其前更有曹操，四下求才之令，宣稱「治平尚德行，有事賞功能」，亦顯有重才輕德之意。此其緣故，一方面是亂世須用非常之幹才以平治之，積仁守禮之人已不敷時用；另一方面亦因若干東漢

士人太過重視德行名教，行爲有趨於虛矯，以致引起反動。是故劉卲品鑒人
物，重視才智尤在德行之上，亦可謂不脫時代的影響，仍是一代風氣下所宜
有的見解。不過曹操態度太過激烈，甚至明言有才智者即使「負汙辱之名，
有見笑之恥，不仁不孝」亦將棄瑕錄用，毀方敗常無所不用其極；劉氏則重
才智而不廢德行，比曹操遠爲中和。

　　《人物志》論人之另一大特色爲力持功利實用觀點。孔、孟看重人物的
品德，而少言人物的功用；劉卲既看重人物的才智，因又好言才智所可達成
之功用。用人達效，最顯著成功成業的途徑莫如施行政治，是故劉氏對於各
類人物在政治上的宜適職任，分析至爲精覈。《人物志》若干篇章，辨論官材，
無微不盡，幾乎不類人物品鑒之作，而近似於政府用人的科條。此種特色，
亦源於劉卲對於政治上用人的深切關心；其《人物志·自序》曰：

　　　夫聖賢之所美，莫美乎聰明；聰明之所貴，莫貴乎知人；知人誠智，
　　　則衆材得其序，而庶績之業興矣。

劉氏謂「知人」的最高境界爲「衆材得其序，庶績之業興」，可知其品論人物
的意態如何。另外由《三國志·劉卲傳》中，亦可發現若干事實，足以證明
其人有官人用人的特殊興趣；《三國志》卷二一：

　　　劭（當作卲）上疏曰：「百官考課，王政之大較，然而歷代弗務，是
　　　以治典闕而未補，能否混而相蒙。……臣……輒作都官考課七十二
　　　條，〈說略〉一篇。」

都官考課七十二條，〈說略〉一篇，乃議論百官考課、人材功任之作，既屬政
典，又攸關於人物品論；劉氏既用心於都官考課，繼之而作《人物志》〔註26〕
亦甚自然，而《人物志》中多有關於政治上用人的意見，便不足怪。若〈流
業篇〉，先分人物爲清節、法家、術家、文章、儒學、口辯、驍雄等十二流，
繼而各以其材性所宜，論其適合擔任政府中何等職位，或師氏之任，或司寇
之任、三孤之任、三公之任、冢宰之任、師氏之佐、司空之任、冢宰之佐、
國史之任、安民之任、行人之任、將帥之任等等。〈材能篇〉，以天生材能分
人爲自任之能、立法之能、權奇之能、威猛之能等八類，而亦論其行政之宜
適，或冢宰，或司寇、三孤、師氏、司空、將帥等等。同篇更進而申論國有
俗化，民有劇易，何類人材宜於治何類之地、何類之民：或宜於統大，或宜

〔註26〕馮師繩武謂劉卲進都官考課之議，不用，乃發憤作《人物志》。見所編《人物
　　　志講義》，未刊。

於治煩、治難、治侈、治新、糾姦、討亂、治富等等。〈利害篇〉亦專篇以論清節、法家、術家、智意、臧否、伎倆六類人材主政之功與利、弊與害。〈英雄篇〉，論英可以爲相，雄可以爲將，英材雄材兼於一身之人則可以成大業。凡此俱是從政治利用觀點論人。劉氏既好言人物之政治利用，則臣材皆可有用，自君用之，而人君之用又在何處？〈流業篇〉曰：

> 主德者，聰明平淡，總達眾材，而不以事自任者也。……主道得而臣道序，官不易方而太平用成。若道不平淡，與一材同用好，則一材處權而眾材失任矣。

人君之用在「總達眾材」而致太平，此始是大用，不勞屑屑以事自任。倘其用不彰，失材失任，則太平不可致，人君亦無以爲人君。〈材能篇〉更明言之曰：

> 人君之能異於此。故臣以自任爲能，君以用人爲能；臣以能言爲能，君以能聽爲能；臣以能行爲能，君以能賞罰爲能。所能不同，故能君眾材也。

能用人、能聽言、能賞罰，此爲人君之能；人君有此諸能，故能君眾材而有天下。言主德、言君能，此尤可顯示《人物志》關切政治的特色。當漢末魏初之交，由於選舉失實，政治大壞，一時清議頗看重力能挽危救亂的人才，所以「英雄」以及「幹國器」、「王佐才」之類的品語，經常出現於當時的人物品鑒之中；曹操數下求才令，亦爲徵求治國用兵的人才；故《人物志》觀人頗從政治利用觀點出發，亦與當代的時勢有相當關係。

　　若再深一層言，劉氏論人好從得失短長兩面立論，其實在其本質上已帶有重功利、求實用的色彩：了解人物的弱點短處與特長特詣，正欲以各極其用，得其利而避其害。《人物志》各篇辨析人物，幾乎無不分言短長兩面，除上舉〈流業篇〉、〈材能篇〉、〈利害篇〉之外，譬如〈體別篇〉：

> 屬直剛毅，材在矯正，失在激訐；……彊毅之人，狠剛不和，不戒其彊之搪突，而以順爲撓，屬其抗；是故可以立法，難與入微。

此析論人物的體性，而必言及其人的短長得失。又如〈材理篇〉：

> 剛略之人，不能理微；故其論大體則弘博而高遠，歷纖理則宕往而疏越。

此探討人物見理、論理的材分，亦從短長兩面爲說。又如〈接識篇〉：

> 清節之人，以正直爲度，故其歷眾材也，能識性行之常，而或疑法

術之詭。

此言人與人互相接識之不易，而仍不忘指出各類人物所可識、所不可識的不同偏向。此種作法，固然與劉卲精核名實的思想特質有關，而謂其立論全無趨利避害以求功的用意在內，似亦不能得其真。

　　論人精於考核名實，有類形名家言，是為《人物志》品鑒人物的另一特色。《人物志》一書，《隋志》、《唐志》皆列之於子部名家，可見其書與形名學關係之密切。《四庫提要》曰：

> 其書主於論辨人才，以外見之符，驗內藏之器，分別流品，研析疑似，故《隋志》以下皆著錄於名家。……其學雖近乎名家，其理則弗乖於儒者也。（卷一一七子部雜家類）

其理弗乖於儒者，蓋指劉卲作書論辨人物，志在達材逯務，經國緯民，非如《尹文子》之類，「惟析堅白同異」；至謂學近名家，主要即指《人物志》論辨人物緊扣人物的外徵、內質、利用，由內達外，因名求實，分析精微，辨別明確，非一般人物論之比。何以《人物志》有此特色，根本原因即在其書以材質的觀念解釋人物生成，而天生材質人人不同，所稟陰陽、五行的成分各異，故由天賦質素分劑多寡調和之種種狀態，可以分出不同品類的人物；不同品類的人物，相應於其材質而有不同的外徵，又相應於其材質而有不同的內在情性；觀人可因外徵而知其人的材質與情性，因材質與情性即可以推論其人的短長宜適。此一整套的觀念，在〈九徵篇〉中有詳盡的說明。劉氏以質素分劑的觀念分析人物，深辨名實，〈英雄篇〉所論尤可作為一著例；〈英雄第八〉：

> 聰明秀出謂之英，膽力過人謂之雄，此其大體之別名也。若校其分數，則牙則須，各以二分取彼一分，然後乃成。何以論其然？夫聰明者，英之分也；不得雄之膽，則說不行。膽力者，雄之分也，不得英之智，則事不立。

所謂「英」，劉氏謂是二分「聰明」加以一分「膽力」；所謂「雄」，則與「英」相反，乃以二分「膽力」加以一分「聰明」者。聰明為「英之分」，膽力為「雄之分」。此種考校分數的議論，極近似於形名之學。同篇下文又曰：

> 若一人之身兼有英雄，則能長世；……然英之分以多於雄，而英不可以少也；英分少則智者去之。……英、雄多少，能自勝之數也。

即使一身兼有英、雄，劉氏又運用精細的分劑之數為說，謂「英之分」仍須

稍多於「雄之分」，始爲最得當之調配，始可獲智者歸往而成大業。另〈八觀篇〉「觀其愛敬以知通塞」條，持論亦斤斤於分數；〈八觀第九〉：

> 人道之極，莫過愛敬，……然愛不可少於敬；少於敬，則廉節者歸
> 之，而眾人不與。愛多於敬，則雖廉潔者不悅，而愛接者死之。何
> 則？敬之爲道也，嚴而相離，其勢難久；愛之爲道也，情親意厚，
> 深而感物。

與人相交須有愛有敬，愛之爲道，情親意厚；敬之爲道，嚴而相離；二者相成，乃爲最上。但眾人多悅於「愛」，惟廉節者悅於「敬」，故倘欲多得人歸與，則處人之道「愛不可少於敬」。此類議論，皆從材質的分數多寡出發，而歸結於功利大小，循名責實，極見精思。考名家之學，魏初一時復盛，其最直接的導因，即是曹操用人任法課能，趨於刑名，故天下嚮風，馳騖不已；《人物志》之作，與魏文帝作《士操》，姚信作《士緯》，蓋皆出於同一的背景。諸書今皆不傳，獨賴劉氏之書，猶可以考見當時的風氣。

　　《人物志》品鑒人物尚有一特色，即認定天分生成，修養無用，不以爲人物後天尚有進學進德之可能。孔、孟立教，重在勸獎凡人經由修養以日臻於高明；《人物志》則根本否定人物有發展化成之餘地。此自緣於劉氏對人性的看法太過拘滯，完全用材質觀念來解釋人物情性，情性爲之僵固，人物亦爲之僵固。而另一方面，《人物志》整套由外徵以知內質的理論，集中於一形名問題上，既要循名責實，自不能容許人物有「非分」的變化，〈體別第二〉：

> 夫學所以成材也，恕所以推情也。偏材之性，不可移轉矣，雖教之
> 以學，材成而隨之以失；雖訓之以恕，推情各從其心，信者逆信，
> 詐者逆詐；故學不入道，恕不周物。此偏材之益失也。

劉氏在此明言「學不入道」，「偏材之性不可移轉」，後天之學無法勝過先天之材，人物仍然以其天材顯，而教學全歸無用。同理，恕以推情，情仍是先天之偏情，無所謂推。同篇：

> 夫拘抗違中，故善有所章，而理有所失。……及其進德之日，不止
> 揆中庸以戒其材之拘抗，而指人之所短以益其失，猶晉楚帶劍遞相
> 詭反也。

偏材或拘或抗，但永無法達到中庸，即欲「進德」，結果必反而「益失」；此因其材質走向一偏，無法回頭自省。〈八觀第九〉：

> 守業勤學，未必及材；材藝精巧，未必及理；理義辨給，未必及智；

　　　　智能經事，未必及道；道思玄遠，然後乃周。

愚者守業勤學，不如天材生成；學不及材，更遑論以學易材？依其說，後天
的修養與否，根本不能對人物的天分有所損益。故〈九徵篇〉論偏材爲小雅，
兼材（德行）爲大雅，兼德（中庸）爲聖人，却未言小雅如何而可成大雅，
大雅如何而可成聖人。孟子曰人人皆可以爲堯舜，劉氏則必曰聖人不可學而
至。〈流業篇〉論國體兼有德、法、術三材，臧否爲清節之流，伎倆爲法家之
流，智意爲術家之流；却未言臧否、伎倆、智意如何而可進爲清節家、法家、
術家，三家如何而可進爲國體。甚至器能兼有三材，三材皆微，劉氏亦不信
其可進爲國體。如此意見，就品鑒人物而言，固然派分流別，較易分辨，但
人物則已全無伸展轉化之餘地，品鑒亦將失去其獎懲導引的積極意義。魏晉
之世的人物品鑒，好尙天才，注重外徵，經常只在一面之間便欲論定人物的
高下得失；其時爲品鑒者的內在心理，大抵亦皆對後天修養不持肯定的看法，
以爲人物高下早由材質先定，難能再有若何變化；雖彼輩甚少明言教學無用，
但由其品鑒的態度以觀，其基本想法仍不出於劉邵的主張之外。

　　劉邵並不高懸道德一目要求人人進學，而是平舖材質特色分論各人短
長，由此又可進言《人物志》的一大特色，即其面對各類不同人物，並無明
顯的高下觀念，而持客觀的鑒賞態度。雖然劉氏論人頗以功利實用觀點爲本，
好言某類人可有某類之用，但透過其對於各類人物體質情性的細密分析，仍
能使人物的品類爲之明晰，人物的特質爲之彰顯。若孔門十哲，只分四科；《人
物志》的人物品類，則自體別分爲十二、自流業亦分爲十二、自材理分爲四、
自材能分爲八，材分不同，專長各異；較之孔門，遠爲繁密。譬如〈體別篇〉，
劉氏將人物分成彊毅之人、柔順之人、雄悍之人、懼愼之人等十二類，一一
論其情性短長與任事之宜適，不偏不倚，頗能展現各類人物的體性之美。又
如〈流業篇〉，分人物爲清節家、法家、術家、國體、器能等十二類，雖彼篇
篇旨在論析各種人物的不同政治功能，但「思通道化、策謀奇妙」、「膽力絕
眾、材略過人」之類說明，亦能使人感受賞鑒之趣。〈材能第八〉，分人物爲
自任之能、立法使人從之之能、消息辨護之能、德教師人之能等八類；〈材理
第四〉，分人物爲道理之家、事理之家、義理之家、情理之家等四類；每一類
分之下，劉氏亦均有詳盡的說明，舖陳人物之美，列舉其得失短長。《人物志》
中各類人物，皆各有其所以立，而絕不被目爲一無是處。人物品鑒在劉氏手
中，似乎一改剛斷的臧否，轉而成爲一種才性美的欣賞。劉氏對品類區分大

有興趣，其所區分，頗多足以作爲品鑒之所資；比如〈九徵篇〉分人物爲陽多、陰多二類，又分人物爲金質勝、木質勝、水質勝、火質勝、土質勝五類，又分辨人物外在儀、容、聲、色皆相應於內質而可有種種不同：

> 故心質亮直，其儀勁固；心質休決，其儀進猛；心質平理，其儀安閒。夫儀動成容，各有態度：直容之動，矯矯行行；休容之動，業業蹌蹌；德容之動，顯顯卬卬。夫容之動作，發乎心氣，心氣之徵，則聲變是也。……有和平之聲，有清暢之聲，有回衍之聲。夫聲暢於氣，則實存貌色：故誠仁必有溫柔之色，誠勇必有矜奮之色，誠智必有明達之色。夫色見於貌，所謂徵神，徵神見貌，則情發於目：故仁目之精，慤然以端；勇膽之精，曄然以彊。

凡此種種分辨，一方面有助於人物的鑒識，一方面更直接展現了各種人物之美，可供品賞。其他尚有〈材理篇〉以論理之能力材性分辨人物「情有九偏」、「流有七似」、「通有八能」；〈英雄篇〉分辨英雄偏於英、偏於雄；〈八觀篇〉分辨人物品質間雜，或善情救惡，或惡情奪正；又品質在二至以上，以至質相發或成烈名、能名、任名、令德、文理；〈七繆篇〉以心志大小分辨人物爲四類，又以成材早晚分辨人物爲四類，又分辨常士與奇尤，奇尤又有尤妙、尤虛二類等等。人物既可從各種不同角度加以分類，自亦可從各種不同角度加以認識；人物既各不相同，同一人物優於此、劣於彼，亦非一成不變；於是人物情態紛呈，變化多端，品鑒的內容亦更爲豐富多采。下至晉世，人物品鑒仍然遙接劉氏宗風，品鑒的態度相當客觀，各種人品兼容並蓄，對人物的鑒衡亦大抵多方著眼，不以一揆，頗富人物欣賞的趣味。

　　《人物志》的品鑒理論中，尚有若干細節亦頗具特色，殊堪注意。譬如其論人物的體質同異。劉氏既以材質調成來解釋人物生成，則人物體質有同、有異自不足奇；不過劉氏自此進而又論及品鑒者與被品鑒者之間的同異，則引出品鑒是否公平的問題，成爲未之前有的一種創說。〈接識篇〉謂接識人物，「能識同體之善，或失異量之美」，故「取同體也，則接論而相得；取異體也，雖歷久而不知」；由是而言，品鑒實未可確保必能知人達材。〈七繆篇〉又曰，「變類有同體之嫌」，是以「偏材之人，交遊進趨之類，皆親愛同體而譽之，憎惡對反而毀之，序異雜而不尙也」；如此毀譽，雖未必出於品鑒者有心之徇私，卻絕然無法達到公平。因此人物的體質同異不能不加以注意。《人物志》又論及人物中的奇尤。雖然各種人物在其理論中皆可由外徵而察識之，不過

劉氏仍自謙未能「窮理而盡性」，謂鑒識有時而窮，窮於「二尤」；所謂二尤，即指尤妙之奇士與尤虛之僞士。〈七繆篇〉「觀奇有二尤之失」條：

> 尤妙之人，含精於內，外無飾姿；尤虛之人，碩言瑰姿，內實乖反。

清雅之美，著乎形質，皆可觀識；惟此二類人與凡人不同，非可由形質識眞，因此經常造成品鑒的失謬。在因形知人的人物品鑒系統中承認有不易品鑒之人，當是劉氏理論的缺憾。不過人物中有尤妙的奇士，並非劉氏個人的獨見。《三國志》載盧毓對魏明帝曰：

> 名不足以致異人，而可以得常士。〔註27〕

盧毓亦以爲世間除「常士」外，當尙有難致的「異人」。然則劉氏的奇尤之論亦可視作時論的一個代表。

《人物志》又論及人物的平淡。劉邵論人，著眼在人物的材質，以爲材質愈充備者，其人品亦愈高；但絕大多數人皆只以一材顯，即是所謂「偏材」。若人物根本不以一材顯，渾然似無材，淡乎不成名色，則劉氏反謂是最貴的人品，變化無方，無所不能；〈九徵第一〉：

> 凡人之質量，中和最貴矣。中和之質，必平淡無味，故能調成五材，
> 變化應節。是故觀人察質，必先察其平淡，而後求其聰明。

平淡由於材質之中和，並非無材，此點與其理論並未相悖；但重材重智如劉邵者，竟能欣賞人物的平淡不以一材顯，認爲平淡之美尤在聰明之上，則其高識蓋已邁越一時。緣西漢以來，論人重德目、好名色，漸將人物導向飾外求名；劉氏獨能標舉道家之旨，以平淡爲人物之極則，在材質的人品觀上又建立一新人品，其設心、設論皆極可稱道。《人物志》論列各類人物甚詳，而不及隱者，亦是其書之一特色。東漢班固〈古今人表〉中，收列隱者頗多；而《人物志》全書中，却並未出現隱逸一流。此或因劉氏最重視人物的從政能力，故隱逸以無功無用而見廢。從此一點，亦可見劉書的功利實用色彩之濃厚。漢末大亂之後，道法思想聿興，一般人士或慕道家的清靜無爲，或效法家的治國強兵；劉氏大體更加接近後者，其不取隱逸亦無足怪。

至此可以進一步說明《人物志》的思想成分之複雜。劉邵承漢魏之間百家並興的局面而起，各種流行的學說思想對其人都有相當影響，因而《人物志》雖只是一部論人物品鑒的書，却在許多方面顯出其理論根源的分歧，而極具時代特性。例如書中論聖人「中庸」、大雅「德行」、〈九徵篇〉又列舉仁、

〔註27〕《三國志》卷二二本傳。

義、禮、智、信五德、序文推尊孔子，其思想近於儒家；論聖人「平淡」、主德「無為」（「不以事自任」）、看重天才，不重學問，又〈釋爭篇〉教人謙退，明取老子「夫惟不爭，故天下莫能與之爭」之旨，此其思想近於道家；看重人物政治功能，追求政治實效實利，〈流業篇〉亦重法、重術，此其思想近於法家；要求人物形名相符，循名責實，以分劑多寡判分人物，毫釐必較，此其思想近於名家；以陰陽、五行材質調成說人物，此其思想近於陰陽家（漢儒已如此）。無怪歷代目錄學者對於此書歸類的意見，莫衷一是，《隋志》、《唐志》皆著錄於名家，《四庫總目提要》著錄於雜家，《書目答問》則逕置於儒家。清李慈銘《越縵堂讀書記》曰：

> 閱魏劉邵《人物志》。是書共十二篇，雖各為標目，而實一意相承；
> 其恉主於別材器使，為名家之學；而推重術家之流如范蠡、張良者，
> 奇謀通變，能用能藏，又以道之平淡元遠為極致，蓋申韓而參以黃
> 老。〔註28〕

李氏亦指出《人物志》的思想有申韓黃老及名學成分。如此思想背景，對其人物品鑒理論遂造成不小的影響：一是品鑒標準不一，一是品鑒角度繁多。關於品鑒標準方面，其實劉氏自信有一標準，即是以材質多寡兼偏來分別人物高下，兼材高於偏材，偏材高於依似與間雜，分劑清楚，高下明白；不過嚴格而論，材質云者，難知難見，難以掌握，並不能真用以衡鑒人物；故若與〈古今人表〉相較，《人物志》的品鑒標準並不齊一：比如「聖人」，一方面須能合乎儒家的「中庸」，一方面須能合乎道家的「平淡」，一方面又須能「聰明」；「偏材」之中，「國體」最上，既求其能「德足以厲風俗」，又求其能「法足以正天下」、「術足以謀廟勝」；「英雄」則既求其「聰明秀出」，又求其「膽力過人」；何如東漢班固〈古今人表〉，一以儒家道德標準品鑒人物之整齊簡易而可循？品鑒角度方面，劉氏既已建立人物外徵內質相應相符的理論，則凡人物之外徵無不可作為品鑒的憑依：〈九徵篇〉已舉出神、精、筋、骨、氣、色、儀、容、言九途，其中聽聲氣、觀貌色二者較為特殊，類似相者所為，而為前人所少言；窮神、知精二者，則大可見劉邵對人物精神的重視，頗合時代風向，富含道家色彩。〈八觀篇〉觀其奪救、觀其感變、觀其所由、觀其情機以及〈效難篇〉觀其居止變化各點，則係由行為作品鑒。〈材理篇〉由論辯之明作品鑒；〈流業〉、〈材能篇〉由從政之能作品鑒。大抵《人物

〔註28〕李慈銘《越縵堂讀書記》歷史部傳記類。

志》對於人物各種不同的情性之美皆能賞識，故其品鑒角度亦極寬廣靈活。

　　最後再將劉劭《人物志》的人物品鑒理論與漢、晉二代的實際人品觀作一比較，以作本節之結束。漢代取人自鄉舉里選，注重人物的日常德行；劉氏觀人主要在徵形見貌，求其一面而可知，注重人物的天生材能。漢人觀人好以德目，劉氏則鼓吹「平淡」，雅尚自然，兼采眾流，不拘於名色。漢代重經學，人物常以學明五經見重；劉氏則以爲學不及材，「儒學」在十二流業中只附驥尾。漢人雖亦獎勵人物出身從政，却絕不言人物功用；劉氏則極好自政治功利實用觀點論人。晉代名士間的清談與品鑒，好論人物的才情天分，常自外在形貌聲色儀狀觀人，能賞識各種不同類別的人物而無甚偏拘，凡此則與劉氏主張大抵相同；但劉氏論人極重功用，兩晉名士則已全不在意；又劉氏看重「英雄」一格，晉人亦已不再重視；劉氏論人嘗及精、神而未細申，晉人則極看重人物的精神，以之作爲人物品鑒的主要標準之一。總之，《人物志》中的人物品鑒理論，對漢代人物觀有所鍼砭，對晉代人物觀有所啓發，有其承先啓後的特殊時代意義；而其本身的性質與特色，則適爲漢末魏初數十年間時代風尚的完整反映。

第五章　《世說新語》與魏晉人物品鑒

第一節　從《世說新語》看魏晉人物品鑒

　　《世說新語》一書，爲劉宋臨川孝王劉義慶所作。《隋志》以下，大率著錄於子部小說家類中。然而此書實不僅爲小說家言，大可視爲雜史，更富含人倫品題的資料，足供談人物者參考。又此書雖成於宋世，所載人事言論則以劉裕篡晉以前爲斷限；故討論魏晉人物品鑒之風者，大可取資於此，不必因作者時已入宋，遂棄此書於不顧。此書的基本性質，可見於宋黃伯思《世說新語・跋》中：

　　　　《世說》之名肇劉向，……宋臨川孝王因錄漢末至江左名士佳語，亦
　　　　謂之《世說》；……與裴啓《語林》近出入，皆清言林圃也。〔註1〕

另《四庫全書總目提要》亦曰：

　　　　所記分三十八門（別詳下文），上起後漢，下迄東晉，皆軼事瑣語，
　　　　足爲談助。〔註2〕

據是，則劉義慶此書一方面儘量錄下前代清談名士的佳言雋語，一方面亦由此勾出當時人物的風貌；味其言語，觀其行事，自是饒富趣味，足可列於小說之林。當時名士之清談，主要內容之一即爲人物品鑒，品騭人物之語，在《世說》中見載極多，單就〈識鑒第七〉、〈賞譽第八〉、〈品藻第九〉三門所載，已達二百七十三條之多；故《世說》一書亦足可稱爲「人倫之淵鑒」。〔註3〕另是書記

〔註1〕見《古今圖書集成》〈經籍典〉卷四九九、雜著部。
〔註2〕見《四庫總目提要》卷一四〇、子部小說家類一。
〔註3〕此近人饒宗頤之語，見楊勇《世說新語校箋》前〈序〉。

錄名士雅言，始自漢末，終於晉末；此一採擇態度，正可印證本文前第三章所論，即魏晉名士之風流早源於漢末，雖中經魏初名法之治稍加摧扼，而風尚大趨仍一以貫之，人物風氣自漢末至晉末實無大異，數百年間名士確成爲典型高尚的人品。倘欲探究漢晉之間的人物品鑒之風，劉氏此書自不宜忽。

《世說新語》一書凡三卷，〔註4〕分三十六門，〔註5〕共錄漢末至東晉名士言行凡一千一百三十四條。〔註6〕其中明白記載人物品鑒之事者有三門，即〈識鑒第七〉（二十八條）、〈賞譽第八〉（一百五十七條）、〈品藻第九〉（八十八條）；其他若〈言語〉、〈文學〉、〈雅量〉、〈排調〉各門，亦多有關於品鑒的故事。諸所記錄，約十之六、七可考見於各代正史及雜傳，可相參證；而其越出於其他傳記之外的部分，則更具參考價值；況且史文分散，固絕不如此書能將相關資料抄撮一處，可綜合以見大概。今暫以〈識鑒〉等三門爲主，略述其書對於研究魏晉人物品鑒的價值。

〈識鑒〉門二十八條，悉載先識遠見、知人於無名的故事。或年少而知之，或未用而知之；或知其終成，或知其終敗。此等識鑒，皆於後來果有徵驗，因此騰傳人口，形諸記錄，遂爲臨川王採入書中。夷考漢末以來以「知人」著稱之人物事迹，若許劭斷曹操爲「亂世之姦雄」，郭泰拔張孝仲諸人於芻牧、郵役、屠酤、卒伍之中，〔註7〕皆是先識遠見一路；故知此種形態的人物品鑒，確爲當代品鑒風氣中的主流之一，無怪劉氏勒成專篇以記。

先識遠見，效驗如神，究竟有何原理？其實先識遠見之事，多事前有端緒可尋，非如若干記載所顯現者，若可一望而知人未來命運。所謂「識鑒」，通常皆已先知人物情性，遂根據已知以推未知，仍屬於合理的推測，合理的品鑒；譬如第三條、第十四條、第廿三條所記事皆如此：

〔註4〕 宋汪藻〈世說敍錄〉云：傳世《世說》諸本有作二卷、三卷、八卷、十卷、十一卷者。又云：李氏謂凡稱《世說新書》者皆分卷爲三。汪〈錄〉今藝文印書館影印本後有附。

〔註5〕 《四庫總目提要》作卅八門。汪〈錄〉云：「邵本於諸本外別出一卷，以〈直諫〉爲三十七，〈姦佞〉爲三十八；唯黃本有之，他本皆不錄。」另顏氏、張氏本又以〈邪諂〉爲三十八，姦佞爲三十九；則更多一門。

〔註6〕 此依今人楊勇《世說新語校箋》之序數。楊氏〈凡例〉云：「《考異》（《世說考異》）中有三條正文爲宋本所無者；此係宋時別本《世說》所有，其出於二劉原書無疑，不能廢棄。」故此本較一般宋本已多三條。又〈德行第一〉、第四八條，亦宋本所無，而爲楊氏依《考異》自別條中析出者。則又多一條。又〈豪爽第十三〉、第十三條，宋本分爲二，楊氏依唐卷合爲一。則又少一條。

〔註7〕 《後漢書》卷六八〈郭符許列傳〉。

何晏、鄧颺、夏侯玄並求傅嘏交，而嘏終不許。……傅曰：「夏侯太初，志大心勞，能合虛譽，誠所謂利口覆國之人。何晏、鄧颺有為而躁，博而寡要，外好利而內無關籥，貴同惡異，多言而妬前；多言多釁，妬前無親。以吾觀之，此三賢者，皆敗德之人爾。」（三）

周伯仁母冬至舉酒賜三子曰：「吾本謂度江託足無所，爾家有相，爾等並羅列，吾復何憂？」周嵩起，長跪而泣曰：「不如阿母言。伯仁為人，志大而才短，名重而識闇，好乘人之弊；此非自全之道。嵩性狼抗，亦不容於世。唯阿奴碌碌，當在阿母目下耳。」（一四）

韓康伯與謝玄亦無深好，玄北征後，巷議疑其不振，康伯曰：「此人好名，必能戰。」（二三）

較此更進者，則能就人物素來行事推論其遇事之應變，譬如第十五條、第廿二條：

王大將軍既亡，王應欲投世儒，世儒為江州；王含欲投王舒，舒為荊州。……應曰：「此乃所以宜往也——江州當人彊盛時，能抗同異，此非常人所行；及觀衰厄，必興愍惻。荊州守文，豈能作意表行事？」（一五）

郗超與謝玄不善。符堅將問晉鼎，既已狼噬梁、岐，又虎視淮陰矣。于時朝議遣玄北討，人間頗有異同之論，唯超曰：「是必濟事。吾昔嘗與共在桓宣武府，見使才皆盡，雖履屐之間亦得其任；以此推之，容必能立勳。」（二二）

亦有能從小事推知人物大節者，雖狀似玄妙，其實仍基於品鑒者以慧心體察人性，仍未越出品鑒的正軌之外；譬如第二十、第廿一條：

桓公將伐蜀，在事諸賢，咸以李勢在蜀既久，承藉累葉，且形據上流，三峽未易可克；唯劉尹云：「伊必能克蜀。觀其蒲博，不必得，則不為。」（二○）

謝公在東山畜妓。簡文曰：「安石必出。既與人同樂，亦不得不與人同憂。」（二一）

觀其博戲，能知克蜀之功；觀其挾妓，能知同憂之仁；此種慧心，推於至極，則新來乍見，亦可能不俟端緒之萌而知人於未形；譬如第十一條、第十二條：

諸葛道明初過江左，……先為臨沂令，丞相謂曰：「明府當為黑頭

公！」（一一）

　　王平子素不知眉子，曰：「志大其量，終當死塢壁間。」（一二）
故知所謂先識遠見之事亦皆有其憑準，並非神機妙算之屬。不過一般人惑於
識鑒之精切，常好加以渲染，以故識鑒故事往往愈傳愈神。譬如王澄或可知
王玄不得善終，又何以能知其人「終當死塢壁間」？此事應已經過渲染。

　　羊祜與山濤識鑒王衍的故事，則可以顯示當時識鑒的兩種途徑，頗可參
看。第五條：

　　　王夷甫父乂，為平北將軍，有公事，使行人論不得；時夷甫在京師，
　　　命駕見僕射羊祜、尚書山濤。夷甫時總角，姿才秀異，敘致既快，
　　　事加有理，濤甚奇之。既退，看之不輟；乃歎曰：「生兒不當如王夷
　　　甫邪？」羊祜曰：「亂天下者，必此子也。」（五）

《世說》劉注引《晉陽秋》補充其事曰：

　　　夷甫父乂，有簡書將免官；夷甫年十四，見所繼從舅羊祜，申陳事
　　　狀，辭甚俊偉。祜不然之。夷甫拂衣而起。祜顧謂賓客曰：「此人必
　　　將以盛名處當世大位，然敗俗傷化者必此人也！」（《晉陽秋》）

羊祜蓋依識鑒之一般原理，以王衍拂衣而起失禮負氣一節推測其人之情性與
行事；山濤則純由王衍之外表姿貌及談吐應對而賞識其人。羊祜所鑒不為不
精，山濤所鑒亦自有其立場。當時觀念之中，以為人物外在姿貌皆為內在才
分的反映，神貌口才愈佳者，其才分亦必愈高；山濤即持此看法。山濤之外，
如衛瓘知衛玠以神、潘滔知王敦以目，亦皆是自人物外貌神色而為識鑒；第
八條、第六條：

　　　衛玠年五歲，神衿可愛；祖太保曰：「此兒有異；顧吾老，不見其大
　　　耳！」（八）

　　　潘陽仲見王敦少時，謂曰：「君蜂目已露，但豺聲未振耳。必能食人，
　　　亦當為人所食。」（六）

另如褚裒知孟嘉，更顯然只在一面之間單自外表氣度便加賞識；第十六條：

　　　武昌孟嘉作庾太尉州從事，已知名。褚太傅有知人鑒，罷豫章還，
　　　過武昌，問庾曰：「聞孟從事佳，今在此不？」庾云：「試自求之。」
　　　褚眄睞良久，指嘉曰：「此君小異，得無是乎？」庾大笑曰：「然。」
　　　（一六）

故知觀察外在神貌亦是當時識鑒人物的一大法門，觀察若能精細，識鑒即可

準確。

　　無論以情性推求或以外形鑒定，先識遠見之事內涵的基本信念有二，一即深信人物情性出於天生，後天極少改變；一即深信人物外徵與內質必定相應，觀乎外便可知乎內。此二者皆是當時人一致的觀念。亦因有此觀念，先識遠見之事方被視爲可能，並且愈益流行。品鑒者多自信有此眼光，好事者亦將此類故事塗飾渲染，傳揚唯恐不及。由此愈往，後來魏晉人觀人更專以先識遠見爲貴，不肯詳考人物操蹈云爲，晉《抱朴子·清鑒篇》所言即爲代表：

> 且夫所貴，貴乎見俊才於無名之中，料逸足乎吳坂之間，掇懷珠之蚌於九淵之底，指含光之珍於積石之中，若伯喈識絕音之器於煙燼之餘，平子剔逸響之竹於未用之前，六軍之聚，市人之會，暫觀一覩，無所眩惑，探其潛生之心計，定其始終之事行，乃爲獨見不傳之妙耳。若如末論，〔註8〕必俟考其操蹈之全毀，觀其云爲之好醜，此爲絲線既經於銓衡，布帛已歷於丈尺，徐乃說其斤兩之輕重，端匹之修短，人皆能之，何煩於明哲哉！〔註9〕

此種意見，與兩漢由鄉里舉操行的想法已有甚大不同。《抱朴子》之前，劉劭《人物志》中，已謂觀察人物居止之行乃爲「已試」，「非始相也」；〔註10〕言下之意，似亦已以考察居止爲迂緩。當時觀人的意見如此，風尚如此，無怪先識遠見之事愈來愈多，《世說》至爲專設〈識鑒〉一門以記之。〈識鑒〉一門之設，正可表現當代人物品鑒的一種方面。

　　〈賞譽〉門一百五十七條，全記魏晉名士間相互稱譽之語。語極簡單，多半只有一句二句；稱譽之著眼不一，大抵重在風流；稱譽之造辭設語，則多半求新求美不落俗套。品題延譽，如漢人薦舉之類，本來目的在揄揚人物，故長篇大論、遠徵博引，不嫌其多；華詞套語、疊床架屋，不嫌其俗；所述人物有如許可稱道處，自然能使他人刮目相看。但魏晉的人物品鑒，似乎求精不求詳，其於人物，亦以有逸才特色爲上，而不責以性全行周。此種單言片語式的精緻品題，本身亦成爲魏晉人物品鑒中的極大特色。本文第三章第三節，已分從形式與內容二方面析論當代品鑒人物的一般原則；本節即以《世

〔註 8〕　清孫星衍《抱朴子校正》云：諸本作「未論」，僅明盧舜治本作「末論」，疑亦未確。當是句有脫誤。孫〈校〉今世界書局排印本有之。

〔註 9〕　《抱朴子》外篇〈清鑒〉卷第二一。

〔註10〕　《人物志·效難第十一》。

說》爲本，再從若干角度對賞譽一事再作探討。

賞譽必用美辭，但魏晉人賞譽人物多不喜直接道破，寧可故隱其辭，而以比喻、比較的間接方式出之（詳第三章）；即或不然，亦儘量不用通俗現成語，而必另行自造佳妙新句以爲形容；譬如第六四條、第八一條、第八四條、第一三五條：

> 劉萬安即道眞從子，庾公所謂灼然玉擧，又云：「千人亦見，百人亦見。」（六四）

> 王長史道江道羣：「人可應有，乃不必有；人可應無，己必無。」（八四）

> 王仲祖稱殷淵源：「非以長勝人，處長亦勝人。」（八一）

> 劉尹道江道羣：「不能言而能不言。」（一三五）

此類品語，工整而新警，可想而知出於有心的經營，而確頗能醒人眼目。若論有心經營，當時人既將品鑒人物視爲清談之一目、風流之一環，自必不只以褒譽某人爲鵠的，而必藉此展示個人的眼光與判斷，趣味與辭采，既求準確，又求精美。〈賞譽〉門中大部分條文顯然都具此共同特點。故當時斟酌的品語，唯恐不切，甚至有多人反覆切磋始得論定者：譬如第四八條：

> 時人欲題目高坐而未能。桓廷尉以問周侯。周侯曰：「可謂卓朗。」桓公曰：「精神淵著」。（四八）

再據劉注引《高坐傳》：

> 庾亮、周顗、桓彝一代名士，一見和尚，披襟致契。曾爲和尚作目，久之未得。有云：「尸利密可稱卓朗。」於是恒始咨嗟，以爲標之極似。宣武嘗云：「少見和尚，稱其精神淵著，當年出倫。」其爲名士所歎如此。

可見品鑒人物一言以爲智、一言以爲不智，豈肯草草從事。「卓朗」之語出於周顗，「精神淵著」之語出於桓彝，兩人之名遂與此二語並傳。類此之例尚有第一〇四條：

> 世目謝尚爲「令達」。阮遙集云：「清暢似達」。或云：「尚自然令上。」（一〇四）

諸語意思皆相通，而品辭小異，正可互相補充發明。孫綽亦曾以「清易令達」稱謝尚，見〈品藻〉第卅六條。又所謂「卓朗」、「令達」，雖只用精約的兩字

形容，卻已頗能扣合人物的風格特性，最足以見當時品鑒的妙處。〈賞譽〉門中，頗多此種；例如第五條、第七十條、第一○六條、第一三二條、第一三七條：

> 吏部郎缺，文帝問其人於鍾會。會曰：「裴楷清通，王戎簡要，皆其選也。」（五）

> 世目杜弘治「標鮮」，季野「穆少」。（七○）

> 簡文目敬豫為「朗豫」。（一○六）

> 王子猷說：「世目士少為朗，我家亦以為徹朗。」（一三二）

> 世稱苟子「秀出」，阿興「清和」。（一三七）

其實何必兩字，一字亦無所不可，王恭即曾以一字評比王濛、劉惔、謝安：「長史虛，劉尹秀，謝公融。」見〈品藻〉第八四條。凡此品辭，字面既美，所指陳的才性更覺雋美非常。此時的人物品鑒活動，實已近似一種審美活動，篇名「賞譽」，正得其旨。可注意者，斯時人物才性何以如此其美？如此獨特而多姿？豈天地生人獨厚於魏晉？其中關鍵應在人物才性的自如展現，以及品鑒者對於才性風格的妙悟精析。故知才性的發揚當是本時代未可忽視的一大變化，人物理想由此而變，人物亦由此而變。而「賞譽」活動中，賞與被賞雙方的風流情趣皆已透出，更不待言。

由於才性風格有時不易名狀，當時的人物品鑒頗常以比喻的形式出現。此種比喻，甚少以金玉龍鳳為比，而多以山水樹石等等為比，足以顯現時人趣味的轉變。即以樹為例，喻人如松、如桂、如柳，喻意顯然不同；若再加意刻劃，才性風格的特質便宛然可知。如第二條、第十五條、又參〈德行〉第七條、〈容止〉第卅九條：

> 世目李元禮：「謖謖如勁松下風。」（二）

> 庾子嵩目和嶠：「森森如千丈松，雖磊砢有節目，施之大廈，有棟梁之用。」（一五）

> 季方曰：「吾家君譬如桂樹生泰山之阿，上有萬仞之高，下有不測之深，上為甘露所霑，下為淵泉所潤。」（〈德行〉七）

> 有人歎王恭形茂者，云：「濯濯如春月柳。」（〈容止〉三九）

同以松喻，李膺以堅勁有風力稱，和嶠以高茂有骨節稱，質性特色各異。桂

樹生於泰山之旁，蘊藉深厚，高大芬芳，引人歆仰，可喻陳寔。〔註 11〕柳樹發於春氣之中，光鮮肥澤，引人愛悅，可喻王恭。〔註 12〕王恭與王忱一時齊名，司馬道子又曾以樹形不同相比相喻；第一五四條：

> 司馬太傅爲二王目曰：「孝伯亭亭直上，阿大羅羅清疎。」（一五四）

亭亭直上，自見直致；羅羅清疎，不免疎放。此種比喻意思又更深入一層。王戎對王衍之品語尤妙；第十六條：

> 王戎云：「太尉神姿高徹，如瑤林瓊樹，自然是風塵外物。」（一六）

仍是樹，但非眞樹，瑤林瓊樹，以玉爲質，其品級更爲精緻高貴。除此之外，當時品鑒又常以人比人，藉此爲賞譽的對象定位，或不再多言，或酌綴一二語，而賞譽的目的已完全達成；如第三條、第九條、第二六條、第五五條、第九八條：

> 謝子微……見許子政弱冠之時，歎曰：「若許子政者有幹國之器。正色忠謇，則陳仲舉之匹；伐惡退不肖，范孟博之風。」（三）

> 羊公還洛，郭奕爲野王令。……既見，歎曰：「羊叔子何必減郭太業！」復往羊許，小悉還，又歎曰：「羊叔子去人遠矣。」羊既去，郭送之彌日，一舉數百里，……復歎曰：「羊叔子何必減顏子！」（九）

> 郭子玄有俊才，能言老莊。庾敳常稱之，每曰：「郭子玄何必減庾子嵩！」（二六）

> 王大將軍語右軍：「汝是我佳子弟，當不減阮主簿。」（五五）

> 王長史歎林公：「尋微之功，不減輔嗣。」（九八）

羊祜何必減顏淵，可謂稱美之至。王羲之不減阮裕，即以其帳下最佳人物爲辭。許虔可比陳蕃、范滂，正以忠正嚴明爲度。而郭象不減庾敳，支遁不減王弼，則分別就其談玄之才而言。同類之例仍有不少，如第六一條、第九七條、第九九條：

> 王丞相拜司徒，而歎曰：「劉王喬若過江，我不獨拜公。」（六一）

> 謝公道豫章：「若遇七賢，必自把臂入林。」（九七）

> 殷淵源在墓所幾十年，于時朝野以擬管、葛，起不起以卜江左興亡。
> （九九）

〔註11〕陳寔質性如此，隱有大德，故此條不在〈賞譽〉而入〈德行〉。
〔註12〕既云「形茂」，故入〈容止〉。實則外形內質有以相應，其質性宜可由此覘見。

劉疇可比王導，司徒公之美選，謝鯤七賢者流，殷浩則可比管仲、諸葛亮，可以興國成家。諸如此類的品鑒，即使推譽稍嫌過當，只須相對應之人物質性相似，仍然足以成爲有效的品鑒。又有一類品鑒，乃以現成古籍名言喻人，雖現成，但最難貼切，因人物質性殊難調停，未必正可相合。此種品鑒佳妙者極少。《三國志》注引《魏氏春秋》曾記何晏以《易·繫辭傳》之「唯深也，故能通天下之志」喻夏侯玄、「唯幾也，故能成天下之務」喻司馬師、「唯神也，不疾而速，不行而至」自喻，一時翕然稱引，可謂難能，已見前文第三章。〈賞譽〉另載一事；見第一一一條：

> 許玄度言：「〈琴賦〉所謂『非至精者，不能與之析理』，劉尹其人。
> 『非淵靜者，不能與之閑止』。簡文其人。」（一一一）

許詢借嵇康〈琴賦〉名句以喻劉惔、簡文帝司馬昱才品質性，既頗貼切，又極典雅，確屬高明，不可多得。魏晉名士品鑒人物，雖已不關實用，而仍然關乎眼光與趣味，仍然關乎風流，是以用心從事，多所審酌，風流中不失嚴謹，由以上諸例中可以分明見得。

　　若論人物品鑒的性質，辨析才性短長，崇尚雋語雅言，正與魏晉名士所敦尚的清談一事同源共流，相倚並盛；清談既常談人物，人物品鑒亦經常衡鑒人物的清談之才；由此正可看出二者間關係的密切。人物品鑒著重談才，譬如鍾會之賞裴楷、王衍之賞郭象、王胡之之賞殷浩，分見第五條、第卅二條、第八二條：

> 鍾士季……謂：「裴令公之談，終日不竭。」（五）
>
> 王太尉云：「郭子玄語議如懸河寫水，注而不竭。」（三二）
>
> 王司州與殷中軍語，歎云：「己之府奧，蚤已傾寫而見；殷陳勢浩汗，眾源未可得測。」（八二）

裴頠、胡母輔之皆以能談而得美譽，見第十八條、第五二條：

> 裴僕射，時人謂爲言談之林藪。（一八）
>
> 胡母彥國吐佳言如屑，後進領袖。（五三）

樂廣、衞玠皆以能繼正始之清談而大爲衞瓘、王敦、王澄、王衍所推重稱賞，見第廿三條、第廿五條、第四五條、第五一條：

> 衞伯玉爲尚書令，見樂廣與中朝名士談議，奇之曰：「自昔諸人沒已來，常恐微言將絕；今乃復聞斯言於君矣。」命子弟造之，曰：「此

人之水鏡也，見之若披雲霧覩青天。」（二三）

王夷甫自嘆：「我與樂令談，未嘗不覺我言爲煩。」（二五）

王平子邁世有雋才，少所推服；每聞衞玠言，輒歎息絕倒。（四五）

王敦爲大將軍，鎮豫章，衞玠避亂從洛投敦，相見欣然，談話彌日。
于時謝鯤爲長史，敦謂鯤曰：「不意永嘉之中，復聞正始之音。阿平
若在，當復絕倒。」（五一）

山濤雖不以談自居，王衍仍稱道其言談往往旨合老莊，見第廿一條。庾敳稱
道郭象何必減庾子嵩，正以其喜談老莊，見第廿六條。而支遁見稱「尋微之
功，不減輔嗣」，尤顯指其談才，見第九八條。王濛屢稱支遁「向高坐者故是
凶物」，「自是鉢釪後王何人也」，壹皆就其談才而言，見第一一〇條。由上舉
諸例可見，魏晉名士好尚清談，確已充分反映於其時的人物品鑒之中；而人
物品鑒一事，又正是清談的一大主流；論當代人物品鑒，固絕不可忽略清談
的影響。上文曾述及魏劉邵《人物志》的人物品鑒理論；《人物志》便有〈材
理〉一篇，將人物分爲道理之家、義理之家、情理之家、事理之家；分辨人
物竟從能否見理、論理入手，此分明便是清談盛行時代的相應現象。

又其時參與人物品鑒活動之人，多屬風流名士，賞與被賞雙方往往均已
成名，其實不待品第鑒識而得嘉賞；「賞譽」之事在此無異於某種品題延譽，
足以聳動觀聽，幾乎可視爲風流人物的風流展示；至於才性辨析，反成次要
目的。〈賞譽〉門中所見彼此延譽品賞的名士，前期集中於王戎、裴楷、王衍、
樂廣諸人，後期集中於王導、庾亮、王羲之、殷浩、王濛、劉惔、支遁、謝
安諸人，諸人正是當代最具代表性的名士。即以王濛、劉惔爲例，劉惔稱道
王濛，見第八七條：

劉尹每稱王長史云：「性至通，而自然有節。」（八七）

劉注引《王濛別傳》謂：「濛之交物，虛己納善，恕而後行，希見其喜慍之色，
凡與一面，莫不敬而愛之。」則劉惔之語確能掌握王濛的質性，用語尤能簡
明有致，絕有品題之功。王濛不甚精於清言，但謝安仍加以稱道，見第一三
三條：

謝公云：「長史語甚不多，可謂有令音。」（一三三）

再據劉注引《王濛別傳》：「濛性和暢，能清言，談道貴理中，簡而有會，……
辭旨劭令，往往有高致。」則謝安之語亦屬定評，而更似有意推崇。支遁極

長於玄談，實不滿於王濛的談才，〈文學〉門第四十二條曾記支謂王曰：「身與君別多年，君義言了不長進。」但支遁仍儘量加以美言，見第九二條：

> 林公謂王右軍云：「長史作數百語，無非德音，如恨不苦。」王曰：
> 「長史自不欲苦物。」（九二）

如恨不苦，意指稍嫌不夠銳利；而王義之又為之解釋。如此「賞譽」，表面似是才性辨析，其實已近於彼此揄揚標榜，人物風流由是更為世人所賞慕。王濛曾言：「劉尹知我，勝我自知。」見第一○九條。兩人同為風流領袖。王濛亦曾盛贊劉惔，見第八三條：

> 王長史謂林公：「真長可謂金玉滿堂。」林公曰：「金玉滿堂，復何
> 為簡選？」王曰：「非謂簡選，直致言處自寡耳。」（八三）

金玉滿堂語出《老子》，此處意指劉惔內蘊深廣，而吉人之辭寡，外現者甚希。簡文帝司馬昱稱劉惔，見第一三八條：

> 簡文云：「劉尹茗柸有實理。」（一三八）

茗柸或即酩酊，懵懂貌。貌似懵懂而內有實理，其義與王濛所言大略相通。謝安稱劉惔，見第一一六條：

> 謝公云：「劉尹語審細。」（一一六）

此亦指出劉惔語言精審的特點。簡文帝又云：

> 簡文語嘉賓：「劉尹語末後亦小異，回復其言，亦乃無過。」（一一
> 八）

則劉惔前後所言有時不相照應的小病，簡文帝已自行為之解釋。〈品藻〉第四八條曾載劉惔至王濛處清談的故事：

> 劉尹至王長史許清言，時苟子年十三，倚牀邊聽。既去，問父曰：「劉
> 尹語何如尊？」長史曰：「韶音令辭，不如我；往輒破的，勝我。」
> （〈品藻〉四八）

王濛韶令，劉惔精要，彼此深知，同時名士亦樂予討論分辨。而如此論辨，不唯無損於風流領袖的名望，反而更增強了各自的形象，甚至周邊一應名士亦得共享趣味的滿足與風流的參與感。至是可以發現，漢末清流的標榜品題，其實影響直入晉世；雖然人物品鑒的語辭與方式都已改變，但其「賞譽」的本質與集體行為背後的特殊意識仍然未曾消失；魏晉名士從許多角度來看，的確都可視為清末清流的後繼者。

〈品藻〉門八十八條，皆記魏晉間議論人物高下得失之語。其基本形式

爲兩相比較，以人物與人物的比較來進行鑒衡。通常凡屬兩者比較多期能分出高下，意斷語決，優劣立見；但當時的品藻所用比較則殊爲平和自然，或各舉所長、各舉所短，或各用一物爲喻，或以一人方另一人而不另下一字；所以無論勝負判分與否，皆大有分銖稱兩之趣，且不易流於剛斷而引起爭議。平和而精微的比較，正是魏晉人物品鑒的長技，亦是魏晉人物品鑒的精詣。當時的品藻，多由名士主持，亦由名士應和，不須借重官勢地位，自然形成公論；見第十五條：

> 王大將軍下，庾公問：「聞卿有四友，何者是？」答曰：「君家中郎，我家太尉、阿平，胡母彥國。阿平故當最劣。」庾曰：「似未肯劣。」庾又問：「何者居其右？」王曰：「自有人。」又問：「何者是？」王曰：「噫！其自有公論。」王左右躡庾公，公乃止。（一五）

正因自有公論，乃有所謂第一流、第二流之辨，而致劉惔大言、溫嶠失色：見第廿五條、第卅七條：

> 世論溫太眞，是過江第二流之高者；時名輩共說人物，第一將盡之間，溫常失色。（二五）

> 桓大司馬下都，問眞長曰：「聞會稽王語奇進，爾邪？」劉曰：「極進，然故是第二流中人耳。」桓曰：「第一流復是誰？」劉曰：「正是我輩耳。」（三七）

名士如劉惔者，本身亦極具品藻人物之權威，一言之出，人莫不受；見第五十條：

> 劉尹謂謝仁祖曰：「自吾有四友，門人加親。」謂許玄度曰：「自吾有由，惡言不及於耳。」二人皆受而不恨。（五〇）〔註13〕

王洽爲時論所輕，其子王珣歎父無年而致此論，但並不以時論爲不公，見第八三條：

> 王珣疾，臨困，問王武岡曰：「世論以我家領軍比誰？」武岡曰：「世以比王北中郎。」東亭轉臥向壁，嘆曰：「人固不可以無年！」（八三）

桓謙時論以比殷仲文，其從弟桓玄一見仲文，不謂時論太輕，反謂時論太重；見第八八條：

〔註13〕語仿《尚書大傳》中孔子語。《大傳》：「孔子曰：文王有四友。自吾得回也，門人加親；是非骨附邪？……自吾得由也，惡言不入於耳；是非禦侮邪？」劉惔出此語，等於視二人如門徒而自比孔子。

舊以桓謙比殷仲文。桓玄時，仲文入，桓於庭中望見之，謂同坐曰：

「我家中軍，那得及此也！」（八八）

王穎、王敞時論比鄧攸、溫嶠，見第十八條：

王丞相二弟不過江，時論以穎比鄧伯道，敞比溫忠武。議郎、祭酒

者也。（一八）

周顗時論比郗鑒，見第十九條：

明帝問周侯：「論者以卿比郗鑒，云何？」周曰：「陛下不須牽顗比。」

（一九）

王導時論比王承、阮瞻，見第二十條：

王丞相云：「頃下論以我比安期、千里，亦推此二人。」（二〇）

殷浩時論比裴遐，見第卅三條：

人問殷淵源：「當世王公以卿比裴叔道，云何？」殷曰：「故當以識

通暗處。」（三三）

由以上所列舉，可知當時的品藻雖若兼容並蓄，比觀共論，言議之間多無強
烈的高下優劣之分，然而人物品次究竟如何，仍有一定的公評，並非媸妍不
別。不過一般人物品鑒並不好議論高下而已。

當時品藻人物雖不喜判分高下，而確頗在意分辨人物的質性出入、才品
短長。自從德性見輕，才性見重，清流漸成過去，名士方將登場，漢世以來
方興未艾的人物品鑒意趣，便已集中於才性風格的觀察討較之上。倘依當時
一般觀念，才性皆來自天生的氣稟，正如《人物志·九徵篇》所言：「莫不含
元一以為質，稟陰陽以立性，體五行而著形」；各人所得材質成分不同，表徵
於外的才性風格便自不同。雖不同，僅是成分不同，質地則不易亦不宜論高
下。故《人物志》雖言材有兼偏，對於偏材則平等視之，並不強分高下，亦
能分辨各材的短長宜適，已見前文第四章。魏晉品藻人物，頗重主觀直感，
早已不談材質分數多寡兼偏，然而基本觀念並無改變，故仍然不談高下，而
好論才性出入短長。〈品藻〉第八七條：

桓玄問劉太常曰：「我何如謝太傅？」劉答曰：「公高，太傅深。」

又曰：「何如賢舅子敬？」答曰：「楂、梨、橘、柚，各有其美。」

（八七）

此條足可作為魏晉品藻之典型。「楂、梨、橘、柚，各有其美」，味各不同可
以分析，其美則一。當時的人物比論，經常採用某人某方面「不如」、某方面

則「過之」的比較形式；例如第三條、第五條、第十七條、第二三條、第五四條：

> 顧劭嘗與龐士元宿語，問曰：「聞子名知人，吾與足下孰愈？」曰：「陶冶世俗，與時浮沈，吾不如子；論王霸之餘策，覽倚伏之要害，吾似有一日之長。」（三）

> 司馬文王問武陔：「陳玄伯何如其父司空？」陔曰：「通雅博暢，能以天下聲教爲己任者，不如也。明練簡至，立功立事，過之。」（五）

> 明帝問謝鯤：「君自謂何如庾亮？」答曰：「端委廟堂，使百僚準則，臣不如亮。一丘一壑，自謂過之。」（一七）

> 王丞相辟王藍田爲掾，庾公問丞相：「藍田何似？」王曰：「眞獨簡貴，不減父祖；然曠澹處故當不如爾。」（二三）

> 支道林問孫興公：「君何如許掾？」孫曰：「高情遠致，弟子蚤已服膺；一吟一詠，許將北面。」（五四）

此長彼短，此短彼長，兩下合計正可平分秋色，雙方之才性特長也皆獲凸顯。依據其他相關資料以觀，此類比論所析大抵頗爲準確，而品藻之語也相當精美，仍可見出賞鑒者的用心。有時品藻僅直接提出雙方的特長，如第一條、第二條：

> 汝南陳仲舉、潁川李元禮二人，共論其功德，不能定先後。蔡伯喈評之曰：「陳仲舉彊於犯上，李元禮嚴於攝下。」……（一）

> 龐士元至吳，吳人並友之。見陸績、顧劭……而爲之目曰：「陸子所謂駑馬有逸足之用，顧子所謂駑牛可以負重致遠。」……（二）

蔡邕以爲犯上難、攝下易，吳人以爲駑馬勝、駑牛劣，其實高下在此並不必然，亦不重要。有時品藻亦僅直接提出雙方的短處，如第三一條：

> 簡文云：「何平叔巧累於理，嵇叔夜儁傷其道。」（三一）

何晏與嵇康的白璧之玷在此得到了清楚的描述。其他若干顯有臧否的品藻，往往有當時提出的背景，並非品藻的常態，如第二一條、第八六條：

> 宋禕曾爲王大將軍妾，後屬謝鎭西。鎭西問禕：「我何如王？」答曰：「王比使君，田舍、貴人耳。」……（二一）

> 桓玄爲太傅，大會，朝臣畢集。坐裁竟，問王楨之曰：「我何如卿第七叔？」于時賓客爲之咽氣。王徐徐答曰：「亡叔是一時之標，公是

千載之英。」一坐懽然。（八六）

要之，當時的人物品藻，對於人物才性特質的分析極有貢獻，所謂人物的功用雖已退居次要，但風格美的認識則達到了空前的高度，非漢所及。關於風格美，最具代表性的記載見第三十條、第三六條、第八四條：

> 時人道阮思曠：「骨氣不如右軍，簡秀不如真長，韶潤不如仲祖，思致不如淵源；而兼有諸人之美。」（三○）

> 撫軍問孫興公：「劉真長何如？」曰：「清蔚簡令。」「王仲祖何如？」曰：「溫潤恬和。」「桓溫何如？」曰：「高爽邁出。」「謝仁祖何如？」曰：「清令易達。」「阮思曠何如？」曰：「弘潤通長。」「袁羊何如？」曰：「洮洮清便。」「殷洪遠何如？」曰：「遠有致思。」「卿自謂何如？」曰：「下官……以不才，時復託懷玄勝，遠詠老莊，蕭條高寄，不與時務經懷；自謂此心無所與讓也。」（三六）

> 王孝伯道謝公「濃至」，又曰：「長史虛，劉尹秀，謝公融。」（八四）

此諸例中，不論用二字、四字或一字稱人，皆憑空形容，不涉實際，涵融恍惚，不易掌握；但從其字面之美，已可令人對此諸人物生欣賞。風格與才情不可稱量，亦不可描述，只可意會，只可盧狀，無怪魏晉品藻經常只用一二字來涵括。其品藻用字若清、潤、令、秀，字面多半極美；而其所指陳的人品風格則包含清新、簡易、俊逸、深沈、通達、懇切、溫和、文雅、靈秀、恬靜自然等等，非有極佳的才質亦無以臻此。如此精細的分辨，實可視為魏晉人物品鑒的極致呈現。

總結而言，劉義慶的《世說新語》一書，對於研究魏晉人物品鑒確有相當價值；第一，此書雖以記錄名士佳言為主，但記言之外，自然旁及言談所從出的情境，於是當時進行人物品鑒的實況，名士的音聲笑語，似乎皆能藉書中所載品味得之；較之史冊中零散的記載，其書勿寧遠為生動有趣。第二，由此書的取材與分門，頗可探知魏晉人物品鑒的重心與性質。全書中關於人物品鑒之部主要有三，劉義慶分題之曰「識鑒」、「賞譽」、「品藻」，此三項名目正可顯示當時觀人的主要方向：〈賞譽〉門收錄材料達一百五十七條之多，依其內容與題名，可知其時之品鑒大抵抱持欣賞褒譽的態度，寧從各種角度羅掘人物之美，亦絕不斷然以某種既定的立場裁量人物、臧否是非；揄揚吹拂，即是彼時的風氣大趨。〈品藻〉門收錄材料亦有八十八條，依之可見其時的品鑒頗能精細分辨各人的品類文質，分朱辨紫，斟酌極為用心；搴短描長，用語極其鮮明簡要；

人物質性才品，在此種精密的銓衡形容下遂煥然大彰。〈識鑒〉門收錄材料二十八條，似不甚多，但其時之品鑒確實有此一特殊方向，即瞻形觀微意欲前知人物的後來成敗與發展。先識遠見何以可能，自與其時對人物情性的看法有關；而迭經渲染傅會之餘，魏晉人物品鑒遂涉於玄妙而稍帶神秘色彩。第三，由此三門記載的內容分析，可以發現若干有趣的現象，頗有助於側面了解魏晉的人物品鑒。例如識鑒之類事往往明驗若神，其實細察其迹，品鑒者敢於斷言人物後來的成敗，非觀微以知著，即瞻形而得神，仍然有其一定的識鑒原理，並非妙不可測。又如賞譽之類事，詳加比對，可知賞譽所加之對象往往亦是知名之士而非寒素微人，且此輩名士又經常轉換地位彼此互相品鑒，因知當時之所謂賞譽，無異於名士間之相互揄揚，揄揚的意味重，鑒拔的意味輕。又如品藻之類事，雖引喻萬端，品類雜陳，但細參其意，可知當時人縱能欣賞人物各類之美，而關於人物孰高孰下，仍然有一定的公論，並非朱紫不分，隨意雌黃。而綜觀三門二百七十三條之記載，則可知魏晉人物品鑒所用詞語、所持觀點的大概，對於當代一般人物的風雅優美，亦可獲得深刻的認識。劉義慶說部之書，實為研究魏晉人物品鑒的絕佳參考。

第二節　從《世說新語》看魏晉名士風格

　　《世說新語》以記載名士清言為主，各從事類，分立三十六門。由三十六門之記事，頗可考見魏晉名士的一般生活、愛好、志操、學行。前已言之，名士為魏晉時代眾所推重的典型人格，人物品鑒既多由名士主持，名士人格又為人物品鑒中的高尚品級，故究竟何謂名士？名士人格的內容如何？應係研究魏晉人物品鑒不可忽略的另一重點。史傳中雖對魏晉名士一一有所記述，但取材及論議往往太過嚴肅，刪削太甚，〔註14〕以致名士的面目往往不夠清晰，無以見出名士的逸才雅趣。今以《世說》書中所分門類與所記內容，

〔註14〕譬如何晏、王弼，一代名士，而《三國志》中傳文極簡略；何傳全文為：「晏，何進孫也。母尹氏，為太祖夫人。晏長于宮省，又尚公主，少以才秀知名，好老莊言，作〈道德論〉及諸文賦著述凡數十篇。」（卷九）王傳全文為：「初，（鍾）會與山陽王弼並知名。弼好論儒道，辭才逸辯，注《易》及《老子》，為尚書郎，年二十餘卒。」（卷二八）又如阮籍、嵇康，竹林名士，二人傳文更短；阮傳全文為：「（阮）瑀子籍，才藻艷逸，而倜儻放蕩，行己寡欲，以莊周為模則。官至步兵校尉。」（卷二一）嵇傳全文為：「時又有譙郡嵇康，文辭壯麗，好言老莊，而尚奇任俠。至景元中，坐事誅。」（卷二一）

略對「名士」人格加以探討，以期確實掌握魏晉人物的趨向與特色。

《世說・文學第四》：

> 袁彥伯作《名士傳》成，見謝公。公笑曰：「我嘗與諸人道江北事，
> 特作狡獪耳；彥伯遂以著書。」（九四）

晉袁宏所作《名士傳》，今不可見。依劉峻《世說》注，袁宏所傳名士計十八人，分三期：

> 宏以夏侯太初、何平叔、王輔嗣為正始名士；阮嗣宗、嵇叔夜、山
> 巨源、向子期、劉伯倫、阮仲容、王濬沖為竹林名士；裴叔則、樂
> 彥輔、王夷甫、庾子嵩、王安期、阮千里、衛叔寶、謝幼輿為中朝
> 名士。（同條下劉注）

此十八人皆袁氏所稱以為名士者，其中王、何為清言之祖，七賢則任誕之尤，樂、王乃風流之宗。《名士傳》對彼等的行為作風當有所記述，惜其書已不傳。幸而諸人的生平行事，不憑袁書，亦已騰傳後世。然則何謂「名士」，觀乎此諸人之行事為人，豈不居然可知？晉王恭嘗論「名士」，見《世說・任誕第廿三》：

> 王孝伯言：「名士不必須奇才，但使常得無事，痛飲酒，熟讀〈離騷〉，
> 便可稱名士。」（五三）

王恭之言，殆有激而然，真名士何嘗如此！但由此亦可見時人景慕名士，效影摹形，但求攀附驥尾。而疏狂無賴、痛飲大言，確亦是學名士而不至，只得粗迹者可有的結果。所謂名士，自然仍須有名士之才始成。所謂名士之才，下文將就數方面分別言之。

名士最典型的條件為具有清談之才。《世說》〈言語〉、〈文學〉、〈賞譽〉、〈品藻〉諸門，對於名士之能清談，皆有詳盡的描畫。〈言語第二〉：

> 諸名士共至洛水戲，還，樂令問王夷甫曰：「今日戲樂乎？」王曰：
> 「裴僕射善談名理，混混有雅致；張茂先論《史》《漢》，靡靡可聽；
> 我與王安豐說延陵子房，亦超超玄著。」（二三）

王衍諸人，或能談名理，或能論《史》《漢》，或能說人物，談題雖不同，其為清談則一。名士間的主要共同活動亦即是清談。〈文學第四〉：

> 裴散騎娶王太尉女。婚後三日，諸壻大會，當時名士，王、裴子弟，
> 悉集。郭子玄在坐，挑與裴談。……裴徐理前語，理致甚微，四坐
> 咨嗟稱快；王亦以為奇。（一九）

名士共遊山水，不忘清談；甚至婚宴會親，亦不忘清談。〈賞譽第八〉：

> 王汝南既除所生服，遂停墓所。兄子濟，每來拜墓，略不過叔。……
> 後聊試問近事，答對甚有音辭，出濟意外；濟極惋愕。仍與語，轉
> 造精微。濟先略無子姪之敬，既聞其言，不覺懍然，心形俱肅。遂
> 留共語，彌日累夜。濟雖雋爽，自視缺然，乃喟然歎曰：「家有名士，
> 三十年而不知！」（一七）

王濟初不知其叔能談，後來得聞，不禁歎服，以為家有名士。名士之特徵尤在清談，於此可見。《世說・文學第四》中曾記載桓溫集諸名勝講《易》（第二九條）、殷仲堪問慧遠《易》體（第六一條）、殷浩與孫盛談《易》象妙於見形（第五六條）、王弼與何晏、裴徽談《老》（第七條、第八條），支遁與馮懷、王羲之談《莊子・逍遙遊》（第三二條、第三六條）、殷仲堪與羊孚談《莊子・齊物論》（第六二條）、支遁與謝安談《莊子・漁父》（第五五條）、謝安與阮裕談〈白馬論〉（第二四條）、客與樂廣談「旨不至」（第一六條）、阮脩與王衍〔註15〕談名教自然（第一八條）、殷浩與支遁談才性四本（第三四條、第五一條）、王弼與裴徽談聖人體無（第八條）、僧意與王脩談聖人有情（第五七條）、王導談聲無哀樂、養生、言盡意（第二一條）；甚至有關佛經佛理之談題亦不少，如支遁與北來道人、法威談《般若小品》（第三○條、第五四條）、又與弟子辨三乘佛家滯義（第三七條）、提婆與王珣、王珉談《阿毗曇》（第六四條）等等。觀乎談題之廣，可知談事之盛。名士的學問主要即在《易》、《老》、《莊》、佛，名士的著述也多屬清談的附屬產物，如鍾會作〈四本論〉（第五條）、裴頠作〈崇有論〉（第一二條）、支遁作〈即色論〉（第三五條）、阮裕作〈白馬論〉（第二四條）、何晏、王弼注《老》（第七條、第十條）、向秀、郭象注《莊》（第一七條）等等。要之，魏晉名士幾無不長於清談，人人以清談為風流首務，競逞談才，清談的興盛達於頂點，玄學也一時大行。

清談須能辯理，其事匪易；即使不能優遊清談，當時人亦要求名士至少須有慧心巧口，能作雋雅佳言。《世說》全書所記佳言，無不出於名士之口；名士而不能言，將不足以為名士。《世說》〈言語〉門共收一百零八條，漪歟大盛，尤足證見時人的巧言之才。高明的名士，所作雋語，常可表見雅人的高致；〈言語第二〉：

> 庾公嘗入佛圖，見臥佛，曰：「此子疲於津梁。」于時以為名言。（四

〔註15〕當作阮瞻與王戎，《晉書》是。《類聚》、《御覽》引文可證。

一）

竺法深在簡文坐，劉尹問：「道人何以游朱門？」答曰：「君自見其
朱門，貧道如游蓬戶。」（四八）

簡文入華林園，顧謂左右曰：「會心處不必在遠；翳然林水，便自有
濠濮間想也。覺鳥獸禽魚，自來親人。」（六一）

晉武帝每餉山濤恒少，謝太傅以問子弟，車騎答曰：「當由欲者不多，
而使與者忘少。」（七八）

謝靈運好戴曲柄笠，孔隱士謂曰：「卿欲希心高遠，何不能遺曲蓋之
貌？」謝答曰：「將不畏影者未能忘懷？」（一〇八）

此諸條所謂疲於津梁、如遊蓬戶、濠濮間想、欲者不多、畏影惡迹，皆是莊
生妙義，而爲魏晉人所企羨者；名士清達有意理，故能隨口出之，雋妙非常。
即或不談義理，〈言語〉門中亦常見巧妙的應答，或襃人於無形，如第四十條、
第五七條：

周僕射雍容好儀形，詣王公，初下車，隱數人；王公含笑看之。既
坐，傲然嘯咏。王公曰：『卿欲希嵇阮邪？』答曰：『何敢近捨明公，
遠希嵇阮？』（四〇）

顧悦與簡文同年，而髮蚤白。簡文曰：「卿何以先白？」對曰：「蒲
柳之姿，望秋而落；松柏之質，凌霜猶茂。」（五七）

或貶人於無形，如第八條、第二八條：

禰衡被魏武謫爲鼓吏，正月半試鼓，衡揚枹爲漁陽三撾，淵淵有金
石聲，四座爲之改容。孔融曰：「禰衡罪同胥靡，不能發明王之夢！」
魏武慙而赦之。（八）

崔正熊詣都郡，都郡將姓陳，問正熊：「君去崔杼幾世？」答曰：「民
去崔杼，猶明府之去陳恒。」（二八）

昔人以爲「巧言令色鮮矣仁」，當時則以爲言語之才亦是名士的美質之一，不
可一無。其實前節所論的人物品鑒，賞譽、品藻，都以精美的言語表出，亦
可視作言語之才的一環；〈規箴〉門多以警切的言語進行箴戒，亦屬口才；不
過〈言語〉門中的口才表現更覺精敏而已。當下的言語或富含智慧，或富含
感情，或富有文采，各舉一例：

高坐道人不作漢語。或問此意，簡文曰：「以簡應對之煩。」（三九）

桓公北征金城，見前爲瑯琊時種柳皆已十圍，慨然曰：「木猶如此，人何以堪？」攀枝執條，泫然流淚。（五五）

顧長康從會稽還，人問山川之美，顧云：「千巖競秀，萬壑爭流，草木蒙籠其上，若雲興霞蔚。」（八八）

名士的勝質美才，在此實已流露無遺。言語極能見才，名士不忽言語，甚至某些涉於嘲謔與譏詆的言語亦能見才，《世說》亦另設〈排調〉、〈輕詆〉二門（凡九十八條）以收此類妙語。排調、輕詆之事盛，與口才的見重亦應有相當關係。

當時人又以爲名士當能長於文學、富於技藝。依當時觀念，文章技藝皆爲人物天才之外現，若一人確實有才，自必表露於文章、書畫、音樂、彈棋、圍棋、醫術、卜術、騎術等各方面。《世說・文學》門於名士文章之事頗有記載，另〈術解〉、〈巧藝〉二門更專門記錄名士的才藝，凡二十五條。清談與文藝爲魏晉時代最著成績之兩項文化事業，兩者的成就與名士全力投入殊有關，而名士所以全力投入，與此兩者最足以見才亦最有表現空間亦有絕對關係。當時不惟要求名士有文藻，尤其獎賞名士有捷才；〈文學第四〉：

文帝嘗令東阿王七步作詩，不成者行大法；應聲便爲詩曰：「煮豆持作羹，漉菽以爲汁，萁在釜下燃，豆在釜中泣。本自同根生，相煎何太急！」帝深有慚色。（六六）

魏朝封晉文王爲公，……公卿將校，當詣府敦喻，司徒鄭沖馳遣信就阮籍求文。籍時在袁孝尼家，宿醉扶起，書札爲之，無所點定，乃寫付使。時人以爲神筆。（六七）

桓宣武命袁彥伯作〈北征賦〉。既成，公與時賢共看，咸嗟嘆之。時王珣在坐云：「恨少一句；得『寫』字足韻當佳！」袁即於坐攬筆益云：「感不絕於余心，泝流風而獨寫。」公謂王曰：「當今不得不以此事推袁！」（九二）

桓宣武北征，袁虎時從，被責免官。會須露布文，喚袁倚馬前會作；手不輟筆，俄得七紙，絕可觀；東亭在側，極歎其才。袁虎云：「當令齒舌間得利。」（九六）

美文順手立就，正如巧言之脫口而出，皆須高才敏悟，始可臻此。正因當時視文學表現爲才華的充量發揮、情意的最佳寄託，耕耘者眾，文學的興盛亦

達於前所未有的新境，無論詩、賦、文、筆，皆能齊頭並進，並肩發展，藻采斐然，引人注目。曹植七步成詩外，夏侯湛作補亡詩（第七一條）、孫楚作悼亡詩（第七二條）、郭璞作幽思詩（第七六條），袁宏作詠史詩（第八八條），許詢作玄言詩（第八五條），不一而足。甚至大賦亦續有生機，袁宏〈北征賦〉、〈東征賦〉外，左思作〈三都賦〉（第六六條），庾闡作〈揚都賦〉（第七七條）；其他如顧愷之作〈箏賦〉（第九八條）、孫綽作〈天台山賦〉（第八六條）、庾敳作〈意賦〉（第七五條），體式題材亦各有新猷。文學如此興盛，竟致文學批評亦開始逐步出現，例如孫綽評潘、陸，見第八四條、第八九條：

> 孫興公云：「潘文爛若披錦，無處不善；陸文若排沙簡金，往往見寶。」
> （八四）

> 孫興公云：「潘文淺而淨，陸文深而蕪。」（八九）

又評曹毗，見第九三條：

> 孫興公道：「曹輔佐才如白地明光錦，裁爲負版絝，非無文采，酷無
> 裁製。」（九三）

庾亮則曾稱道庾闡〈揚都賦〉，見第七九條：

> 庾仲初作〈揚都賦〉成，以呈庾亮。亮以親族之懷，大爲其名價云：
> 「可三〈二京〉，四〈三都〉。」……（七九）

簡文帝司馬昱，曾稱道許詢玄言詩，見第八五條：

> 簡文稱許掾云：「玄度五言詩可謂妙絕時人。」（八五）

諸如此類的文學批評，造語簡切精美，極具特色，頗與當時的人倫品鑒相通。若依當時觀念，文學爲一人才品質性的直接反映，則「文如其人」，文品不異人品，即以評人的意思評文亦無所不可。至於伎藝之事，從前以爲「雕蟲小技」，多不肯爲；此時名士專重才性的發揚，不復措意於經學與道德的成就，遂亦流連於伎藝之中，既能展現此一方面的才華，又能享受藝術的高情雅趣。伎藝之事的發達，亦是魏晉名士對中國文化的重大貢獻。《世說‧豪爽第十三》曾載一事：

> 王大將軍年少時，舊有田舍名，語音亦楚；武帝喚時賢共言伎藝之
> 事，人人皆多有所知，唯王都無所關。意色殊惡。（一）

王敦鄉曲之士，鄙魯少文，只可稱爲「豪爽」，豈若都邑名士，人人多知伎藝之事？無怪其意色難安。而此條記載，分明顯示當時名士皆能深通伎藝，早已蔚爲風尚。〈術解〉門記荀勗、阮咸善解音律（第一條），晉明帝解相塚（第

六條）、郭璞解卜卦消伏（第八條）、殷浩解醫術（第十一條）、〈巧藝〉門記
魏文帝妙於彈棋（第一條），韋誕、鍾會妙於書法（第三條、第四條），荀勗、
戴逵、顧愷之善畫（第四、六、七、八、九、十一、十二、十三條），王坦之、
支遁善圍棋（第十條），羊忱「博學工書，能騎射，善圍棋」（第五條），其實
仍不過嘗鼎一臠而已。

名士所以爲名士，才華爲其本根。名士揮灑才華，清談、言語、文學、
伎藝一時並盛，名士的風流亦徹底展現。然而清才以外，名士仍宜具有深沈
的德量。德量云者，或可釋爲大器深量，近乎《老子》所謂「上德不德」、「上
德若谷」，乃一種深厚的道德品質。具此美質，則能不庸淺、不急躁，深不可
測，喜怒不形於色，如〈德行〉門第三條、第十六條所言：

> 郭林宗至汝南，……詣黃叔度，乃彌日信宿。人問其故？林宗曰：「叔
> 度汪汪如萬頃之陂，澄之不清，擾之不濁，其器深廣難測量也。」
> （三）

> 王戎云：「與嵇康居二十年，未嘗見其喜慍之色。」（一六）

具此美質，則能邁越俗情，安於異變，而於緊急事故中力持鎭靜，常保安徐，
如〈雅量〉門第二六條所記：

> 王劭、王薈共詣宣武，正值收庾希家。薈不自安，遑巡欲去；劭堅
> 坐不動，待收信還，得不定乃出。論者以劭爲優。（二六）

王劭不以外亂動心，論者以爲優於王薈。又第卅六條：

> 王子猷、子敬曾俱坐一室，上忽發火，子猷遽走避，不惶取屐；子
> 敬神色恬然，徐喚左右扶憑而出，不異平常。世以此定二王神宇。（三
> 六）

王獻之不以大火而驚，論者以爲優於王徽之。〈雅量〉門凡四十三條，儘多此
類故事。人物優劣，由此可覘。謝安之事尤爲典型；第廿九條：

> 桓公伏甲設饌，廣延朝士，因此欲誅謝安、王坦之。王甚遽，問謝
> 曰：「當作何計？」謝神意不變，謂文度曰：「晉祚存亡，在此一行。」
> 相與俱前。王之恐狀，轉見於色；謝之寬容，愈表於貌；望階趨席，
> 方作「洛生詠」，諷「浩浩洪流」。桓憚其曠遠，乃趣解兵。王、謝
> 舊齊名，於此始判優劣。（二九）

謝安寬容曠遠，面對豪強桓溫，大有性命之憂，而神意夷然不變，終免殺身
之禍。王坦之則既遽且恐，已落下風。謝安的「雅量」，不僅爲深厚德量之表

徵，而且以大德成風流，爲名士風流展示另一種貌相。阮孚之事亦有意味；
第十五條：

> 祖士少好財，阮遙集好屐，並恒自經營；同是一累，而未判其得失。
> 人有詣祖，見料視財物，客至，屛當未盡，餘兩小簏著背後，傾身
> 障之，意未能平。或有詣阮，見自吹火蠟屐，因歎曰：「未知一生當
> 著幾量屐？」神色閑暢。於是勝負始分。（一五）

好財、好屐，同爲外物所累，但祖約所藏暴露，便悻悻意不能平；阮孚則神
色閑暢，悠然自在；故論者以爲阮優於祖。大器深量亦是天生的質性，無可
強求，然而名士若能轉俗爲雅，仍可得其彷彿。「雅量」亦是名士的充分條件
之一。

　　雅量出於德性之湛厚而不淺浮，任誕則出於情志之眞率自然而不虛僞。
前者超乎俗情，後者超乎俗禮。魏晉時人，既賞名士之雅量，亦許名士之任
誕。竹林七賢，既爲任誕之尤，又稱名士之冠。世說有〈任誕〉門，記名士
任誕之事凡五十七條；又有〈簡傲〉門十七條，記名士疏脫違禮之事，足爲
前編的輔佐。〈任誕〉第七條：

> 阮籍嫂嘗還家，籍相見與別。或譏之。籍曰：「禮豈爲我輩設耶？」
> （七）

禮法爲世俗共守的規矩，但阮籍之流名士自信眞情重於俗禮，故曰禮豈爲我
輩設，俗禮僅爲俗士設而已。第廿五條：

> 有人譏周僕射與親友言戲穢雜無檢節。周曰：「吾若萬里長江，何能
> 不千里一曲？」（二五）

周顗亦謂禮法之外偶失檢節，正如長江偶曲，不傷大雅。第四二條：

> 桓子野每聞清歌，輒喚「奈何」，謝公聞之曰：「子野可謂一往有深
> 情！」（四二）

情深一往，不覺忘俗，桓伊既露其眞情，謝安亦諒其任誕。諸如此類的任誕
故事，不關酒色，不涉穢雜，十足顯示了魏晉名士的自然率眞，實爲後人不
易學步的時代特色。此非風流而何！更具代表性的故事爲王子猷雪夜訪戴；
第四七條：

> 王子猷居山陰，夜大雪，眠覺，開室，命酌酒。四望皎然，因起仿
> 偟，詠左思〈招隱詩〉。忽憶戴安道。時戴在剡，即便夜乘小船就之，
> 經宿方至。造門不前而返。人問其故？王曰：「吾本乘興而行，興盡

而返，何必見戴！」（四七）

斯景斯情，不唯在〈任誕〉門中獨占風光，甚至在《世說》中亦已成為認識名士的最佳資材。名士任誕，一般人則不易擺落世俗的眼光看法、規矩習慣；當時人對此亦有折衷之道；第十一條：

> 阮步兵喪母，裴令公往弔之。阮方醉，散髮坐牀，箕踞不哭。裴至，下席於地，哭弔唁畢，便去。或問裴：「凡弔，主人哭，客乃為禮；阮既不哭，君何為哭？」裴曰：「阮方外之人，故不崇禮制；我輩俗中人，故以儀軌自居。」時人歎為兩得其中。（一一）

居世俗者執禮法，遊方外者任其真；當時人士雖非人人任誕，而確能有此胸襟，兼納並容。故魏晉名士，由此以往，任性放誕，無所不至：或遭喪而進酒肉（阮籍，第二條、第九條），或脫衣裸形（劉伶，第六條），或眠鄰婦之側（阮籍，第八條），或借驢追婢（阮咸，第十五條），或縱意起舞（謝尚，第卅二條），或上樹取鵲子（王澄，〈簡傲第廿四〉、第六條）、或偃臥丞相之側（高坐，〈簡傲〉第七條），或逕入他人庭園（王徽之、王獻之，〈簡傲〉第十六條、第十七條）。種種行逕，雖多逾矩，但既出於名士所為，便為時人所許可，甚且譽為通達。魏晉人之放任名士，正由於「越名教而任自然」為當時追求的理念與價值之一。

當時人又以為名士當有美風姿。當時觀念以為人物之外徵與內質必相對應，故人物若有雋才，即應顯現於外貌風姿之上。《世說》有〈容止〉門，記名士容止，共三十九條。第廿三條尤妙，曰：

> 石頭事故，朝廷傾覆；溫忠武與庾文康投陶公求救。陶公云：「肅祖顧命不見及；且蘇峻作亂，釁由諸庾，誅其兄弟，不足以謝天下！」……別日，溫勸庾見陶，……庾風姿神貌，陶一見便改觀；談宴竟日，愛重頓至。（二三）

陶侃先是痛惡庾亮，至謂可誅；但一見其風姿神貌，竟致立即改觀，愛重非常。此例足可反映魏晉重容止之風。當時名士如何晏、夏侯玄、嵇康、潘岳、王衍、夏侯湛、裴楷、王濟、衞玠、庾亮、王恬、杜乂、王劭、王濛、庾統等多人（俱見同篇），皆以美姿容見賞。外在姿容雖屬天賦，但魏晉人確實相信由姿容可以識名士；故識鑒之術，亦重姿容；已詳前節。所謂名士風流，亦可由此觀入。

《世說新語》全書三十六門類中，除上述者外，尚有若干門類之記事，

亦足以見出魏晉時風與士風的特性，而可作爲探究名士人格的參考。先言前四門。《世說》前四門，依孔門四科德行、言語、政事、文學之順序而列。乍觀此諸題目，易令人誤認魏晉士人與傳統儒生並無大異；事實上當時名士，早已另有面目，大不同於嚮來儒生；劉義慶標題雖舊，而記事已新。若〈德行〉門，收錄四十八條，頗記人物孝悌儉廉等行，其中孝德最多；蓋孝行雖屬名教，亦最自然，名士仍多奉行不輟。另有若干記載，雖名曰德行，實正可見出當時名士之意趣風情。譬如第十八條裴楷乞物行惠、第卅三條謝奕犯法輕罰、第卅七條簡文惜鼠惜人：

> 梁王、趙王，國之近屬，貴重當時。裴令公歲請二國租錢數百萬以恤中表之貧者。或譏之曰：「何以乞物行惠？」裴曰：「損有餘，補不足，天之道也。」（一八）

> 謝奕作剡令，有一老翁犯法，謝以醇酒罰之，乃至過醉而猶未已。太傅時年七、八歲，……諫曰：「阿兄，老翁可念，何可作此？」奕於是改容曰：「阿奴欲放去邪？」遂遣之。（三三）

> 晉簡文爲撫軍時，所坐床上，塵不聽拂，見鼠行迹，視以爲佳。有參軍見鼠白日行，以手板批殺之；撫軍意色不悦。門下起彈。教曰：「鼠被害尚不能忘懷，今復以鼠損人，無乃不可乎！」（三七）

裴楷乞物行惠，在儒門將視爲不直，〔註16〕但畢竟行惠爲眞，又巧言以辯，改引《老子》「天之道，損有餘而補不足」自證，亦有其意趣，故仍收入此門。老翁犯法，謝奕罰以飲酒，正是名士作風；謝安求情，遂放遣之，更有情味。簡文帝司馬昱視鼠行迹以爲樂，雖迹近荒放，亦屬名士特徵；鼠被殺，雖不悦，仍不肯爲鼠損人，則有慈心。諸如此類的「德行」，概屬小慈小惠，無大可取；但其中的特殊風情，仍頗有可觀。〈言語〉、〈文學〉門共二百十二條，前文已加析論；大抵此二門記事以文人雅士間清談對語逞才弄藻之事爲主，與宰我、子貢之言語、子游、子夏之文學固相懸絕。〈政事〉門共二十八條，觀其記事，可知時賢正少以政事縈心，故若非以「遺事」〔註17〕自得，即以寬簡相尙。王導、謝安，江左名相，而其治國，法同老莊；如第十五條、第廿三條：

> 丞相末年，略不復省事，正封籙諾之。自歎曰：「人言我憒憒，後人

〔註16〕《論語‧公冶長》：子曰：「孰謂微生高直？或乞醯焉，乞諸其鄰而與之。」
〔註17〕庾冰語，謂擺落政事。見〈政事第三〉、第十四條。

當思此憒憒。」（一五）

謝公時，兵厮遁亡，多近竄南塘下諸舫中。或欲求一時搜索，謝公
不許，曰：「若不容置此輩，何以爲京都？」（二三）

王、謝如此，無怪魏晉名士署馬曹不知有幾馬，〔註18〕而人猶以爲風流；江東
政事，不過苟延而已。《晉書‧劉惔傳》記孫綽稱劉惔「居官無官官之事，處事
無事事之心。」〔註19〕當時所尚正如此。〈方正〉門第五，收六十六條，標目與
兩漢察舉之賢良方正科同，但取舍之旨已異。當時所謂方正，其實多屬堅守門
第壁壘，以及傲誕不肯下人之類。譬如夏侯玄不狎鍾會（第六條）、周嵩不假刁
協（第廿七條）、王坦之不肯居尚書郎（第四六條）、羅含不肯與客語（第五六
條）：

夏侯玄既被桎梏，時鍾毓爲廷尉；鍾會先不與玄相知，因便狎之。
玄曰：「雖復刑餘之人，未敢聞命！」考掠初無一言。臨刑東市，顏
色不異。（六）

周伯仁爲吏部尚書，在省內夜疾危急；時刁玄亮爲尚書令，營救備
親好之至。……明旦報（周）仲智，仲智狼狽來，始入戶，……手
批之，刁爲辟易於戶側。既前，都不問病，直云：「君在中朝，與和
長輿齊名，那與佞人刁協有情！」逕便出。（二七）

王中郎年少時，江虨爲僕射，領選，欲擬之爲尚書郎；有語王者。王
曰：「自過江來，尚書郎正用第二人，何得擬我！」江聞而止。（四六）

羅君章曾在人家，主人令與坐上客共語，答曰：「相識已多，不煩復
爾。」（第五六條）

由此諸例，頗可見魏晉名士之託大自貴，而難謂之剛直方正。但篇中亦有若
干故事，展現以下抗上、不畏威權之風骨，仍與名士精神相通；譬如以下數
條：

南陽宗世林，魏武同時，而甚薄其爲人，不與之交。及魏武作司空，
總朝政，從容問宗曰：「可以交未？」答曰：「松柏之志猶存。」……
（二）

王大將軍既反，至石頭，周伯仁往見之。謂周曰：「卿何以相負？」

〔註18〕王徽之事，見〈簡傲第廿四〉、第十一條。
〔註19〕卷七五。

對曰：「公戎車犯正，下官忝率六軍，而王師不振，以此負公。」
（三三）

謝公聞羊綏佳，致意令來，終不肯詣。後綏爲太學博士，因事見謝
公，公即取以爲主簿。（六○）

如此「方正」，豈不甚可欣賞？〈棲逸門第十八〉，共十七條；由是篇可見當
時人頗以棲逸爲高爲雅，朝士多嘗遁隱，又多折節交隱士；而當時隱士雖頗
風流，多非眞隱。只舉一例；第十一條：

康僧淵在豫章，去郭數十里立精舍，……乃閑居研講，希心理味。
庾公諸人多往看之，觀其運用吐納，風流轉佳；加處之怡然，亦有
以自得；聲名乃興。後不堪，遂出。（一一）

大抵名士之重棲逸正與其輕政事互爲表裡，既慕巢由之高潔，又難捨人世之
富貴聲名，於是依違傍徨，既不能眞隱，又不肯務實，遂成其爲疏放，而美
其名曰風流。〈企羨門第十六〉，收六條，皆記時人企羨風流之事，足以顯示
當時風氣；亦只舉一例；第六條：

孟昶未達時，家在京口，嘗見王恭乘高輿，被鶴氅裘；于時微雪，
昶於籬間窺之，歎曰：「此眞神仙中人也！」（六）

神仙之目，不主於道德學問，而顯然主於名士風流。王恭自是風流，孟昶亦
願效風流。〈傷逝門第十七〉，共十九條，皆記感傷死者之事；魏晉人哀死送
死，常至慟哭幾絕，眞情流露；或又別生新事，俗中見雅，極具特色；譬如
以下數條：

王戎喪兒萬子，山簡往省之，王悲不自勝。簡曰：「孩抱中物，何至
於此？」王曰：「聖人忘情，最下不及情，情之所鍾，正在我輩。」
簡服其言，更爲之慟。（四）

顧彥先平生好琴，及喪，家人常以琴置靈牀上。張季鷹往哭之，不
勝其慟，遂徑上牀，鼓琴，作數曲竟，撫琴曰：「顧彥先頗復賞此否？」
因又大慟。……（七）

王長史病篤，寢臥鐙下，轉麈尾視之，歎曰：「如此人曾不得四十！」
及亡，劉尹臨殯，以犀柄麈尾著柩中，因慟絕。（一○）

名士情重，意趣更不同一般，其風流不言可喻。〈豪爽門第十三〉，共十三條，
皆記當時賢俊豪爽之事；魏晉人觀人以風雅爲上，但又容許傲誕；豪爽者流，

雖非正格，但別具特質，亦蒙欣賞。〈規箴門第十〉，收二十七條，皆記時人規箴他人之事；規箴之語多精，不愧爲魏晉人吐屬。〈捷悟門第七〉，只收七條，皆記時人捷才穎悟之事；當時本自注重捷才，稱許七步成詩、巧口捷應，與此並無二致。〈寵禮門第廿二〉，亦只收六條；蓋時俗重名士，故常特加優禮。〈夙慧門第十三〉，收七條；〈賢媛門第十九〉，收三十二條；蓋因時俗敦尙雅才慧心巧口，故在名士之外兼及婦女孩童，而采取之著眼亦全在此。〈言語〉門亦多記孩童慧語。總之，《世說新語》全書卅六門，除〈假譎〉以下十門及〈自新〉門外（共九十九條），〔註20〕其餘廿五門，雖標目各有不同，分散不相連屬，而細加考察，仍可藉此對魏晉人的人生獲得一總體的認識；從而對於所謂「名士」的人格內涵，亦可有深入而清晰的了解；故研究魏晉人物與人物品鑒，此書確實極具參考價值。

〔註20〕〈自新門第十五〉，只二條，記周處、戴淵改過自新事；〈假譎第廿七〉、〈儉嗇第廿九〉、〈汰侈第三十〉、〈忿狷第卅一〉、〈讒險第卅二〉、〈尤悔第卅三〉、〈紕漏第卅四〉、〈惑溺第卅五〉、〈仇隙第卅六〉，九門皆記時人才性行爲之偏；皆不能代表當代人物風氣。〈黜免第廿八〉，共九條，記時人遭黜免之反應，則所言所行仍與時代風情若合符節。

第六章　結　論

　　東漢末年，郭泰、符融、許劭之輩雅好品覈人物，號爲「知人」，一時天下矚目，風聲大振，片言之出，千里流傳，人物聲價，隨其上下，自此開啓了清流名士品鑒人物的風尚，規模日新，盛況空前，歷經魏、晉直至江左而此風猶不止。

　　人物品鑒成爲一代風尚，其事雖遲至漢末始漸形成，但在此前固早已遠有端緒。緣自西漢武帝之世，王臧、趙綰、董仲舒、公孫弘諸儒用事，建言立制，宏規大定，其中尤重要者，則爲漢廷訂定了延進人才的長期辦法。依其法，漢朝中央及地方官，上自天子公卿，下至國相、郡守，皆負有察舉人才進貢於上之責，無論孝廉、賢良方正、茂才之類常科或明陰陽災異、勇猛知兵法〔註1〕之類特科，朝廷詔求何種人才，公卿守相等皆受命盡心察舉，務使國無遺賢，野無遺才。甚至官員受命不舉或所舉不實，亦必明詔譴責，或令有司治罪。〔註2〕自茲以後，進賢求才，品第人物，成爲漢代臣工一大工作，人物品目如何，高下如何，如何辨識，如何觀察，諸多問題，必皆經常往來

〔註1〕 若漢元帝初元三年，詔丞相、御史舉天下明陰陽災異者各三人；成帝元延元年，詔北邊二十二郡舉勇猛知兵法者各一人；分見《漢書》卷九〈元帝紀〉、卷一〇〈成帝紀〉。

〔註2〕 不舉議罪，若漢武帝元朔元年冬，詔曰：「朕深詔執事，興廉舉孝。今或至閭郡而不薦一人。其與中二千石、禮官、博士議不舉者罪。」有司奏議曰：「不舉孝，不奉詔，當以不敬論。不察廉，不勝任也，當免。」奏可。見《漢書》卷六〈武帝紀〉。所舉不實，若元帝時張勃舉陳湯爲茂才，湯待遷，父死不奔喪；司隸奏湯無循行，勃選舉故不以實，坐削戶二百；會薨，因賜諡曰繆侯。湯下獄論。見《漢書》卷七〇〈陳湯傳〉。

於其心胸，盤桓於其思慮，久而久之，人物品鑒的意識漸趨成熟，方法亦漸趨成熟，恰如寶刀既磨，只待一割，於是郭、許等人一出而號召，天下遂即風走而響應。若非漢代的察舉制度自始即重識鑒，人物品鑒之事亦絕不至於在漢末驟成風氣。郭、許之前，當東漢明、章之世，班固孟堅作《漢書·古今人表》，備列人物，等第高下，雖然託附史體，而已是漢末人物品鑒的先聲。

但〈古今人表〉之品鑒與漢末清流之品鑒，其事雖同，其品鑒的形式、內容與標準皆大有差異。班氏〈人表〉銓衡人物，因史書之體，汲兩漢緒論；漢末清流銓衡人物，則別開生面。

〈古今人表〉乃一史表，全篇共收上古至秦末人物一千九百五十三人，依時代先後，分次自「聖人」至「愚人」九等之中，高下分明，褒貶昭然。班氏之設心，顯然完全欲以史家立場來論定千古人物的得失賢奸，以垂教戒於後世。是故〈人表〉銓衡人物，採用表體，人人一依其德業功過在〈人表〉中居一位置，即以見出班氏對於此一人物的品論，不費釋辭而命意已明。至於所謂德業功過千古定論，細考全篇各代各類人物的等次，當可發現班氏論人完全採用儒家正統觀點，可謂仍不出漢人矩矱。最顯著的例證，厥在〈人表〉極尊孔子、重《論語》，除孔子高居一等聖人外，《論語》全書所見人物凡一百四十六人，除十一人漏列外，每一人物皆依孔子褒貶之意羅列於〈人表〉之中：例如堯、舜、禹、周文、武、周公等聖君賢相高居一等；泰伯、管仲、子產、蘧伯玉、寧武子、伯夷、叔齊、微子、箕子、比干等仁德君子，以及孔門德行四賢顏淵、閔子騫、冉伯牛、仲弓，高居二等；有一節可稱者若令尹子文、陳文子、卞莊子、臧武仲、孟子反，以及孔門高弟若宰我、子貢、冉有、季路、子游、子夏、曾子、子張、曾皙等，皆居三等；其他泛泛之才若公叔文子、仲叔圉、祝鮀、王孫賈、公明賈、陳亢、林放、微生高、申棖，以及狂狷之士若長沮、桀溺、楚狂接輿之類，則分居四、五、六等，列為中人；桓魋、原壤、叔孫武叔、佛肸、公山弗擾、衛靈公、南子、季桓子、陽貨等不善之輩則分居七、八、九等，屬於下愚。甚至無名無姓之人如達巷黨人（三等）、儀封人、丈人、荷蕢（以上四等）、魯太師（五等）、闕黨童子、匡人（以上七等）、互鄉童子（八等）等，本不應見收於史表，只以彼等嘗一見於《論語》、交關於孔子，便亦各隨其言行高下而被列入〈人表〉之中。然則班固尊孔之忱豈不居然可知！再自先秦諸子的等次以觀，子思、孟子、荀子在〈人表〉中皆高居二等，其他諸子若墨子居四等，法家商鞅、韓

非居四等，道家老子居四等，法家申子、慎子居六等，道家莊子居六等，位次俱低；更可顯示班固論人的觀點。是故儒家尊法古聖先王，崇尚賢人君子，斥暴君，退亂臣賊子小人，種種意見，全爲〈人表〉所繼承：若三皇五帝三王，皆居一等；伊尹、傅說、范武子、叔向、吳季札、晏平仲等，皆居二等；宮之奇、百里奚、狐偃、趙衰、孫叔敖、范蠡等，皆居三等；另共工等四凶、商紂、周幽王、周厲王、管叔、蔡叔、衞州吁、齊亡知、晉靈公、楚平王等，則居九等；鄭莊公、共叔段、田恒、衞出公、魯昭公、魯定公、秦二世胡亥等，皆居八等；位置既極明確，臧否亦極嚴正。班固〈人表〉實可視爲儒家人品觀的完整呈現。

　　班固論人何以有此崇儒尊孔的態度？此或可從漢代的士風入手加以探討。所謂士風，本來相應於當代對於人物的看法與要求而起；一代中有其特別看重的人物，乃能成就一代獨特的風氣；士風便是當代人品觀的反映。漢代的士風，一般而言傾向於習經典、重禮法、修德行、勵名節。雖然西京東京前後稍有變化，但大抵仍始終維持此一趨向。如此風氣，究其本始，原與有漢一代的政教方針與選舉制度有關；人主倡於上，官祿獎於前，遂使兩漢士人走歸一途，馳騖不已。漢代的政教大綱，大抵根據賈誼〈治安策〉、董仲舒〈賢良對策〉兩篇鴻文而來，重在移風易俗，復古更化，用德教而廢法令，積禮義而省刑罰，選賢舉德，立學養士，以求上躋於上古三代之美。其主要精神，便是專崇儒術，敦德行，重禮義，法六經，尊孔子；故董仲舒曰：「諸不在六藝之科、孔子之術者，皆絕其道，勿使並進。」〔註3〕漢代的選舉制度，即秉持此一精神而建立。大抵漢代取士可分爲察舉與徵辟二途，但無論察舉與徵辟，其取士的標準皆集中在經術與德行之上。察舉的主要科目，西漢爲「賢良方正」，東漢爲「孝廉」；但觀科目之名，即可知其重視德行的立場。另外爲五經博士置弟子員，以推廣經學之傳授，弟子入學前亦須經過品德的考察——公孫弘不云乎：郡國縣官有「好文學、敬長上、肅政教、順鄉里、出入不悖所聞」者乃可選送入學；〔註4〕入學後，則以學經的成績次第升進。於是經術與德行皆成爲獲得選舉的利器，獲得官祿的階梯，而爲衆所同趨。士人一致趨向修身講學、立德成名，兩漢士風，遂不期然而趨於淳美。東漢班固作〈古今人表〉，以聖賢仁人爲人物中的上品，其思想背景，便分明出自

〔註 3〕　此董仲舒〈賢良對策〉語，見《漢書》卷五六本傳引。
〔註 4〕　此公孫弘請立博士弟子員議語，見《漢書》卷八八〈儒林傳〉。

兩漢崇儒重德的正統風氣；而班固本人亦即是兩漢士風下的典型士人。

再談漢末清流名士的人物品鑒。當時的人物品鑒，始可謂具有特定的形式，形諸言談與文字，參與者既多，流通性又高，乃確然成爲一代的風尚。其品鑒的基本形式，只是極簡短的口角臧否，通常只一二語；品鑒的對象，則主要爲當代並時人物；品鑒的一般意態，則似乎傾向對人物的鑒譽與品賞。由於品鑒並不以拔舉人物爲目的，不以論定人物賢否爲宗旨，風流談論，人人可爲，因而參與其事者極多，凡自命清流者，無不競相從事人物品鑒。當時號爲「知人」的名士既夥，「品題」、「題目」、「人倫」、「人物」、「識鑒」等詞語亦層出不窮，一時盛行；單由此點已可想見風氣流行的盛況。

何以人物品鑒的形式有此大變，其事又何以大盛於漢末？此則必須自東漢後期的政治狀況細加考察。蓋東漢後期，宦官外戚更迭專政，貿易選舉，釋賢取愚，國政大壞；賢士大夫，一則憤於是非不分，頗思力持清議於草野，一則憤於姦邪成羣，頗思結援以自重，於是黨事起，清流成，流言蜚語，成爲清流的利器，進則「品覈公卿，裁量執政」，〔註5〕退則「激揚名聲，互相題拂」（仝上），人物之論一時大盛。當時臧否人物，本有濃厚的政治意味，所謂「揚清激濁」是也；〔註6〕但當風氣已開之後，人物本身所呈現的各種不同的姿態與精神迅即吸引了清流名士的注意，亦緣漢初以來識鑒之道已經蓄積深厚，正可應用，於是議論人物漸由臧否轉成品鑒，由清議轉成清談，隨清談之大行而日新月盛；即使歷經漢末的喪亂與曹魏的法治，人物品鑒的新風氣亦只稍受頓挫，不旋踵又興。

就實言之，漢末人物品鑒所以顯出趣味盎然，生機蓬勃，其另一大因素正在人物的風貌一新，無復兩漢傳統儒生的迂謹。漢代士人原本束於名教，苦身修節，由於人人「好爲苟難」，〔註7〕常至過情越性，漸漸人情已有不堪之感；加之宦官外戚亂政，士人與之對立抗爭，意氣方盛，何暇守道向學？同時時衰世亂，有志之士亦自然欲在各方面改弦更張，以救危亡；因之兩漢

〔註5〕 《後漢書》卷六七〈黨錮傳序〉：「逮桓、靈之間，主荒政繆，國命委於閹寺，士子羞與爲伍，故匹夫抗憤，處士橫議，遂乃激揚名聲，互相題拂，品覈公卿，裁量執政，婞直之風，於斯行矣。」

〔註6〕 漢末清流名士多以揚清激濁自命，范滂坐黨事繫獄，王甫考之，滂對曰：「欲使善善同其清，惡惡同其汙，謂王政之所願聞，不悟更以爲黨。」見《後漢書》卷六七〈黨錮傳〉。

〔註7〕 此趙翼形容東漢士人之語，見《廿二史劄記》卷五「東漢重名節」條。

以德爲教所造就的淳美人物風氣至此無法再續，人人各出新見，各展新貌，各種不同的人品紛然雜陳，爲人物品鑒舖設了廣大的園地。漢末清流自持清高，其生活與言行各方面，往往求新求雅，以示名士不同於庸陋；由此一路發展，所謂「名士風流」的內容愈益豐富，「名士」一格亦漸漸取代了「儒生」而成爲人物的典範。故自漢末直至兩晉，以人物品鑒的內容與標準言，儒生的德行、經術漸非所重；英雄人物的政才、武略在漢、魏之交曾經一時見稱，但迅即消退；而清流名士的才情、風度、器識種種則日益見賞，終於成爲兩晉人物品鑒的主要著眼。

由於人物品鑒之風的大盛，當漢魏之交，有關人物品鑒的專書亦開始出現；尤以魏散騎侍郎劉邵所作的《人物志》一書可爲代表。《人物志》乃品鑒理論之著作，非以議論人物高下爲主，與〈古今人表〉異趣。其時諸如此類的品鑒理論作品，據《隋志》所見，尚有《士操》、《刑聲論》、《士緯新書》、《姚氏新書》、《九州人士論》、《通古人論》〔註8〕等多種。觀劉氏的品鑒理論，可以灼見當代人物品鑒風行一時的另一基礎，即是陰陽五行氣化觀念已被廣泛引入有關人物內性外形如何生成的理念之中；換言之，當代對於人物生成自有一套新穎而完整的想法，循此而使人物品鑒又有一片未拓的疆宇，可以涉獵其中。漢末魏晉的人物品鑒，多半言精語短，少涉理論，但以劉氏的人物稟氣自天、性形相倚的意見校之，當可發現此類意見大抵已爲當代眾人所信任接受。此種關於人物生成的看法，遠襲西漢董仲舒宇宙氣化人性陰陽之論，近取東漢初年王充用氣爲性之說，〔註9〕而更加以敷演潤飾；主要的內容，乃謂人物稟元一之氣以生，因陰多或陽多而可有不同情性，又因所稟金、木、水、火、土五物之質的分劑多寡，而可有不同的體質；體質影響情性，情性又表現於人體神、精、筋、骨、氣、色、儀、容、言的九種外徵之上，分毫不爽。依其說，瞻形知人的觀人之術，乃若眞可以成爲定法；而人物品鑒所可藉的途徑，以及人物品目所可有的分別，亦皆繁富多變。《人物志》首篇〈九徵篇〉，即是此類看法的最完整記錄。

〔註8〕見《隋書》卷三四《經籍志》子部名家類所收。湯用彤先生〈讀人物志〉一文曰：「《刑聲論》者，疑即形聲，言就形聲以甄別人物也。其餘諸書，從其名觀之，亦不出識鑒人倫之作。……《士緯》現存佚文，如論及人性、物性，……則固品題人物之作。」詳見《魏晉玄學論稿》。

〔註9〕此可參考徐復觀先生《兩漢思想史》卷二〈董仲舒春秋繁露的研究〉第八節、第十節，〈王充論考〉第十二節所論。

劉卲對於人物性形生成所以持如此看法，實與漢末循名責實的時代要求大有相關。自東漢中期以來，選舉失實，政治亦日壞，不由激起有識之士對於識人、用人的鄭重注意；彼其用心，在於救世補敝，故不期然轉移注意於人物的才智與功用之上；而人物才智何自而來？如何要求人物的功用？凡此種種，皆成爲當時的迫切問題。時人考核名實之念既切，適足以使董、王對於人物生成的看法乘勢以揚。觀人可以因外徵而知內在材質，人物內在材質之各異即以造成功用的不同，此種理論，正符合時人的需要。而劉卲處在時代風氣之下，其《人物志》一書的人物品鑒理論，遂亦完全應用材性觀點與功利實用觀點爲說，好論何類之人因其天生材性之特色而可有何類特別適宜的表現，有何長處，有何短處，可以發揮若何之功用。〈體別篇〉分人物爲十二類，〈流業篇〉分人物爲十二類，〈材能篇〉分人物爲八類，〈材理篇〉分人物爲四類，其分類的憑據即是材性，而分類之後亦必繼之以探討人物的功用。

《人物志》一書的性質如此，亦與劉卲其人的身分與思想頗有關係。考劉卲其人，分數精比，深沈好思，嘗作都官考課之法七十二條，〈說略〉一篇，專門討論百官考課與人物功用，對於政治上用人得人，素所關心。〔註10〕如此人物，自能深體時代潮流，發揮一己「分數精比」的特長，作出理論精詳的《人物志》一書，成爲漢晉之間有關人物品鑒理論的最完備著作。

晉代傅玄有言：「近者魏武重法術，而天下貴刑名；魏文慕通達，而天下賤守節；其後綱維不攝，而虛無放誕之論盈於朝野。」〔註11〕傅玄論魏晉士風的特色則是，繫乎魏武、魏文，則恐不盡然。早自東漢中期以後，天下風氣已漸趨於循名責實，任法課能，觀乎王符《潛夫論》、崔寔《政論》、仲長統《昌言》之議論，即可得知；曹操重法術、貴刑名，不過爲時代潮流中的健將而已。而《人物志》觀人重才智與功用，即是此一風氣潮流中產生的典型作品。至於慕通達、賤守節，其事亦不始於魏文。東漢後期，兩漢傳統的人物風氣已漸難維持，清流意氣激越，不再謹守名教，立身行事，破故開新，已經開啓了後世所謂「名士風流」的端緒；魏武厭惡名士的發揚蹈厲、慕尚浮華，特別扼之以刑名；但當魏武死，刑網寬，清流名士的清風雅尚遂又籠罩天下，正如決堤之水，「抑之而愈以流」，〔註12〕人人效慕追企，蔚爲一代

〔註10〕見《三國志》卷二一本傳。
〔註11〕見《全後漢文》卷四六傅玄〈掌諫職上疏〉。
〔註12〕此王夫之論魏晉風氣轉變語，見《讀通鑑論》卷一〇「國政之因革」條。

風氣。名士上焉者風流雋雅，高簡明通，下焉者不免虛無放誕，毫無檢制；人物風氣，至此徹底改頭換面。由此以下，直至晉末，名士風流皆是當代人物品鑑的主要著眼。記載此一人物品鑑風潮中種種情事的最詳之書，即是劉宋臨川孝王劉義慶所作的《世說新語》。

　　《世說新語》雖成於宋世，但其書所載有關人物品鑑的資料，則斷於漢末至晉末，故可取爲研究漢晉人物品鑑的重要依據。全書記事分卅六門，其中明白有關人物品鑑之部門有三，即〈識鑑第七〉、〈賞譽第八〉、〈品藻第九〉。三名分明可以見出魏晉人物品鑑的特質與方向：〈賞譽〉門收材料達一百五十七條之多，由其題名及記事，可知其時的品鑑大抵以鑑賞稱譽爲職志，能自各種角度欣賞不同的人物之美，而絕不同於兩漢，只以德行、經術爲人物惟一的冠冕；〈品藻〉門收材料八十八條，由之可見其時的品鑑頗好精比細辨，分別各種人物的「差品文質」，〔註13〕使人物品鑑大有新趣，由教化、政治的籠罩中完全獨立，成爲名士雅致；〈識鑑〉門收材料廿八條，由之可見其時的品鑑注重先識遠見，相信瞻形可以知人，故有許多一面之頃即可知人的品鑑故事流傳，與兩漢考行於鄉里的品鑑態度顯不相同。除此三門以外，《世說》書中其他記事，亦皆以名士生活的各方面爲內容，由其所記，亦可更加了解魏晉時代的人物風氣，以及所謂「名士風流」究何所指。同時《世說》一書最大長處，厥在記載人物品鑑進行的情境極爲生動，諸多名士的音聲笑語，似乎皆可在書中品味而得，非其他史籍中有關人物品鑑的記載所能及。

　　綜觀自漢至晉五百年間人物品鑑一事的發展，大抵可說，兩漢的人物風氣乃一本儒家名教，而漢末以至東晉的人物風氣則改宗道家自然；儒、道的分野，足以解釋人物風氣前後的不同，亦足以導引人物品鑑的方向，使品鑑的內容與標準爲之改變。另外亦可說，兩漢的人物風氣乃環繞德性而滋長，漢末至東晉的人物風氣則環繞才性而發展；前期的人物品鑑首重德行，後期的人物品鑑則精析材質。班固作〈古今人表〉，乃以史家的立場論人；劉劭作《人物志》，則以政治家的立場論人；劉義慶作《世說新語》，則以名士的立場記下名士與名士間的風流品鑑；態度最自然，情趣亦最高雅。漢末清流名士所開啓的人物品鑑之風，不但對於人物確有精深的探究，其事本身亦成爲名士風流的表徵，在魏晉文化史上佔有重要的地位。

<hr />

〔註13〕《漢書》卷五七〈揚雄傳〉有「品藻」一詞，顏師古注云：「定其差品及文質也。」

參考書目

（一）

1. 《周易正義》，唐孔穎達疏，藝文印書館《十三經注疏》。
2. 《周易集解》，唐李鼎祚輯，鼎文書局《古經解彙函》。
3. 《尚書正義》，唐孔穎達疏，藝文印書館《十三經注疏》。
4. 《毛詩正義》，唐孔穎達疏，藝文印書館《十三經注疏》。
5. 《詩集傳》，宋朱熹，藝文印書館。
6. 《周禮注疏》，唐賈公彥疏，藝文印書館《十三經注疏》。
7. 《禮記正義》，唐孔穎達疏，藝文印書館《十三經注疏》。
8. 《春秋左傳正義》，唐孔穎達疏，藝文印書館《十三經注疏》。
9. 《論語正義》，宋邢昺疏，藝文印書館《十三經注疏》。
10. 《孟子正義》，舊題宋孫奭疏，藝文印書館《十三經注疏》。
11. 《四書集註》，宋朱熹，藝文印書館。
12. 《大戴禮記》，漢戴德，商務印書館《四部叢刊》。
13. 《經學歷史》，清皮錫瑞，藝文印書館。

（二）

1. 《逸周書集訓校釋》，清朱右曾，藝文印書館。
2. 《國語正義》，清董增齡，中文出版社。
3. 《史記》，漢司馬遷，藝文印書館《二十五史》。
4. 《史記會注考證》，日瀧川資言，藝文印書館。
5. 《漢書補注》，清王先謙補注，藝文印書館《二十五史》。
6. 《後漢書集解》，清王先謙集解，藝文印書館《二十五史》。
7. 《三國志集解》，民國盧弼集解，藝文印書館《二十五史》。

8. 《晉書斠注》，清吳士鑑劉承幹注，藝文印書館《二十五史》。

9. 《九家舊晉書輯本》，清湯球輯，鼎文書局《新校本晉書》附編。

10. 《晉諸公別傳輯本》，清湯球輯，鼎文書局《新校本晉書》附編。

11. 《宋書》，梁沈約，藝文印書館《二十五史》。

12. 《南史》，唐李延壽，藝文印書館《二十五史》。

13. 《隋書經籍志》，唐長孫無忌等，藝文印書館《百部叢書集成·八史經籍志》。

14. 《前漢紀》，漢荀悅，商務印書館《四部叢刊》。

15. 《後漢紀》，晉袁宏，商務印書館《四部叢刊》。

16. 《東觀漢記》，漢劉珍等，中華書局《四部備要》。

17. 《西漢會要》，宋徐天麟，九思出版社。

18. 《東漢會要》，宋徐天麟，九思出版社。

19. 《兩漢博聞》，宋楊侃，商務印書館《叢書集成初編》。

20. 《漢官六種》，清孫星衍校集，中華書局《四部備要》。

21. 《通典》，唐杜佑，新興書局。

22. 《通志》，宋鄭樵，新興書局。

23. 《文獻通考》，元馬端臨，新興書局。

24. 《大事記》，宋呂祖謙，藝文印書館《百部叢書集成·金華叢書》。

25. 《路史》，宋羅泌，中華書局《四部備要》。

26. 《繹史》，清馬驌，廣文書局。

27. 《史通通釋》，清浦起龍，九思出版社。

28. 《文史通義》，清章學誠，國史研究室。

29. 《讀通鑑論》，清王夫之，河洛出版社。

30. 《廿二史考異》，清錢大昕，樂天書局。

31. 《廿二史箚記》，清趙翼，鼎文書局。

32. 《古今人表考》，清梁玉繩，開明書店《廿五史補編》。

33. 《漢書人表考校補》，清蔡雲，開明書店《廿五史補編》。

34. 《校漢書八表》，清夏燮，開明書店《廿五史補編》。

35. 《校正古今人表》，清翟云升，開明書店《廿五史補編》。

36. 《六朝事迹編類》，清張敦頤，廣文書局。

（三）

1. 《老子王弼注》，魏王弼，新興書局。

2. 《莊子集釋》，清郭慶藩集釋，中華書局。

3. 《名家輯要》，《中國子學名著集成》珍本第八二冊。

4. 《呂氏春秋》，舊題秦呂不韋，商務印書館《四部叢刊》。

5. 《淮南子》，漢劉安，商務印書館《四部叢刊》。

6. 《說苑》，漢劉向，商務印書館《四部叢刊》。

7. 《桓子新論》，漢桓譚，中華書局《四部備要》。

8. 《論衡》，漢王充，商務印書館《四部叢刊》。

9. 《潛夫論》，漢王符，商務印書館《四部叢刊》。

10. 《申鑒》，漢荀悅，商務印書館《四部叢刊》。

11. 《昌言》，漢仲長統，商務印書館《羣書治要》。

12. 《風俗通義》，漢應劭，商務印書館《四部叢刊》。

13. 《中論》，魏徐幹，商務印書館《四部叢刊》。

14. 《人物志》，魏劉邵，商務印書館《四部叢刊》。

15. 《抱朴子》，晉葛洪，世界書局《諸子集成》第二冊。

16. 《世說新語》，宋劉義慶，商務印書館《四部叢刊》。

17. 《續世說》，宋孔平仲，藝文印書館。

18. 《顏氏家訓》，北齊顏之推，商務印書館《四部叢刊》。

19. 《廣弘明集》，唐釋道宣，商務印書館《四部叢刊》。

20. 《學林》，宋王觀國，藝文印書館《百部叢書集成·湖海樓叢書》。

21. 《日知錄集釋》，清黃汝成集釋，中文出版社。

22. 《兩漢三國學案》，清唐晏，世界書局。

23. 《北堂書鈔》，唐虞世南，文海出版社。

24. 《藝文類聚》，唐歐陽詢等，藝文印書館。

25. 《太平御覽》，宋李昉，商務印書館。

26. 《漢魏叢書》，明程榮校刻，新興書局。

27. 《玉函山房輯佚書》，清馬國翰輯，文海出版社。

28. 《古今圖書集成》，清陳夢雷編，鼎文書局。

（四）

1. 《楚辭補註》，宋洪興祖補註，藝文印書館。

2. 《全上古三代秦漢三國六朝文》，清嚴可均輯，宏業書局。

3. 《文選》，梁蕭統，藝文印書館。

4. 《文心雕龍註》，清黃叔琳註，明倫出版社。

5. 《升菴全集》，明楊愼，商務印書館《國學基本叢書》。

（五）

1. 《論語新解》，錢穆，三民書局。
2. 《論語新編》，錢穆，廣學社印書館。
3. 《論語今註今譯》，毛子水，商務印書館。
4. 《兩漢經學今古文平議》，錢穆，東大圖書公司。
5. 《國史大綱》，錢穆，商務印書館。
6. 《國史新論》，錢穆，三民書局。
7. 《秦漢史》，錢穆，三民書局。
8. 《秦漢史》，呂思勉，開明書店。
9. 《秦漢史》，李源澄，商務印書館《人人文庫》。
10. 《三國新志》，劉公任，世界書局。
11. 《三國史話》，呂思勉，開明書店。
12. 《兩晉南北朝史》，呂思勉，開明書店。
13. 《魏晉南北朝史》，勞榦，華岡出版部。
14. 《魏晉南北朝史論叢》，唐長孺，中央研究院傅斯年圖書館藏。
15. 《魏晉南北朝史論集》，周一良，中央研究院傅斯年圖書館藏。
16. 《六朝史研究》，日宮川尚志，東京日本學術振興會。
17. 《中國中世史研究》，日宇都宮清吉等，日本東海大學出版會。
18. 《中國哲學史》，馮友蘭。
19. 《中國思想史》，錢穆，學生書局。
20. 《中國哲學史》，勞思光，香港中文大學。
21. 《中國哲學思想史》，羅光，學生書局。
22. 《中國哲學思想通史》，侯外廬等，中央研究院傅斯年圖書館藏。
23. 《中國學術思想史論叢》，錢穆，東大圖書公司。
24. 《中國思想通俗講話》，錢穆，三民書局。
25. 《中國哲學思想論集》，牟宗三等，牧童出版社。
26. 《中國哲學原論原性篇》，唐君毅，學生書局。
27. 《中國中古思想小史》，胡適，中央研究院胡適紀念館刊本。
28. 《中國中古思想史研究》，郭湛波，龍門書店。
29. 《兩漢思想史》，徐復觀，學生書局。
30. 《漢魏兩晉南北朝佛教史》，湯用彤，國史研究室。

31. 《中國佛教史》，蔣維喬，國史研究室。

32. 《魏晉玄學論稿》，湯用彤，廬山出版社。

33. 《魏晉清談思想初論》，賀昌群，九思出版社。

34. 《魏晉清談述論》，周紹賢，商務印書館。

35. 《魏晉思想論》，劉大杰，中華書局。

36. 《魏晉的自然主義》，容肇祖，商務印書館《人人文庫》。

37. 《魏晉思想與談風》，何啓民，學生書局。

38. 《中古文學史論》，王瑤，長安出版社。

39. 《中國學術思想變遷之大勢》，梁啓超，中華書局。

40. 《漢代學術史略》，顧頡剛，啓業書局。

41. 《漢晉學術編年》，劉汝霖，長安出版社。

42. 《東晉南北朝學術編年》，劉汝霖，長安出版社。

43. 《魏晉學術考》，日狩野直喜，日本筑摩書房。

44. 《中國文化史》，柳詒徵，正中書局。

45. 《中國社會政治史》，薩孟武，三民書局。

46. 《魏晉南北朝政治制度》，沈任遠，商務印書館。

47. 《魏晉南北朝地方行政制度史》，嚴耕望，中央研究院歷史語言研究所。

48. 《兩晉南北朝士族政治之研究》，毛漢光，中國學術著作獎助委員會。

49. 《九品中正與六朝門閥》，楊筠如，商務印書館。

50. 《五朝門第》，王伊同，文海出版社。

51. 《漢書知意》，劉咸炘，鼎文書局。

52. 《莊老通辨》，錢穆，三民書局。

53. 《莊子纂箋》，錢穆，三民書局。

54. 《歷史哲學》，牟宗三，學生書局。

55. 《才性與玄理》，牟宗三，學生書局。

56. 《六朝時代學者之人生哲學》，陳安仁，正中書局。

57. 《人物志研究》，李一之。

58. 《人物志講義》，程兆熊，香港人生出版社。

59. 《三曹資料彙編》，木鐸出版社。

60. 《竹林七賢研究》，何啓民，學生書局。

61. 《雙溪獨語》，錢穆，學生書局。

62. 《陳寅恪先生論文集》，陳寅恪，九思出版社。

63. 《梅園論學集》，戴君仁，開明書店。

64. 《梅園論學續集》，戴君仁，藝文印書館。

65. 《人物志在人性學上的價值》，顏承繁，師大碩士論文。

66. 《劉卲人物志研究》，江建俊，政大碩士論文。

67. 《魏晉清談主題之研究》，林麗真，台大博士論文。

（六）

1. 《讀人物志》，林麗真，《書目季刊》九卷二期（民國 64 年 9 月）

2. 《人物志について》，日金子泰三，《中國文化研究會會報》五之一（民國 55 年 11 月）

3. 《續蔡氏人表考校補》，黃雲眉，《金陵學報》六卷二期（民國 25 年）

4. 《范曄の後漢書列傳構成》，日高田淳，《大倉山學院紀要》第一期（民國 54 年 12 月）

5. 《東漢黨錮人物的分析》，金發根，《中央研究院歷史語言研究所集刊》第卅四下（民國 52 年 12 月）

6. 《東漢末期的大姓名士》，唐長孺，《中國學術論文集》（民國 70 年）

7. 《論魏晉名士之政治生涯》，馮承基，《國立編譯館館刊》二卷二期（民國 62 年 2 月）

8. 《漢晉之際士之新自覺與新思潮》，余英時，《新亞學報》四卷一期（民國 48 年 8 月）

9. 《晉代における「風流」の理念の成立過程について》，日星川清孝，《茨城大學文理學部紀要》第一、二期（民國 51 年 2 月；52 年 2 月）

10. 《試論魏晉士風不競之成因》，酈利安，《幼獅學誌》八卷二期（民國 58 年 7 月）

11. 《清談起源考》，孫道昇，《東方雜誌》四二卷三期（民國 35 年 2 月）

12. 《清談與魏晉政治》，繆鉞，《中國文化研究》第八期（民國 37 年 9 月）

13. 《清談亡晉問題之商榷》，周紹賢，《大陸雜誌》十一卷八期（民國 44 年 10 月）

補　跋

　　本書是民國七十二年筆者自台灣大學中國文學研究所畢業時提交的博士論文。當時論文只能以簡陋的字模打印方式刊出，書品不佳，卷帙則厚重，不便攜帶，又無書眉、書耳，不便查索，所以流通不廣。感謝花木蘭文化出版社的美意，這篇論文竟能在二十七年後重獲機會正式刊印行世。

　　打印既畢，重讀舊作，且喜且媿。喜的是個人意見先後無大相違，媿的是當初執筆畢竟學養不豐，無論辭筆之文白問雜，論議之果於自信，註腳與參考書目之荒陋不完，都大有改進空間。然而更動既有相當的難度，又難免走失了本書原貌。考慮再三，最後仍然決定基本維持舊作原狀，僅在若干地方作了些許調動。謹此誌媿，讀者諒之。

　　本書以「人物品鑒」為題，並以〈古今人表〉、《人物志》、《世說新語》三部分為論述重心，其原始構想出自錢師賓四先生。錢先生既以此意告之筆者論文指導教授何師佑森先生，又再三親自析說。此一課題的研究倘有若何價值，應當歸功於錢、何二先生；倘有不足，則應由筆者獨任其過。錢、何二先生俱已作古，撫今思昔，不勝憮然。

　　　　　　　　　　民國九十九年一月張蓓蓓識於台大中文系